Wolfgang Schmidbauer

Ein Land – drei Generationen

Wolfgang Schmidbauer

Ein Land –
drei Generationen

Psychogramm der Bundesrepublik

HERDER

FREIBURG · BASEL · WIEN

© by Wolfgang Schmidbauer
© für die deutsche Erstausgabe Verlag Herder GmbH,
Freiburg im Breisgau 2009
Dieses Werk wurde vermittelt durch die
Michael Meller Literary Agency, München
Alle Rechte vorbehalten
www.herder.de

Satz: Barbara Herrmann, Freiburg
Herstellung: fgb · freiburger graphische betriebe
www.fgb.de

Gedruckt auf umweltfreundlichem, chlorfrei gebleichtem Papier
Printed in Germany

ISBN 978-3-451-30125-4

Inhalt

Einleitung:
Was ist eine „Generation"?

Leben heißt in der Regel, dass wir Kinder sind, Eltern werden und schließlich die Elternschaft unserer Kinder ersehnen und vielleicht auch erleben. Jede dieser Perspektiven erzeugt eine neue Sicht auf die Wirklichkeit und auf die Geschichte, die andererseits auch von historischen und gesellschaftlichen Entwicklungen geprägt ist.

Das eigene Erleben, Kind zu sein, wird abgerundet und durch eine ganz neue Form der Einfühlung in die eigenen Eltern bereichert, wenn wir selbst Kinder haben. Vielleicht verabschieden wir uns erst dann von der Überzeugung, dass es einfach ist, Werte zu vermitteln. Wir ahnen, wie zerbrechlich auch die engsten Beziehungen sind, wie wenig die Fantasie vom *eigen Fleisch und Blut* Verständnis garantiert und zerstörerische Entwertungen aufhalten kann.

Drei Generationen sind die Periode, die wir in unserer langlebigen Kultur überblicken können. Das war keineswegs immer so. Dass eine Mehrheit der Menschen das Großelternalter erreicht, ist ein geschichtlich junges Phänomen. Was aber bedeutet der Begriff „Generation", was bezeichnet er?

„Nicht das Faktum der in derselben chronologischen Zeit erfolgten Geburt, zur selben Zeit Jung-, Erwachsen-, Altgewordensein konstituiert die gemeinsame Lagerung im sozialen Raum, sondern erst die daraus entstehende Möglichkeit, an denselben Ereignissen, Lebensgehalten usw. zu partizipieren und noch mehr, von derselben Art des Bewusstseins aus dies zu tun."[1] Unter „Generation" verstand Karl

Mannheim, der diese historisch-sozialwissenschaftliche Kategorie begründet hat, eine große gesellschaftliche Gruppe ungefähr gleichen Alters, die eine gemeinsame Erfahrung in der Geschichte verarbeitet, diese übereinstimmend deutet und aus dieser Deutung relativ stabile künstlerische, wissenschaftliche oder politische Positionen ableitet. Diese Bedeutung von „Generation" etablierte sich vor rund zweihundert Jahren in der als „Sturm und Drang" beschriebenen Epoche, in der zum ersten Mal, parallel zur geistigen Vorbereitung der bürgerlichen Revolution, eine vom Gefühl gemeinsamer Bestimmung getragene junge Generation „gegen die alten Verhältnisse und die Verhältnisse der Alten" aufbrach, wie Kaspar Maase formuliert.[2]

Dieser gewichtige Generationenbegriff ist heute mehr und mehr beliebig geworden; an die Stelle einer historischen Zuschreibung, die *nach* den Ereignissen gefunden wird, tritt eine selbstbezogene, eher ästhetisierende Verwendung des Begriffs, die zu einem regelrechten Boom von Generationenbezeichnungen geführt hat. Maase hat nachgezählt: In den 50er-Jahren erschienen höchstens sieben Bände pro Jahr, die den Begriff „Generation" im Titel führten; seit 2000 sind es über einhundert. Die Generation wird zum Event; das Flüchtige verallgemeinert sich unter diesem Namen. Das hängt damit zusammen, dass der Generationenbegriff auch von der Werbung verwendet wird, weil dort im Rhythmus weniger Jahre eine neue Generation von Computern oder Betriebssystemen die vorausgehende ablöst. Dieser Einfluss der Warenästhetik und Werbekommunikation ist nicht zufällig, sondern unausweichlich.

Die Generationenformel wird heute von den Massenmedien ebenso benutzt wie von der wissenschaftlichen Literatur. So bezeichnet man Menschen, die gleichzeitig Kinder und pflegebedürftige Eltern betreuen müssen, als „Sandwich-Generation". Desweiteren nennt Maase folgende Begriffe, auf die er während seiner Recherche gestoßen ist: „Generation Soap", „Generation-kick.de", „Sophisticated Generation", „Generation X", „Generation Y", „Generation der Vereinigung", „Die 89er", „Generation Plus", „Verdrossene Generation", „Generation ohne Bindung", „Generation Emotion", „Internet-Generation", „Generation Berlin", „Generation 2000", „Generation N.", „Generation Ost", „Vereinigte Generation", „Generation.de", und schließlich als populärste Varianten: „Generation Golf" und „Generation Ally". Aus jüngster Zeit lassen sich noch hinzufügen: „Generation Praktikum", „Generation Ratlos" und „Generation Angst".

Obwohl der Titel des Buches *Generation Golf* des 1971 geborenen Autors Florian Illies nicht von diesem stammt, sondern aus einer Werbekampagne des VW-Konzerns anlässlich der „vierten Generation" seines Erfolgsmodells, wird er meist mit Illies verknüpft. Die Argumente des Essays und der Werbekampagne sind verblüffend ähnlich: Generation Golf ist für den Autohersteller eine Bewegung völlig unterschiedlicher Menschen, deren Gemeinsamkeit – wir dürfen raten – im Kauf dieses Automodells liegt. Das soll zu einer „individuellen Lebenseinstellung" passen, die sich „nichts vorschreiben lässt". Es gab damals eine Anzeige, in der ein flotter junger Mann behauptete, er habe sich fest vorgenommen, alles anders zu machen als sein Vater – und jetzt fahre er das gleiche Auto.

Der Golf als klassenloser Harmoniestifter widerspricht dem heroischen Modell der Generationen energisch, wonach ein zentrales Motiv der jungen Generation die stürmische Ablehnung der älteren und die Suche nach einer neuen Ordnung ist. Illies bekennt die Konsumleidenschaft seiner Generation gegen die (Pseudo)Wertorientierung der älteren. Die Eltern kaufen mit schlechtem Gewissen ihre schicken Anzüge; die Generation Golf ist ehrlich genug, sich ihre Oberflächlichkeit einzugestehen.

Ich bin mir der Problematik des Generationenbegriffs bewusst, aber ich habe keinen besseren gefunden, um meine Beobachtungen zusammenzufassen. Der Weg meiner Überlegungen führt, plakativ gesagt, von den traumatisierten Flüchtlingen einer ersten Generation der Bundesrepublik zur Hippie-Kommune der zweiten Generation, vom Wirtschaftswunder zur roten Zelle. Er führt aus dem antiautoritären Kinderladen zurück (oder vorwärts) zum leistungsorientierten, hoch angepassten, elternabhängigen und angstgeplagten jungen Erwachsenen einer dritten Generation, die sich nacheinander durch den Konsum (Generation Golf) oder durch Rätsel (Generation X) und Ratlosigkeit definiert.

Die Zeiten ändern sich, und wir uns mit ihnen.[3] Ich werde auf die äußeren Veränderungen der materiellen Kultur und der Moden nur in geringem Umfang eingehen. Mir geht es um die emotionalen Strukturen und um ihre alle Generationen betreffenden Aspekte.

Traumatisiert – überschätzt – vermeidend

Kommen wir nun aber zu den drei Generationen, deren unterschiedliche Psychologien und Wirkungen aufeinander mich in diesem Buch beschäftigen. Das Konzept der drei Generationen hat einen formalen und einen inhaltlichen Aspekt. Formal lassen sich die Menschen, die uns umgeben, immer in drei Generationen einteilen: Sie haben keine Kinder, haben Kinder, haben Kinder und Enkel. Manche haben auch Urenkel, aber sie sind selten, ich rechne sie zur Generation der Großeltern. Wer in der jeweiligen Generation keine Kinder hat, den prägt dennoch die Zugehörigkeit zu den Al tersgleichen. Ich gehe davon aus, dass die im Folgenden skizzierten drei Generationen besonders prägnant sind.

Das bedeutet aber nicht, dass ich die Zwischengenerationen unterschätze. Zudem haben zwar Krieg und Flucht die ganze Bevölkerung erfasst und in freilich höchst unterschiedlicher Intensität erschüttert, die Ereignisse von 1968 sind jedoch an vielen Zeitgenossen vorübergezogen. Wer damals nicht die überregionale Presse las und nicht in einer Universitätsstadt lebte, blieb zunächst unberührt. Erst als ein anderer Typus von Lehrern in die Schulen kam und sich die Medienlandschaft veränderte, entfaltete die Bewegung der 68er auch in diesen sozialen Feldern ihren Einfluss.

Mir geht es sowohl um die Geschichte der Bundesrepublik wie um die Dynamik deutscher Familien. Wenn es mir gelingt, die Aufmerksamkeit für das Ineinandergreifen von historischem Einfluss und prägender Beziehungsdynamik zu schärfen, vielleicht gar zu einem neuen Blick auf die eigenen Eltern anzuregen, habe ich meine Ziele erreicht.

Wenn wir Familienbeziehungen erforschen, Elterneinflüsse oder Migrationen verstehen wollen, *müssen wir unbedingt nach den Großeltern fragen.* Die Eltern allein sagen zu wenig. Natürlich sind auch Geschichten über Urgroßeltern interessant und bedeutungsreich, ebenso solche über charismatische Ahnen, die in den Erzählungen der Familie noch immer eine Rolle spielen. Aber in der Regel sind doch die Großeltern der äußere Rand unserer erlebten Familie. Hinter ihnen bricht die Welt ähnlich ab wie am Rand der Erdscheibe in den mittelalterlichen Darstellungen des Kosmos.

Jede Generation lebt in ihrer ganz eigenen Welt. Gleichzeitig aber bestimmt und prägt sie die Welten der vorangehenden und der folgenden Generationen. Dabei wird die Macht der Erwachsenen über die Kinder oft überschätzt. Auch Kinder haben viel Macht über ihre Eltern. Zudem gewinnen heute die Dinge – vor allem die elektronischen Erweiterungen unseres Nervensystems – eine Macht, die den Einfluss der Eltern außer Kraft setzen kann, ohne ihn durch Autonomie abzulösen, denn die virtuellen Welten des Internet und der dort angebotenen Spielmöglichkeiten bieten Kindern und Jugendlichen gestützte und intensivierte Tagträume, zu denen die Eltern vielfach keinen Zugang mehr haben.

Die erste Generation, um die es hier geht, ist die durch Niederlage, Gefangenschaft und Vertreibung traumatisierte Generation der Kriegsteilnehmer. Um diese Generation verstehen zu können, ist es unerlässlich, den äußeren und inneren Verlusten nachzugehen, die diese Menschen erlitten haben. Während die äußeren Verluste nach dem Krieg offensichtlich waren, ist mit inneren Verlusten der Zusammenbruch nationaler, aber auch persönlicher Werte durch deren mörderischen Missbrauch gemeint. Innere und äußere Verluste stehen oft in einer Verbindung zueinander. Auch darum wird es in diesem Buch gehen.

Die zweite Generation ist die „überschätzte" oder *thymotische* Generation der 68er. Sie versuchte, durch Pointierung (welt)erlösender Werte, durch Idealisierung der eigenen Ideologie, der eigenen Vorstellung von Liebe und von Erziehung die Wertverluste, die innere Leere und die veräußerlichten Anpassungsforderungen ihrer traumatisierten Elterngeneration auszugleichen. Der Begriff der „überschätzten Generation" verbindet Außen- und Innensicht: Sie überschätzte sich selbst, und sie wurde auch als Träger einer Kulturrevolution überschätzt. Die *Innensicht* trifft der Begriff des Thymotischen genauer: *Thymos* ist in der Philosophie Platons das mutvolle Element, der bewegende Glaube an die eigene Macht. Sein Gegenspieler ist *Phobos*, die Angst.

Das Begriffspaar „überschätzt – ängstlich" wirft Fragen auf und birgt den Keim für Missverständnisse. In der Psycho-

14

logie sind persönliche Eigenschaften grundsätzlich ambivalent zu sehen, das heißt, auch das Gute schadet in der Übertreibung. Selbstüberschätzung ist in unserem Leben ebenso wohltuend und problematisch wie ängstliche Vermeidung. Im positiven Sinn ist die thymotische Haltung mutig, risikofreudig, sie traut sich etwas zu, rüttelt an der Macht. Im negativen Sinn setzt sie sich über Einwände und Ängste hinweg, respektiert die Verletzlichkeit eines Gegenübers nicht.

Ähnlich ist auch die Angst eine wichtige Emotion, die uns unterstützen kann, in Sicherheit zu leben, während sie auf der anderen Seite Entwicklungen blockiert und kreative Möglichkeiten hemmt. *Thymos* und *Phobos*, selbstüberschätzender Mut und vermeidende Angst sind Polaritäten, zwischen denen sich das normale Selbstgefühl ähnlich formiert, wie ein Fahrzeuglenker seinen Kurs dadurch findet, dass er Extreme (etwa die Gegenfahrbahn oder den Straßengraben) meidet.

Den Menschen der thymotischen Generation mangelte es an dem Halt, den die Beziehungen zu den Eltern normalerweise geben. So waren sie auf Selbstidealisierung angewiesen, was letztlich zur Selbstüberschätzung führte. Zudem fehlten ihnen intakte Elternbilder. Um ihr Selbstgefühl zu stabilisieren, festigten sie als Erwachsene die neuen Werte in symbiotischen Paarbeziehungen, die sich oft in ähnlich enge Bindungen an die Kinder erweiterten. Symbiose ist ein Begriff aus der Biologie für Lebensgemeinschaften unterschiedlicher Arten. In der Psychologie sind damit Beziehungen gemeint, in denen das Gegenüber als unentbehrlich erlebt wird, um das eigene Selbstgefühl aufrechtzuerhalten.

Die Kinder der 68er, die dritte Generation in diesem Buch, wurden hohen und oft widersprüchlichen Anforderungen ausgesetzt. Ihre Eltern brauchten sie und hielten sie fest, um sich vorteilhaft gegen ihre eigenen Eltern abzu-

15

setzen. Nachdem der Reformoptimismus der 68er verebbt war, sollten wenigstens die Kinder Hoffnung spenden. Obwohl oder vielleicht gerade weil die 68er nicht nur die Gesellschaft, sondern auch die Erziehung neu erfinden wollten, zeigen ihre Kinder nicht selten Merkmale einer entwerteten, phobischen Generation, die – mit sich selbst und ihren Ängsten beschäftigt – darum ringt, erwachsen zu werden und oft vergeblich versucht, ihren Eltern zu vermitteln, wie kompliziert es geworden ist, sich in der globalisierten Welt zu orientieren und in ihr einen Platz zu finden. Die Enkel der Kriegsgeneration sollten ihren Müttern und Vätern beweisen, dass diese bessere Eltern waren als die vom Krieg traumatisierten Großeltern. In der Folge erschwerten in dieser Generation Ängste und Entwertungsgefühle die Ablösung von den Eltern, gefährdeten Autonomieerleben und Selbstgefühl. Dieser Prozess wurde durch den wachsenden wirtschaftlichen Druck verschärft, der sich seit den 90er-Jahren abzeichnet.

In Deutschland hat diese Entwicklung eine besondere Form angenommen. Die wirtschaftlichen Probleme trafen nach der Wiedervereinigung den Osten zunächst stärker als den Westen; neben dem Jemen ist die Bundesrepublik das einzige Land, das einen ökonomisch gescheiterten, sozialistischen Schwesterstaat integrierte, übrigens in einer durchaus ähnlichen Folge von Begeisterung und Enttäuschung.

In mancher Hinsicht lässt sich die Wiedervereinigung als gigantischer Event verstehen, der die inneren Konflikte der hier beschriebenen dritten Generation abwehren half. Nach 1989 wurden Aggressionen frei, die dazu führten, dass der bisherige Respekt, den die Menschen in der Bundesrepublik vor der 68er-Bewegung hatten, ins Gegenteil umschlug. Das hängt mit einer Verlagerung von Kränkungen zusammen, die nach dem ersten Rausch über die gewonnene natio-

16

nale Einheit die Beziehungen zwischen der Bundesrepublik und der Ex-DDR belasteten.

Wie viele moderne Beziehungen begann auch die „Ehe" zwischen den beiden deutschen Staaten mit einer Idealisierung, in der die Gemeinsamkeiten und Bindungskräfte überschätzt wurden. Die Enttäuschungen waren auf beiden Seiten so groß, dass ein Sündenbock gebraucht wurde. Diesen fand man in der 68er-Bewegung, die seit 1989 wie eine (sozialistische) Jugendsünde der Bundesrepublik betrachtet wird, die nach der Vereinigung mit dem sozialistischen Schwesterstaat für Kränkungen verantwortlich gemacht wird, die eher Folgen des Drucks sind, den die Globalisierung auf das wiedervereinigte Land ausübt.

Die gespeicherten Bilder der traumatisierten, heimatvertriebenen, in ihren inneren Strukturen verletzten, sprachlos und unkenntlich gewordenen Großeltern tragen heute dazu bei, dass die wirtschaftliche Rezession so viel Mutlosigkeit auslöst. Äußerer Erfolg kann innere Struktur ersetzen, solange er wächst. Daher hat das deutsche Selbstgefühl auf die Rezession mit einer Mischung von inszenierter Selbstüberschätzung und Depression reagiert. Nationalistische Parteien haben Zulauf vonseiten der Protestwähler. Die Wahl eines Deutschen zum Oberhaupt der katholischen Kirche wird wie der Sieg bei einer Weltmeisterschaft kommentiert: *Wir sind Papst!* Die Deutschen können wieder feiern und Fahnen schwingen, nach jedem gewonnenen Spiel gibt es viel Lärm, Glasbruch und Benzinverschwendung auf den Fanmeilen. Auf der anderen Seite beklagen Publizisten und Politiker eine gesamtdeutsche Jammerstimmung. So lässt sich die Psychologie des Eventhungers aus einer durch manischen Überschwang abgewehrten Depression erklären.

Man könnte die Begriffe „traumatisiert – überschätzt – vermeidend" auch als zentrale Themen der Bundesrepublik

17

ansehen. Wer die gegenwärtige Politik betrachtet, gewinnt den Eindruck des Oszillierens zwischen Mut und Angst, zwischen Selbstüberschätzung und Vermeidung. Reformprozesse und eine eindeutige Außenpolitik werden dadurch erschwert. Die ironische Szene, als Tiger zu springen und als Bettvorleger zu landen, wird gerne dem Politiker der jeweils anderen Partei unterstellt. Aber dieses Kippen vom Mut in die Vermeidung ist ein Merkmal der meisten deutschen Politiker seit Konrad Adenauers Slogan: „Keine Experimente."

Trennendes und Verbindendes, Gemeinsamkeiten und Unterschiede

Jede Generation tendiert dazu, sich selbst zu idealisieren. Die Kinder hingegen werfen scharfsichtige Blicke auf die Widersprüche zwischen dem Bekenntnis um Ideal und der Praxis. Die Kriegsgeneration hielt ihre Kinder aus ihren gescheiterten Illusionen und seelischen Verletzungen heraus. Sie strebte danach, als Eltern zu funktionieren, und verlangte von ihren Kindern nicht mehr, als sie selbst gab.

Die größere Nähe der 68er-Generation zu ihren Kindern hat die möglichen Konflikte und parallel dazu die Ängste vor einem Beziehungsverlust verschärft. Die antiautoritären Reformer wollten den eigenen Kindern als bessere Eltern imponieren. Sie teilten ihre Gefühle und Wünsche mit ihnen, ob es die Kinder wollten oder nicht. Dadurch wurden nicht nur Nähesehnsüchte, sondern auch Näheängste größer. Der 68er-Generation waren die Kränkungen, die ihre Eltern erlitten hatten, eher gleichgültig; zumindest fühlte sie sich nicht in diese ein. Die Kinder der 68er leiden oft unter dem Unglück und den Depressionen ihrer Eltern. Sie können sich schlechter abgrenzen. Somit haben sie die bereits bei ihren Eltern feststellbaren symbiotischen Neigungen verstärkt; es gibt sogar Hinweise darauf, dass diese Symbiosewünsche sich in der dritten Generation noch intensiviert haben.[4]

Im Umgang mit der nächsten Generation fällt es schwer, den Neid auf die Jugend angesichts des eigenen Alters zu mäßigen und auf billige Aufwertungen zu verzichten. Beispielsweise auf die, das Engagement und die Kampflust der eigenen Studentenzeit dem ängstlich-angepassten Verhalten der nächsten Generation vorzuhalten.

Die Angehörigen der 68er-Generation schildern sich gerne als Menschen, die wirklich agierten und agitierten, um die Gesellschaft zu verändern. Sie werfen ihren Kindern vor, sie zögen nur von einem Event zum nächsten, hätten zur politischen Demonstration dieselbe Beziehung wie zur Fußball-Weltmeisterschaft oder zur Papstwahl. Aber waren die Demos und Sit-Ins der 68er nicht schon ihrer selbst noch nicht bewusste Events? Verändern Events heute die Gesellschaft so sehr oder so wenig wie seinerzeit die Demonstrationen?

Die *Generation Golf* hat ihr Profil in der Auseinandersetzung mit Eltern und Lehrern geschärft, die ihr Idealismus und Verpflichtung zu politischem Engagement nahelegen wollten, stattdessen aber nur Schuldgefühle wecken konnten. So wandten sich die Kinder – mit idealistischen Vorstellungen von Selbstverwirklichung überfüttert, nicht selten als Träger höchster, fernster und oft widersprüchlicher Hoffnungen aufgezogen – dem Nächstliegenden zu: den Gegenständen der Warenwelt, dem Design, den Nischenwelten. Das brachte auch den Vorteil mit sich, dass sie Bereiche gewannen, die einerseits nahe und sicher waren, andererseits aber so beschaffen, dass ihre Eltern keine Chance hatten, ihnen dorthin zu folgen.

Die NS-Erziehung folgte dem Grundsatz, Kinder hart zu fordern und wenig zu beachten. Diejenigen, die nach dem

Krieg Kinder großzogen, hatten nicht die Kraft, daran viel zu ändern. Die resignierten und unsicheren Eltern führten ihre Kriegserlebnisse und das Überstehen der *schlechten Zeit* als Universalargument im Mund. So prägte die NS-Vergangenheit die späteren 68er nicht unmittelbar, sondern in Form einer Leere, einer Wertunsicherheit und Oberflächlichkeit ihrer traumatisierten Eltern, gegen die sie ihre Selbstüberschätzung und Aufbruchsillusion setzten.

Vergleichen wir einen Abiturjahrgang der 68er-Generation mit dem Jahrgang 2000: Schicke Klamotten gelten Ende der 60er-Jahre als spießig. Sie sind Zeichen für ein falsches Bewusstsein. Die Nähe zur Arbeiterklasse drücken Jeans und Parka aus; die Nähe zu den unterdrückten Kolonialvölkern die indische Bluse und der Lammfellmantel aus Afghanistan. Der Abiturient von 1970 organisiert anlässlich der Zeugnisverleihung eine schulkritische Rede und ist stolz darauf, wenn sich die älteren Lehrer empören.

Auf einer Abiturfeier im Jahr 2000 tragen die meisten Abiturientinnen ein Abendkleid. Die Gymnasien konkurrieren darum, welche Abiturklasse eine besonders schicke *location* anzumieten weiß, wer eine besonders fetzige Musik auflegen kann, wo es die originellsten Drinks gibt, ob die Übergabe der Zeugnisse oder die Selbstdarstellung der Abiturienten die Oscarverleihung, „Big Brother" oder „Deutschland sucht den Superstar" zum Modell nimmt.

Der konsumierbare Event ist erster Gedanke und letztes Ziel. Er steigert die Vorfreude und wird durch einen materiellen Rahmen festgehalten. Der Event braucht Anker im Bewusstsein seiner Konsumenten. Symbole der Partizipation wie Fahnen, Schminke, Utensilien, Kostüme werden schon vorher erworben; Fotos und Videos halten das flüchtige Ereignis fest und bewahren das Ich noch eine Weile davor, in jene Lethargie zu versinken, aus der es erst der nächste Event erlösen wird.

„Ich wusste schon, dass es wahrscheinlich nichts wird mit der Beziehung zu Johann. Aber ich wollte wenigstens einmal richtig heiraten, auf einem Schloss, mit allem drum und dran, und das wollte er auch, und die Hochzeit war wirklich toll, die Videos schaue ich jetzt noch manchmal an. Danach hat es noch ein halbes Jahr gehalten, Gott sei Dank hatte ich meine Wohnung nicht aufgegeben, nur untervermietet, als ob ich es gerochen hätte. Jetzt redet Johann von Scheidung, ich habe gesagt, das muss er selbst wissen, ich will nur nicht mehr mit ihm zusammenwohnen!", berichtet eine 30-jährige Steuerberaterin.

Donald W. Winnicott entdeckte als Zwischenstufe in der Entwicklung des Kindes, nach der Symbiose mit der Mutter im Säuglingsalter und vor der ödipalen Phase mit etwa vier Jahren, das sogenannte Übergangsobjekt: ein selbst gewähltes Ding, das den Raum zwischen Kleinkind und Mutter einnehmen kann. Dabei handelt es sich meist um ein Kuscheltier oder eine Schmusedecke. Dieses Ding hilft dem Kind, sich von der Mutter zu lösen und sich über den Verlust so zu trösten, dass es den Übergang von der Symbiose zur Objektbeziehung leisten kann.

Ein solches Übergangsobjekt begleitet in der eben beschriebenen Event-Gestalt die Kinder der 68er ein Leben lang. Der aufs Fernste gerichtete Blick der Eltern, beispielsweise ihr jugendlicher Traum, aus dem Modell des maoistischen China die Werkzeuge einer Erlösung von den Übeln des Spätkapitalismus zu gewinnen, hat in ihren Kindern die Neigung zur sozialen Kurzsichtigkeit geweckt. Sie wollen nur das Nächstliegende sehen. *Shopping is creating.*[5] Solche Beobachtungen müssen relativiert, genauer: kontextualisiert werden. Zum Beispiel trug Joschka Fischer als Außenminister teure Anzüge, Turnschuhe nur noch anlässlich eines Events eigener Art – des Marathonlaufs, den er zur Selbstdarstellung nutzte. Er verhielt sich also im Jahr 2000 wie die Abiturienten, nicht mehr wie die 68er in unserem Beispiel.

Es gibt in Hierarchien das *Gesetz der übersprungenen Stufe*, das die gültige Rangordnung konterkariert. So entstehen geheime Bündnisse zwischen Befehlsebenen, die auf dem *Dienstweg* kaum miteinander in Kontakt kommen. Der General *sollte* nicht mit dem Hauptmann, sondern mit dessen Oberst kommunizieren. Wenn ein Hauptmann eine Beschwerde hat, *sollte* er zu seinem Oberst gehen, nicht zu dessen Vorgesetztem, dem General. Gegen diese Vorschriften wirkt eine informelle Dynamik, die darauf beruht, dass die benachbarten Hierarchiestufen in einem stärkeren Spannungsverhältnis zueinander stehen als die weiter voneinander entfernten. Sie haben mehr Gründe, miteinander zu rivalisieren, untereinander Aggressionen aufzubauen. Soziale Entfernung hingegen macht toleranter, weckt Neugier und regt Bündnisse an. Der Oberst wird von einem Hauptmann kritisiert; der General muss fürchten, dass ein Oberst ihm seinen Rang ablaufen möchte. In dieser Situation ist es ihm daher nicht unangenehm, von einem der Hauptmänner zu erfahren, weshalb der Oberst bei der Truppe nicht beliebt ist.

Ähnlich knüpfte die 68er-Bewegung an Traditionen an, die ihre Väter aufgegeben, ja verraten und bekämpft hatten: die Hippies an die Wandervogelbewegung, die jungen Mütter an den psychoanalytischen Kindergarten der 20er-Jahre, die Intellektuellen an Marx und Rosa Luxemburg. Und immer muss man dabei auch damit rechnen, dass die nächste Generation die Vorbilder und Erziehungsmaximen gänzlich anders verarbeitet, als die vorangehende das beabsichtigt hat: „Ich habe meinen Augen nicht getraut, als wir nach zwanzig Jahren das Treffen der Gründungsgruppe unseres Kinderladens – des ersten in ganz S. – gefeiert haben. Was war aus diesen wilden Kerlen geworden! Sie kamen alle im Anzug oder im kleinen Schwarzen. Wir Eltern wie immer in Jeans und Pullover!", so die Mitbegründerin einer Kinderladeninitiative. Wenn der alleinerziehende Vater die Familie mit Dosenravioli und Minutensteaks ernährt hat, werden aus seinen Kindern Feinschmecker; wenn die Mutter sich um vegetarisch-ökologische Küche auf hohem Niveau bemüht hat, werden die Kinder am Ende Fastfood in allen Variationen lieben. Freilich ist für solche Entwicklungen eine solide Basis notwendig. Sie gehören zur Wohlstandsgesellschaft, die Entscheidungsmöglichkeiten anbietet.

Heute kann man häufiger beobachten, wie junge Erwachsene die Ablösung von den Eltern überspringen und aus dem Stadium, in dem sie *noch* bei ihren Eltern leben, sogleich in das überwechseln, in dem sie *wieder* bei (und von) ihren Eltern leben. Ihre Versuche sind gescheitert, eine ihre (und die Ansprüche der Eltern) befriedigende Form der Ablösung zu finden. So sucht der vierzigjährige Sohn Hilfe, weil er an Angstzuständen leidet. Sie haben mit der Beziehung zu seinem Vater zu tun, von dem er finanziell völlig abhängig ist. Dieser Vater ist ohne Abitur ein höchst erfolgreicher internationaler Manager geworden und hat dem Sohn ein mühsam in verschiedenen Internaten erworbenes Abitur, ein vor dem Staatsexamen abgebrochenes Jurastudium und anschließend die Ausbildung an einer Filmhochschule finanziert.

Der Sohn verbindet seine Angstzustände mit einem väterlichen Druck, den er *voll einsieht*. Der Vater verlangt, *er müsse endlich selbstständig werden*. Der Sohn quält sich mit einem Projekt, für das er Drehbuchförderung beantragen will. Der Vater verlangt schriftliche Geschäftspläne. Der Sohn berichtet, dass ihn die Arbeit an diesen Plänen für den Vater weit mehr beschäftigt als das Projekt selbst, dessen Aussichten er pessimistisch einschätzt. „Ich baue für ihn eine Kulisse, aber es geht nicht anders, was soll ich machen?"

Ein anderer Fall: Die 66-jährige Ärztin sucht wegen einer Depression Hilfe bei mir. Ihr 38-jähriger Sohn hat ihr gestanden, dass er in den letzten Jahren nicht mehr – wie die Eltern glaubten – sein Studium zum Abschluss gebracht, sondern an einem Zeitschriftenprojekt mitgearbeitet hat. Von seinen kargen Honoraren dort wird er niemals eine Familie ernähren und nicht einmal eine eigene Wohnung finanzieren können. Eine Altersversorgung hat er nicht. Die Mutter hatte bisher alle Bedenken beiseite geschoben und ohne Murren das Studium ihres Sohnes finanziert, der mehrmals sein Studienfach wechselte. Jetzt deprimiert sie die Vorstellung, dass sie im Ruhestand nicht so viel verdienen kann, dass sie ihren Sohn mit ernähren kann. Es sei für den Jungen doch unzumutbar, von Sozialhilfe zu leben!

Die Ansprüche an Sinn und Erfüllung im Beruf sind seit 1968 ebenso kontinuierlich gewachsen wie die Zahl der Abiturienten und der Opfer angeblicher Lehrer-, Ärzte-, Soziologen- oder schlicht Akademikerschwemmen. Wer einen Job hat, fürchtet ihn zu verlieren und unterwirft sich deshalb Zwängen, die sein Privatleben auf eine harte Probe stellen. Wer keinen hat, sieht sich in einem entwürdigenden Wettbewerb und muss manchmal noch als 40-Jähriger für eine Praktikumsstelle dankbar sein, die ihm vielleicht eine sonst verschlossene Tür öffnet.

Die NS-Zeit hatte die harte Maloche idealisiert; der Arbeiter in diesem Sinn war eine wichtige NS-Kategorie. Die Kriegsgeneration fühlte sich nach dem Ende des Dritten Reichs um den Lohn für ihren Einsatz betrogen. Überflüssige Anstrengung wurde verabscheut; es gab nach dem Krieg keine Fitnessbewegung. Auffällig war auch die – verglichen mit anderen Ländern – geringe Bereitschaft der Deutschen zu ehrenamtlichem Engagement. Einen typischen Ausspruch hörte ich von einem NS-Offizier, nach dem Krieg

Landrat in Oberbayern: *Berge von unten, Kirchen von außen, Wirtshäuser von innen!*

Die 68er-Generation erlebte sich dagegen als dynamisch, engagiert, im Aufbruch zu neuen Ufern. Als Joschka Fischer in Laufschuhen zur Vereidigung als Umweltminister antrat, symbolisierte das den Generationenwechsel. Diese neue Generation akzentuiert stärker die Beweglichkeit, die Anstrengung um ihrer selbst willen, in der – den Trägern der Bewegung sicher unbewusst – Teile des NS-Körperbildes wieder aufleben. Sie warf und wirft der nächsten Generation Hedonismus und Bequemlichkeit vor. Hier fühlt man sich an den oben zitierten Spruch über „Berge von unten ..." erinnert; er ist auch den Eltern dieser Generation von ihren Kindern her wieder vertraut geworden. Wenn wir uns an das Schlagwort von der *Toskana-Fraktion* erinnern, sind aber auch die 68er nicht so asketisch geblieben, wie es einst ihr Abscheu gegen den *Konsumterror* beschwor.

Die Kinder der 68er-Generation finden heute eine Gesellschaft vor, in der die während der Aufbaujahre nach 1945 so stabile und selbstverständliche Kompensation der nationalen Kränkung und inneren Entwertung durch harte Arbeit und wirtschaftlichen Erfolg ihre Basis verliert. Felix Berth, der familienpolitische Experte der SÜDDEUTSCHEN ZEITUNG, beschreibt die *Generation Praktikum* so: Kaum ein Start ins Arbeitsleben funktioniert linear; drei oder mehr schlecht oder gar nicht bezahlte Praktika in unterschiedlichsten Firmen sind selbstverständlich geworden.[6] Dazu kommt, dass in der Nachkriegszeit die Möglichkeiten des Aufstiegs durch Bildung und Leistungswillen sehr viel größer waren. Als Arbeiterkind das Abitur zu erreichen und Karriere zu machen, war ein Leitbild der 68er. Seit den 90er-Jahren des letzten Jahrhunderts müssen immer mehr Kinder aus der Mittelschicht ganz im Gegenteil fürchten, das Niveau ihrer Eltern nicht halten zu können. So werden Entwertungsgefühle und Ängste zu einem verbreiteten Problem.

Zudem wandelt sich die bei ihrer Einführung auf Vollbeschäftigung, wirtschaftliches Wachstum und eine stabile Bevölkerungspyramide gegründete Sozialgesetzgebung im Augenblick von einem Schutz für die Schwachen zur einer Palisade der Privilegierten. Eltern und Kinder sind länger aufeinander angewiesen: Dort, wo die Eltern den sicheren Arbeitsplatz (noch) haben, können sie eine Wohnung finanzieren, die für ihre Kinder, wollten sie alleine wohnen, unerschwinglich wäre; dort, wo die Kinder billigen Wohnraum fänden, gibt es keine Arbeit.

Die Bindung an die Eltern trägt dazu bei, dass junge Erwachsene mit der Familiengründung zögern. Sie erleben die Abhängigkeit von den eigenen Eltern so drückend, dass sie noch einen weiten und unsicheren Weg vor sich sehen, ehe sie sich auf solche Verpflichtungen einlassen können. Sie gleichen einem Patienten, dessen Knochenbrüche durch Gipsverbände notdürftig stabilisiert wurden, der aber unsicher ist, ob die Verletzungen am Skelett geheilt sind. Diesem „Skelett" entsprechen verinnerlichte und mit idealisierender Energie besetzte Werte. Äußere Stabilisierungen, wie sozialer Erfolg oder die narzisstische Bestätigung in einer Liebesbeziehung, können den inneren Halt nicht ersetzen.

Wer die deutsche Generationendynamik verstehen will, muss zu einem Ort zurückkehren, der mehr und anderes zu bieten hat als den jährlichen Event des Christkindlmarktes. Er muss sich damit beschäftigen, dass bereits die erste Generation, welche die neu gegründete Bundesrepublik prägte, Brüche in sich trug, die nicht bearbeitet werden konnten. Es war eine späte und mühsam erkämpfte Erkenntnis, die *Unfähigkeit zu trauern* (Alexander und Margarethe Mitscherlich) der von Hitler begeisterten Generation herauszuarbeiten.

26

Und Erkenntnis ist etwas ganze anderes als die Kraft und der Abstand, die für Trauerarbeit nötig sind. Die deutschen Traumata durch Krieg, Gefangenschaft, Flucht und Vertreibung waren nicht nur allgemein und heftig, sie waren auch so schambesetzt, dass sie beschwiegen und ignoriert werden mussten. War es doch die eigene, aberwitzige Teilhabe an der grandiosen Rücksichtslosigkeit des Führers gewesen, die so zerstörerische Folgen hatte.

Aus sicherem Abstand ist 1945 das interessanteste Jahr der neueren Geschichte, was die Anziehungskraft und das Scheitern von Verdrängungen und Ausflüchten betrifft. Wer aber geglaubt hatte, dass es mit dem Verstreichen der Zeit leichter und einfacher werden würde, die NS-Gräuel zu vergessen, sie Geschichte werden zu lassen, sieht sich eines Besseren belehrt. Es war nicht leicht, und es wurde eine ganze Weile sogar noch schwieriger.

Mir geht es vor allem darum, Verständnis für die unterschiedlichen Welten der drei Generationen zu wecken. Jede seelische Realität hat ihre eigene Struktur und Gültigkeit. Voreilige Wertungen lassen sich relativieren, zerrissene Beziehungsfäden neu knüpfen, wenn sich die Generationen mehr füreinander interessieren und weniger überzeugt sind, dass ihre typische Wahrheit auch für die ältere oder die jüngere Generation gilt.

I. Leben zwischen Kriegserlebnissen, Restauration und Wirtschaftswunder: Die verletzte oder traumatisierte Generation

Der Zusammenbruch des deutschen Selbstgefühls [7]

Keine deutsche Regierung erhielt von der breiten Masse so große Zustimmung wie das Hitler-Regime in der Zeit zwischen 1934 und 1940. Erst als sich die Niederlagen in Stalingrad und in der *Luftschlacht* abzeichneten, endete für viele Deutsche die bedingungslose Anhängerschaft an Hitler. Sie hätten den Führer nun gerne „entsorgt". Aber trotz der fehlenden Begeisterung wurde noch bis 1945 ignoriert, was mit den Juden, den „Zigeunern", den Homosexuellen und den „Vaterlandsverrätern" geschehen war. Umso schrecklicher war das Erwachen aus dem verleugneten Alptraum, die Konfrontation mit den Konzentrations- und Vernichtungslagern, mit dem schmählich geschwundenen, geschrumpften Vaterland. Noch lange Zeit versuchte man durch Schattierungen in den Kartenwerken wenigstens die nach dem Frieden von 1918 erhaltenen Teile Deutschlands als nicht endgültig verloren darzustellen.

Im Augenblick der Niederlage waren die meisten Deutschen überzeugt, sie seien Hitler nur aus Angst und unter Druck gefolgt. Das kleine schlechte Gewissen, das im Hintergrund so großer Begeisterung geblieben war, das vernünftige Zweifel angemeldet hatte am Sinn dieser geistigen und emotionalen Blähungen, wurde nach 1945 umgedeutet: Eigentlich war der Gegenwille da gewesen. Er hatte sich nur deshalb nicht durchgesetzt, weil die Nazis zwar wenige, aber sehr mächtig und sehr böse waren. Der große, begeisterte Gehorsam, der Jubel angesichts der nationalistischen Phrasen wurden zum Zwang; die kleinen heimlichen Bedenken zur ewigen inneren Wahrheit, zur unbefleckten, aber unsichtbaren Flagge.

Erinnern wir uns an Leni Riefenstahls Film *Triumph des Willens*: an die Idylle spitzwinkliger Dächer, über die der Schatten eines Flugzeugs gleitet, an die fröhlichen, gesunden Hitlerjungen, an das jubelnde Volk an den Straßenrändern, an die Klage mancher Redner, dass jetzt die Zeit der Bewegung vorbei sei, die Partei machtsatt und träge zu werden drohe. Die Kulisse ist grandios: Ein riesiges Gelände mit monumentaler Tribüne aus Natursteinen, von KZ-Häftlingen gebrochen und behauen, schon jetzt von Hitlers Architekten auf den *Ruinenwert* hin gebaut, der den griechischen Tempel auszeichnet. Opferfeuer lodern auf Pylonen; darunter weiht der Führer die Banner der angetretenen Einheiten von SA und SS mit der *Blutfahne*, die dem gescheiterten Putschversuch vorangetragen worden war. Die Szene wirkt gespenstisch, abergläubisch, würdelos in der mechanischen Routine, mit der Hitler wie ein Automat die Fahnen mit dem vom Blut der *Märtyrer* getränkten Tuch berührt.

Für mich sind weder die Parteitage noch der Kriegsverbrecherprozess das entscheidende Kapitel einer deutschen Traumatisierung – es sind die Nürnberger Rassengesetze. Diese entstanden aus der Gesetzgebung einer demokratisch gewählten Regierung heraus. Niemand hat je behaupten können, er habe davon nicht gewusst, obwohl sich Nachkriegsdeutschland nach Kräften bemühte, die Schande von Nürnberg zu vergessen. Ich habe wie viele andere, die in der unmittelbaren Nachkriegszeit aufgewachsen sind, während der dreizehn Jahre meines Schulbesuchs zwischen 1947 und 1960 an zwei Grundschulen und zwei humanistischen Gymnasien niemals ein Wort von diesen Gesetzen gehört. Über die Schlachten Alexanders des Großen und über die Napoleonischen Kriege wussten wir weit mehr als über Hitlers Vernichtungsfeldzug gegen die deutsche Zivilgesellschaft. Wer sich anmaßt, dem Mitmenschen seine Rechte zu nehmen, nimmt ihm später auch das Leben. Gemordet haben die Nazis im Verborgenen, aber die Rassengesetze waren öffentlich. Sie zu ignorieren und 1936 sogar noch Olympische Spiele in Berlin zu veranstalten, beschämt nicht nur Deutschland.

Im Land von Kant, Lessing und Goethe wurden Deutsche in einem von Juristen hastig erarbeiteten Machwerk zu Menschen minderen Rechts erklärt. Sie waren keine Reichsbürger mehr. Dazu musste man *deutschen oder artverwandten Blutes* sein. Sie waren nur noch geduldete Staatsangehörige. Für sie wurde ein eigenes Sklavenrecht geschaffen. Ihre an deutschen Universitäten erworbenen Doktortitel galten nicht mehr; wer sie weiterhin führte, wurde bestraft. Es gab keinen öffentlichen Aufschrei, keine Empörung, als ein *Blutschutzgesetz* Verbindungen zwischen Ariern und Nichtariern als *Rassenschande* unter Strafe stellte. Die Beschäftigung von arischen Dienstmädchen unter 45 Jahren in jüdischen Haushalten wurde verboten. Voll-, Halb- und Vierteljuden wurden auf dem Verordnungsweg geschaffen.

Durch die Nürnberger Gesetze vom 15. September 1935 entstand eine Zweiklassengesellschaft. In vielen Jahrzehnten einer aufgeklärten, liberalen Politik waren die Juden in Deutschland zu Deutschen geworden. Viele von ihnen liebten die Sprache, das Land, die Kultur, die in den Religionskriegen erkämpfte Glaubensfreiheit, in der auch das Judentum seinen Platz fand. Menschen wie Sigmund Freud schätzten die Möglichkeit, mit anderen aufgeklärten Bürgern über die wissenschaftliche Überwindung von Bigotterie in jeder Gestalt nachzudenken.

Die Scham angesichts der Nürnberger Rassengesetze hat auch eine intellektuelle Qualität: Es war in höchstem Maß unlogisch und schlicht dumm, vom *Schutz des deutschen Blutes und der deutschen Ehre* zu sprechen, aber nichts als das Kriterium der *Glaubenszugehörigkeit* von Großvater oder Großmutter anzubieten, um Blut oder Ehre zu definieren. Ausgeblutete Arier konnten durch jüdische Blutspenden gerettet werden – und umgekehrt. Das wusste jeder Medizinstudent im ersten Semester. Der zweite Begriff, die *Ehre*, ist eine ebenso primitive wie willkürliche Kategorie. Die Ethik der deutschen Aufklärung setzte ihr Bemühen darein, sie zu überwinden und den Totschlag aus verletztem Ehrgefühl als Verbrechen zu verfolgen. Was Ehre sein mag und wodurch auch immer sie verletzt ist – für ein aufgeklärtes Rechtsempfinden ist die dumpfe Willkür in solchen Konzepten nicht zu übersehen. Es war der Stolz der europäischen Rechtsphilosophie, sich von dem primitiven Ehrbegriff der Duellanten und selbsternannten Rächer zu distanzieren. Jetzt, nach Hitlers Machtergreifung, begannen deutsche Juristen im Stil des STüRMER zu schwafeln. Diese Bereitschaft einer Kulturnation, sich geistig auf den primitivsten Nenner bringen zu lassen, hat mich empört und deprimiert, seit ich begann, mich mit der NS-Geschichte zu beschäftigen.

Scham und Schuldgefühl angesichts der eigenen Primitivität wurden seit 1935 von der großen Mehrheit der Deutschen verdrängt. Sobald eine Gesellschaft erst einmal den Grundsatz zugelassen hat, dass alle Menschen gleiche Rechte haben sollen, Reiche und Arme, Männer und Frauen, Heiden und Fromme, wird der Rassismus zu einer Art seelischen Taifuns. Er führt zu einer Verwirbelung, die sich selbst verstärkt.

Jede rassistische Haltung kann die in ihr wirksame Ungerechtigkeit und Unlogik nur so lange verleugnen, wie sie die Ausgegrenzten für so mächtig und einflussreich erklärt, dass es sich nicht nur lohnt, sie zu verfolgen und zu bekämpfen, sondern unabdingbar für das eigene Überleben ist. Ihre Existenz erinnert an eigenes Versagen, an eigene Schuld. Daraus erwächst die Fantasie der Verfolger, sich von dem so geschaffenen Erzfeind zu *erlösen*, da dieser sie umso mehr bedrängt, je energischer sie ihn bekämpfen.

Hitler hatte 1935 die Juden in Deutschland jeder Macht und jedes Einflusses auf die Politik beraubt. Er verfolgte sie deshalb aber umso erbitterter. Am Ende dieser Entwicklung stand die Feststellung, dass nur der tote Jude ein guter Jude sei. Das Phantasma der *Endlösung* wird sich des Zusammenhangs nicht bewusst, dass die Erlaubnis zum Mord an den ihrer Rechte Beraubten auch das Lebensrecht des Mörders infrage stellt. Hitler *musste* der ganzen Welt den Krieg erklären. So, wie er begonnen hatte, hätte er niemals Frieden gefunden und sich nach jedem Sieg vor der Rache der Feinde gefürchtet, auf die er seine eigene Gnadenlosigkeit projizierte.

1935 nahmen die meisten Deutschen anerkennend zur Kenntnis, dass Hitler jetzt den Raufbolden der Schutzabteilung (SA) das Handwerk gelegt hatte. Sie freuten sich über die Autobahnen, die Fackelzüge, die Aufbruchsstimmung.[8] Jede geheime Abstimmung hätte eine überwältigende Zustimmung zu einer Politik ergeben, die darauf beruhte, den Rechtsstaat abzuschaffen. Während die Vernichtungslager tatsächlich von der SS geheim gehalten wurden und daher die Menschen während und nach dem Hitler-Regime durch energisches Wegschauen vertreten konnten, sie hätten davon nichts gewusst, gilt das nicht für die Nürnberger Gesetze. Alle haben davon gewusst.

Menschen finden Halt in inneren und in äußeren Strukturen. Die äußeren sind Gesetze, informelle Normen, Polizei und Justiz. Die inneren lassen sich als Stimme des Gewis-

sens beschreiben, die in Immanuel Kants schönem Satz eine
fast überirdische Qualität gewinnt.[9] Freud hat beobachtet,
dass diese inneren Strukturen auch unbewusste Anteile haben. Er fand die anschaulichen Bezeichnungen Über-Ich
und Ich-Ideal. Sie entwickeln sich angemessen, wenn sich
ein Kind mit Eltern identifizieren kann, die es als gut genug
erlebt – und sie können zerstört werden, wenn Menschen
von den Personen traumatisiert werden, an die sie einst als
Retter glaubten.

Dieselbe große deutsche Mehrheit, die Hitler als Autorität anerkannt und Gefolgschaft geleistet hatte, litt nach
1945 unter einem inneren Zusammenbruch, der den äußeren überdauerte. Im Wirtschaftswunder wurde er bemäntelt
und übertüncht. Die Ausrede, dass Hitler sie verraten und
in heilloses Unglück geführt habe, tarnte eigene Verluste an
glaubwürdigen inneren Strukturen. Die willige, ja begeisterte
Preisgabe des Rechtsstaates ab 1934 wurde im Nachhinein
als erzwungene Duldung eines bösen Regimes ausgelegt. Innere Emigrationen wurden fortgeschrieben; es gab bis in die
70er-Jahre einen breiten Konsens, alles ruhen zu lassen, was
solchen Selbstmythisierungen widersprach.

Die Wertstrukturen im menschlichen Unbewussten gewinnen ihre volle Bedeutung für die Einzelnen in einer individualisierten, nach den Grundsätzen der Rechtsstaatlichkeit
funktionierenden Gesellschaft. Wenn sich diese Gesellschaft
hinter die eigene Rechtsauffassung zurückentwickelt und
primitive Vorurteile, bornierten Hass und heimtückische Be-
reicherung wie Recht aussehen lässt, verlieren diese Strukturen ihre Stabilität. Dieser Strukturverlust greift relativ
schnell. Es gibt Individuen, die ihm länger widerstehen als
andere. Aber die deutsche Geschichte zeigt ebenso wie die
italienische, wie groß die Bereitschaft ist, nicht mehr Argumenten, sondern nationalen Grössenvorstellungen zu folgen.

Weder Bildung noch Prestige schützen davor, wie die Ergebenheit der meisten hohen Beamten und des Militärs gegenüber dem *Duce* und dem *Führer* zeigt.

Wo Strukturen schwinden, tritt eine kindliche Haltung der Unterwürfigkeit an ihre Stelle. Während der NS-Herrschaft war die Bevölkerung keineswegs einhellig von dem neuen Regime begeistert. Jedoch gerade durch die in ihrer Aussage diffusen Programme und die Manipulation widersprüchlicher Sehnsüchte bzw. Ängste der Menschen vor der Moderne gelang es in dieser Zeit, große Zustimmung, ja Begeisterung in der Bevölkerung auszulösen. Nicht durch Gewalt, sondern durch Faszination haben Mussolini und Hitler ihre Macht gewonnen. Doch schon vor dem Zusammenbruch des Regimes erlosch unter dem Eindruck des Bombenkrieges und der verleugneten Niederlagen die Begeisterung der Deutschen.

Diese Haltung der letzten Kriegsjahre wurde 1945 konserviert und im Nachhinein auf die davorliegende Zeit zurückübertragen: *Schon lange* waren demnach die meisten Deutschen des Regimes und des Krieges überdrüssig. So kam es, dass die Emigranten, die auf niederträchtigste Weise enteignet und denunziert worden waren, nach ihrer Rückkehr ein Volk von Opfern vorfanden, das sich nicht an seine begeisterte Anhängerschaft an Hitler als Träger der besten deutschen Werte erinnern konnte. Von der Begeisterung für die Propagandalügen von 1935 wollte niemand mehr etwas wissen, nur noch an die Verzweiflung über das Versagen des Führers und seiner wenigen unbelehrbaren Anhänger in der Niederlage erinnerten sich alle.

Thomas Mann hatte 1933 mit zwei Koffern München für eine Vortragsreise verlassen. Er musste von der Schweiz aus verfolgen, wie sein Haus geplündert, sein Vermögen beschlagnahmt wurde. Es verwundert nicht, dass er wenig Verständnis für seine früheren Kollegen aufbringen konnte, die ihm das Leid einer *inneren Emigration* klagen wollten. Die schmerzliche Erfahrung der Flucht vor den NS-Schergen wurde im deutschen Bildungsbürgertum noch in den 50er-Jahren denunziert. Die Opferrolle beanspruchten Mitläufer und Unpolitische, die den Emigranten ihr sicheres Leben im Ausland vorhielten, während sie in der bedrohten Heimat ausgehalten hatten.

Eine Niederlage und ihre seelischen Folgen

Das Bedürfnis der Deutschen, sich der eigenen nationalsozialistischen Überzeugungen nicht zu erinnern und diese außerhalb der eigenen Person anzusiedeln, war nach 1945 immens. Die Besucher aus dem Ausland wunderten sich, dass es in Deutschland keine Anhänger Hitlers mehr gab und vorgeblich auch nie gegeben hatte. Sie hatten Nazis erwartet, die ihre Ideale verteidigten, tapfere Germanen, ihrem Führer in Nibelungentreue ergeben. Jetzt fanden sie unterwerfungsbereite Menschen vor, die sich gaben wie Opfer eines Spuks. Die meisten waren schon immer gegen Hitler gewesen, alle auf jeden Fall gegen seine *Übertreibungen*: die Judenverfolgung, den Zweifrontenkrieg.

Über den dramatischen Absturz nationaler Selbstidealisierungen wurde nicht gesprochen, das war kein Thema, mit dem sich eine Öffentlichkeit beschäftigt hätte. Dem leistete Vorschub, dass die stolze Volksgemeinschaft zu einer Notgemeinschaft geworden war, in der die Sorge um das eigene Überleben erlaubte, alle höheren Werte erst einmal zurückzustellen. Diese Notmoral, die Menschen nur an das unmittelbar Überlebenswichtige denken lässt und von neurotischen Konflikten ebenso entlasten kann wie von ethischen

35

Grundsätzen, wurde erst später durch Verdrängungen und Verleugnungen ergänzt, als sich die Verhältnisse wirtschaftlich und politisch wieder festigten. Die psychische Abwehr der deutschen Schuld war bereits aufgebaut worden, als sich die Niederlage abzeichnete und doch weitergekämpft werden musste.

Man war *verstrickt* gewesen, wie das Hitlers Architekt und Rüstungsminister Albrecht Speer den Lesern seiner Memoiren erklärte, hatte sich von einem Verbrecher oder einer Verbrecherbande, einem Wahnsinnigen verführen lassen und im Übrigen von dem Mord an Unschuldigen gar nichts gewusst. Man hätte Befehle befolgt und aus nackter Angst die Gebote der Zivilcourage missachtet. Das könne niemand verstehen, vermochte niemand zu beurteilen, der nicht selbst dabei gewesen war, am wenigsten Emigranten, die sich gefahrlos im Ausland gesonnt hätten, während sich aufrechte Deutsche in die Eiseskälte ihrer inneren Emigration hätten zurückziehen müssen.

Deutsche Soldaten hätten tapfer gekämpft und ihre Ehre rein gehalten. Aber den anständigen Siegern der Wehrmacht, die im Osten als Befreier begrüßt wurden, wären die feigen Parteisoldaten gefolgt, die grausame SS. Sie hätten verdorben, was das Heer ehrlich erobert hatte, hätten die Wut von Partisanen geweckt und hätten so das gute Deutschland dieser Soldaten daran gehindert, nach einem Sieg an allen Fronten Hitler und seine Bonzen zu entmachten.[10]

Diese spontane Erinnerungspolitik teilte die besiegte Nation in Bösewichte und Opfer. Dividierte man dann die Bosheit der eigenen Bösewichte durch die Bosheiten der Sieger (Dresden bombardiert, Millionen vertrieben, Vergewaltigungen im Osten), so wogen sich die Leiden auf. Sie ließen sich kürzen wie in der Bruchrechnung. Übrig blieb ein Volk von Opfern, so tapfer, nicht zu klagen, nichts zu erwarten, son-

dern aus eigener Kraft das geschundene Land wieder aufzubauen.

Kindheitsszenen

Die psychologische Dimension von Geschichte wird uns zuerst im eigenen Erleben zugänglich. Das ist ebenso unver-
meidlich, wie es den Forscher zu schwierigen Entscheidungen
drängt: Soll er versuchen, diese subjektive Sicht auszuklam-
mern und zu entbehren? Soll er sie vertiefen? Ich werde sie
hier an den Stellen mit einbeziehen, an denen ich den Eindruck habe, dass sie allgemeine Erscheinungen deutlicher
und konkreter macht.

1945 war ich vier Jahre alt, und ich erinnere mich gut,
wie weit entfernt in meinem Erleben alles war, was mit den
Ursachen des Krieges zu tun hatte. Er war wie eine Naturge-
walt über uns hereingebrochen. Ich bin überzeugt, dass ich
diese Einstellung den Erwachsenen um mich herum ab-
schaute. In meiner Familie gewann die Überzeugung, dass
sich das deutsche Böse gegen das Böse der Feinde aufhob
und der Blick nach vorne angebracht war, ihren Sinn und
ihre emotionale Berechtigung daraus, dass mein Vater gefallen war. Der Witwe und uns Halbwaisen konnte niemand
den Opferstatus absprechen. Vielleicht erklärt das auch, weshalb ich als Kind nie Hassgefühle gegen den russischen
Scharfschützen empfand, der im Januar 1944 meinen Vater
getötet hatte, als dieser versuchte, den Rückzug seiner Kom-
panie aus der Ukraine zu organisieren.

Als 1946 ein Dieb aus unserer Speisekammer in Passau
einen kostbaren Butterklumpen stahl, den wir der bäuerli-
chen Verwandtschaft verdankten, erklärte ich, dieser Mann
sei hassenswerter als dieser russische Soldat. Aus den Ge-

sprächen meiner Kindheit kann ich nichts von der Begeisterung meiner Eltern für die Nazi-Partei rekonstruieren. Meine Mutter hatte Hitler einmal in München gesehen, in einem Braukeller, als er gerade mit seinen Kameraden speiste. Nach diesem Eindruck, so sagte sie später, hielt sie ihn für einen primitiven Proleten, ungebildet, wie schon seine Tischmanieren verrieten. Er beherrschte keine Fremdsprache, ganz zu schweigen von Latein oder Griechisch. Man habe gehofft, die Akademiker in den Ministerien würden ihn zur Vernunft bringen; leider sei das misslungen. Das alles hörte sich an wie ein kleines Missgeschick. Erschüttert über Millionen Tote schien niemand, aber auch der Tod meines Vaters war eine von Emotionen scheinbar befreite Tatsache. Von Auschwitz wurde nicht gesprochen, wohl aber erheiterten sich meine Großmutter und meine Mutter über die amerikanischen Besatzer, ihre eng geschnittenen Hosen und ihren Hygienefimmel.

Mein Vater und der Vater meiner Mutter waren nach 1933 in die Partei eingetreten. Von Staatsbeamten (beide waren Juristen) sei das erwartet worden, sagte meine Mutter. Sie selbst war kein Parteimitglied. Es sei ihr geraten worden, da es sich günstig auf eine Karriere als Lehrerin auswirken würde. Aber sie wollte nicht Lehrerin bleiben, sie konnte den Beruf nicht leiden. „Den ganzen Tag etwas unterrichten, was man selbst schon weiß", sagte sie. Sie hätte lieber alte Sprachen studiert, aber das durfte sie unter Hitler angeblich nicht. Die Frau gehört ins Haus, hatte ihr Vater gesagt. Als man während ihrer Zeit als Lehrerin im bayerischen Wald eine BdM-Führerin suchte, übernahm sie diese Aufgabe, um zu verhindern, dass dies eine Fanatikerin tat. Die konnte man schließlich nicht auf die armen Mädchen loslassen.

Lange Zeit war ich überzeugt, dass es in meiner Familie keine Nazis gab: Mein Vater hätte sich, wenn ihm Zeit geblieben wäre, zum Widerstandskämpfer entwickelt, mein mütterlicher Großvater war ein Mitläufer, die väterlichen Großeltern katholische Bauern. Meine Mutter hatte Hitler sogar gesehen und widerwärtig gefunden. Heute denke ich, dass sie alle Hitler oder doch Parteien wählten, die die Nürnberger Gesetze zu verantworten hatten. Wie viele andere Kinder von Eltern aus dieser Generation begann auch ich eine gründliche Auseinandersetzung mit diesen Themen erst nach dem Tod aller Menschen aus der Tätergeneration, die mir nahestanden. Ich finde das legitim und spüre doch einen Impuls, mich zu verteidigen. Diese Menschen hatten so viel durchgemacht – war es nicht richtig, sie zu schonen? Was hätten mehr Gespräche über diese Zeit geklärt?

Als Kind führte ich sie nie und erlebte meine Mutter immer als gefasst und vernünftig. Später, als ich schon Psychologe war, fragte ich doch und gab es wieder auf, weil meine Mutter weinte, wenn sich die nie verarbeitete Trauer um den Tod meines Vaters nach einer kurzen und in ihrer Erinnerung glücklichen Ehe belebte. Die Großeltern waren unzugänglich und sehr fromm. Ich begegnete in ihnen dem Abwehrmechanismus, den ich mit Passau verbinde: schwarz deckt braun. Es schien in dieser Stadt schon immer nur die Treue zur Kirche gegeben zu haben – das wurde von allen bis hin zum Chefredakteur des Bistumsblattes vertreten, der einmal ein glühender Nazi gewesen war.

Wie spät sich Kindheitsrätsel lösen und wie viel das über den Umgang mit der NS-Zeit sagt, zeigt meine Beziehung zur älteren Schwester meiner Mutter, Tante Maria. Sie war aus mir dunklen Gründen verschwunden, meine Oma sorgte für ihre beiden Töchter. Als Tante Maria zurückkam, war sie sehr blass, sehr ernst und oft wie geistig abwesend. Viel später hat mir meine Mutter erzählt, dass ihre große Schwester und ihr Ehemann beides *Tausendprozentige* gewesen seien.

Nach dem Krieg, im Zusammenhang mit der Scheidung von ihrem Mann und einer erneuten Bekehrung zum katholischen Glauben, war sie monatelang in einem Nervenkrankenhaus gewesen und mit Insulinschocks behandelt worden. An diesen Erinnerungen durfte niemand rühren. Später war sie auf eine unfrohe Weise bigott, arbeitete als Lehrerin und starb an einer Immunschwäche, nachdem sie mit fünfundsechzig Jahren pensioniert worden war.

Meine Erfahrungen belegen, wie sehr die Gesetze der seelischen Ökonomie jede Auseinandersetzung mit belastenden Erlebnissen prägen. Vielleicht wäre es richtiger, nicht von der Fähigkeit oder Unfähigkeit zur Trauer zu sprechen, sondern von der Kraft dazu oder dem Mangel an ihr. Es ändert wenig, dem Traumatisierten, der tut, als sei nichts gewesen, sein Vermeiden vorzuhalten und ihm zu erklären, er täte besser daran, sich zu vergegenwärtigen, was geschehen ist. Nicht die Aufklärung allein öffnet den Zugang zur Verarbeitung der Realität; wir brauchen auch inneren Raum und Kraft, die Vernunft wirken zu lassen. Das erkennt auch der Arzt, der dem Todkranken geduldig erklärt, warum ihm nicht mehr zu helfen ist, und am nächsten Tag einen Patienten vorfindet, der ihn fragt, wann er denn geheilt entlassen werde. Die leise Stimme der Vernunft mag die Wirklichkeit gänzlich auf ihrer Seite haben; was sich im Erleben durchsetzt, ist dann doch eine Illusion, die stärkere Gefühle bedient.

Psychische Abwehr konstruiert Kontinuitäten, um glatte, nicht angreifbare Flächen zu schaffen. Was nicht ins Bild passt, wird abgespalten und behandelt, als sei es niemals passiert. Ähnlich wie geschiedene Eheleute oft keinen inneren Zugang mehr zu dem Bild von sich selbst haben, das einmal in Liebe und Hoffnung mit dem Partner verbunden war, so hatte auch kaum jemand mehr Zugang zur Liebe zu Hitlers

Reich. Wer in dieser Weise Geschehenes abwehrt, neigt zu den rhetorischen Figuren des *immer* und des *nie*. So waren in Passau schon *immer* die Menschen treu der katholischen Kirche ergeben, in Österreich hatte man schon *immer* versucht, unabhängig von den verderblichen Einflüssen aus Deutschland zu werden.

Nach 1945 war es den meisten deutschen Soldaten unmöglich, den Dienst in einem destruktiven System zu idealisieren. Die sinnlose und verlustreiche Fortführung eines verlorenen Krieges (gerade die Frontsoldaten wussten das früher und sicherer als alle anderen Gruppen der Bevölkerung) verstärkte Empfindungen, von allen Autoritäten im Stich gelassen zu sein und sich ganz allein oder im *verschworenen Haufen* durchschlagen zu müssen. Die Massenvernichtung der Juden – in unserem ethischen Verständnis unendlich problematischer als der doch schon lange bekannte Schrecken des Krieges – beschäftigte die Generation der Frontkämpfer viel weniger als das Ringen um den Sinn oder Unsinn ihrer Taten.

In dem Buch von Peter Bamm *Die unsichtbare Flagge*, das meine Mutter sehr schätzte, wird eine Szene beschrieben, in der sich ein Fähnrich mit einem *Heimatschuss* – so nannte man damals eine Verwundung, die so schwer oder kompliziert war, dass man nur in der Heimat wieder genesen konnte – in Russland von zwei Sanitätsoffizieren verabschiedet. Sie werden als kritische, vom Eroberungswahn distanzierte, hoch gebildete Ärzte dargestellt, die nicht der Hakenkreuzfahne folgten, sondern einem unsichtbaren Symbol der Humanität.

Der eine Offizier zitiert den griechischen Spruch zum Gedenken an die bei den Thermopylen gefallenen Spartaner unter Leonidas. Der Fähnrich versteht ihn nicht. Darauf werden die Verse auf Lateinisch wiederholt: *Dic hospes Spartae nos t(e) hic vidisse iacentes / dum sanctis patriae legibus obsequimur.* Das heißt: „Wanderer, kommst du nach Sparta, berichte dorten, du habest uns liegen gesehen wie das Gesetz es befahl." Als der Fähnrich auch den lateinischen Text nicht versteht, scherzt der Offizier, was es wohl für einen Sinn mache, jemandem das Leben zu retten, der weder Griechisch noch Latein beherrsche?

Diese bildungsbürgerliche Überwindung des Nationalsozialismus ist mir aus meiner eigenen Gymnasialzeit in Passau vertraut. Die humanistische Bildung trat in faschistischen Formen auf. Sie trennte zwischen Mensch und Untermensch. [11] Der makabre Scherz über die Thermopylen und die Freude, mit der ihn meine sanfte Mutter zur Kenntnis nahm, zeigt nicht nur den Rassismus des deutschen Gymnasiums, sondern auch die ganze Verzerrung des Geschichtsbildes einer Soldatengeneration, die sich einbildete, sie hätte sich kritisch von Hitler distanziert. Was aber verbindet die Spartaner, die einen Pass gegen die persischen *Angreifer* bis zum letzten Mann verteidigten, mit den deutschen Soldaten, die in den Weiten Russlands einen *Angriffskrieg* führten? Wie durchdacht ist die Vorstellung, die Heimat gegen Barbaren verteidigen zu müssen? Wer sind denn die Barbaren?

In solchen rhetorischen Verrenkungen erkenne ich heute die Versuche, den immensen Werteverlust schon während des immer aussichtsloseren und verlustreicheren Krieges zu kompensieren. Die Deutschen hatten nicht nur den Glauben an den Sieg ihrer Tugenden verloren. Sie mussten sich nach 1945 eingestehen, dass sie die moralische Kraft ihrer Feinde unterschätzt und diese zu Unrecht dämonisiert hatten. Deutschland wurde eben nicht zu einem Ort, in dem national gesinnte Frauen und Kinder nicht leben durften. Genau das hatte die NS-Propaganda unterstellt, hatte Magda Goebbels in die Tat umgesetzt, als sie ihre Kinder vergiftete. Die Mordlust der Eroberer erwies sich als Projektion; die Sieger hatten nicht nur militärisch gewonnen, sie waren auch gnädiger als die Deutschen. Die SS und die Verwaltung der Konzentrationslager hatten es zur Routine werden lassen, Frauen und Kinder zu ermorden. Das wussten die Kinder um 1945 in der Regel nicht, aber sie ahnten es vielleicht, wenn ihre Eltern verwirrt oder aggressiv reagierten, sobald sie sahen, wie freundlich die russischen oder amerikanischen Soldaten mit den Kindern der Besiegten umgingen.

Wenn ich heute an meine Kriegs- und Nachkriegskindheit zurückdenke, entdecke ich wieder neue Qualitäten. Sie haben nicht nur damit zu tun, dass ich heute wesentlich älter bin. *Um eine Situation zu beurteilen, müssen wir nicht nur beachten, was in ihr vorhanden ist, sondern auch, was in ihr fehlt.* Als Kind ist man dazu nicht in der Lage. Die Macht der sinnlichen Eindrücke ist für ein Kind fast grenzenlos; die Welt *ist* so, wie diese Eindrücke es vermitteln; die Menschen in ihr sind die einzigen, die existieren. Die eigene Kindheit wird der Geschichte entrissen – man ist der Überzeugung, dass alle Kinder so sind, so leben, wie man selbst als Kind gelebt hat. Ich glaubte noch lange, meine Kindheit sei kindliches Fühlen schlechthin, nicht zeitbedingtes Fühlen, wie ich auch dachte, meine Jugend sei Jugend schlechthin und habe nichts mit Zeitgeschichte zu schaffen.

Allmählich ist in mir die Einsicht gewachsen, dass meine Kindheit sehr viel tiefer vom Krieg geprägt war, als ich es lange Zeit wahrnahm. Ich dachte oft, dass ein Grundgefühl allen Kindern eigen ist, wonach die Erwachsenen etwas sind wie freudlose Riesen, die keine Ahnung haben, was im Leben Spaß macht. Heute – und dazu mag meine lange Erfahrung als Psychoanalytiker beigetragen haben – bin ich überzeugt, dass Grundgefühle meiner Kindheit wie Angst, Einsamkeit,

Rückzugsneigungen und extrem enge Bindungen an meine Mutter und meinen zwei Jahre älteren Bruder eine ausgeprägte zeitgeschichtliche Qualität hatten. Sie drückten aus, wie zerstört auch in den vom Bombenkrieg wenig betroffenen Orten meiner Kindheit, in Passau und Deindorf, die Menschen waren, wie berechtigt meine Ängste, wenn irgendwo ein Erwachsener auftauchte, wie realistisch mein Grundgefühl, dass die Erwachsenen keine Ahnung von kindlichen Bedürfnissen haben und es sinnvoll ist, Freuden möglichst konsequent vor ihnen zu verbergen.

„Die Vögel, die am schönsten singen, frisst die Katze zuerst", das war kein witziges Sprichwort, das meine Großmutter oder Mutter gelegentlich im Mund führten. Es war die Haltung, mit der Erwachsene nach 1945 Kindern begegneten. Um sie zu verstehen, müssen wir uns mit den Folgen von Traumatisierungen beschäftigen.

Das Verständnis für die traumatisierte Generation

Nach den Berichten der in Krieg- und Nachkriegszeit Geborenen war es eher die Ausnahme, dass Eltern und Kinder ein persönliches Gespräch führten, aus dem die Geschichte der Eltern für die Kinder verständlich und einfühlbar wurde.[12] Zunächst litten die Kinder unter dieser Leere und Freudlosigkeit, ohne zu erfassen, womit sie zusammenhing. Das änderte sich aber, sobald sie erwachsen wurden und begannen, ihre Eltern kritischer zu sehen. Kommunikation erscheint nun als Elternpflicht; es kommt zu Missverständnissen mit tragischer Tragweite. Den Eltern wird ein verbissenes Schweigen vorgehalten, das sie selbst als Versuch verstehen, ihre Kinder unberührt von Grausamkeiten aufwachsen zu lassen, die sie selbst durchlebt haben. Die Kinder beklagen

44

ihre Einengung, Überanpassung, Einfühlungsarmut, Klagsamkeit und Selbstbezogenheit, als hätten sich die Eltern entschieden, so zu sein, hätten bequem auch anders gekonnt. Mit sich selbst und solchen Ansprüchen an die verstummten Eltern haben die Kinder der verletzten Generation in Deutschland zunächst keine Probleme.

Ich erinnere mich, wie ich in den 70er- und 80er-Jahren als Selbsterfahrungsgruppenleiter und Therapeut diese weitverbreitete Haltung meiner Klienten übernahm und nicht nach Verständnis für die traumatisierten Eltern suchte, sondern sie an der Seite meiner Klientinnen und Klienten entwertete. Es entlastet mich nur wenig, dass diese Haltung damals gang und gäbe war. In der Psychoszene beobachtete ich Leiter, die so weit gingen, den Kontaktabbruch zu den Eltern zum Therapieziel zu machen. Wo über wenig einfühlsame, pedantische, sture, böse, tückische und anklammernde Eltern geklagt wurde, übersahen wir häufig die Spaltung im Elternbild. Wir achteten nicht auf die verleugneten guten Anteile der dämonisierten Eltern oder die Verletzungen, die sie so hatten werden lassen. Wir genossen es eher, selbst idealisiert zu werden.

Ich kann mich an die Situation erinnern, in der mir zum ersten Mal[13] klar wurde, wie wichtig die traumatisierten Eltern in einer Psychohistorie der deutschen Nachkriegszeit sind. Es war in einer Selbsterfahrungsgruppe, an der Ärzte und Psychologen teilnahmen. Ein Teilnehmer, den ich hier Wilhelm nenne, war wegen seiner abweisend wirkenden Miene und seinem Mangel an emotionalem Ausdruck in die Kritik geraten. Er hatte sich ermutigen lassen, das nicht als Feindseligkeit abzuwehren, sondern nachzuforschen, was wohl sein so tief verwurzeltes Misstrauen verursacht hatte. So konnte die Gruppe eine Kindheit rekonstruieren, die durch den Einbruch eines spät aus der Kriegsgefangenschaft entlassenen und massiv traumatisierten Vaters in die Idylle zwischen dem 1943 geborenen Sohn und seiner Mutter geprägt war.

Die Entfremdung zwischen Vater und Sohn kulminierte in einer Szene, in der der Kriegsheimkehrer dem Sohn, als dieser mit der Mutter vom Einkaufen zurückkam und ihm den soeben erworbenen Wintermantel zeigte, stumm den Pelzkragen vom Mantel riss und ihn in den Zimmerofen steckte, wo er verbrannte. Wilhelms Vater wollte nie über diese Szene sprechen. Nachfragen ergaben, dass er in Stalingrad gefangen genommen worden war und acht Jahre Gefangenschaft in Sibirien überlebt hatte. Die Gruppe vermutete, dass der Pelzkragen Erinnerungen an einen Wachposten weckte und der Vater in einem *Flashback*, also einer mit wahnhafter Macht auftretenden Zwangserinnerung, den eigenen Sohn für einen Feind gehalten hatte. Jetzt erinnerte sich Wilhelm auch an andere Eigentümlichkeiten seines Vaters. So hatte sich die Familie daran gewöhnt, dass kein Stück altbackenes Brot weggeworfen werden durfte, ohne dass es der Vater im Müll fand und der Mutter drohte, das Haushaltsgeld zu kürzen. Auch konnte er in keiner Menschenschlange warten, ohne in Panik zu geraten.

Was an der Geschichte über den Pelzkragen auffällt und sich in Wilhelms Sozialverhalten bestätigt, ist das zerstörte Rechtsempfinden und die Unberechenbarkeit, die durch die Traumatisierung in die Familie hineinwirkt. Sie führt dazu, dass in einer Art Gegenbewegung ein hohes Bedürfnis nach Kontrolle über Gefühle entsteht. Wilhelm rationalisierte seine Gefühle und verstand Forderungen nach mehr emotionalem Ausdruck („Ich weiß nie, wie es Dir geht", „Du bist immer so streng", sagten etwa die Gruppenmitglieder) als Anpassungsleistung (*Wärt ihr denn glücklich, wenn ich in Tränen ausbreche und euch anschreie?*). Die von *Flashbacks* und Panikanfällen unterbrochene, dann aber wieder überangepasste Haltung des Vaters machte es Wilhelm unmöglich, rationale und irrationale Aspekte seines Männerbildes zu integrieren.

„Es gibt im Leben keine Gerechtigkeit"

Wenn die traumatisierte Generation von ihren herangewachsenen Kindern in verschiedenen Schattierungen entwertet, verachtet oder ignoriert wurde, zeigt das auch, dass die Kinder selbst wenig Einfühlung erfahren hatten und dies den Eltern mit gleicher Münze zurückzahlten. Tatsächlich werden in Berichten der Kriegs- und Nachkriegskinder über ihre Väter sadistische Impulse deutlich, die sich gegen die kindlichen Gefühle richten. In einem Fall versprach ein Arzt, der in Stalingrad gekämpft und lange Jahre in russischer Gefangenschaft verbracht hatte, seiner ältesten Tochter beim Abendessen, sie dürfe sich heute ausnahmsweise das Stück nehmen, das sie wolle. Sie nahm zuversichtlich das größte, worauf er es ihr von der Gabel riss, in den Mund steckte und ihr den unansehnlichsten Brocken gab. Sie weinte, der Vater drohte Schläge an: „Es gibt im Leben keine Gerechtigkeit, das könnt ihr nicht früh genug lernen!"

Ein anderer Vater beobachtete, wie seine Tochter in der Zeit der Lebensmittelmarken nach dem Krieg drei Scheiben trockenes Brot aß, um die vierte dick mit der wenigen Wurst bestreichen zu können, die ihr zugeteilt war. Er nahm die aufgesparte Wurst und sagte zu dem weinenden Mädchen: „Du hast drei Scheiben trocken gegessen, da kannst du die vierte auch noch so essen."

Ein dritter Vater, der als Infanterieoffizier in Griechenland an Partisanenerschießungen beteiligt war, beobachtete 1946 seine Tochter, die sorgfältig den trockenen Rand vom

Brot aß und sich das weiche, mit der einzigen Wurstscheibe belegte Innere aufhob. Als sie fertig war und ihren Leckerbissen bewunderte, stach er mit der Gabel zu und aß ihn auf. „Ich weinte, alle anderen haben gelacht. Das habe ich ihm bis heute nicht verziehen", sagt die inzwischen 60-jährige Tochter. Sie kam wegen einer Depression nach der Scheidung ihrer zweiten Ehe in Behandlung. Ihre Söhne hatte sie sehr verwöhnt; einer von ihnen litt unter heftiger Prüfungsangst und war deshalb in psychotherapeutischer Behandlung.

Die traumatisierten Väter unterstellen ihren Töchtern die eigene Gier und bekämpfen diese durch „pädagogisch" verordnete Askese, die sie durch erlittene Not während der Kriegsgefangenschaft rechtfertigen. Dahinter steht der Neid des narzisstisch Verletzten auf die Glücksfähigkeit, die naive Lust und Zuversicht des Kindes, das – anders als der traumatisierte Vater – noch glauben kann, dass seine Projekte, sich ein Minidrama von Genuss durch Verzicht zu inszenieren, Erfolg haben werden. Diese Eltern, vor allem die Väter, machen die eigenen Erfahrungen einer bösartigen Führung, die den Soldaten anlügt und ihn im Stich lässt, zum Erziehungsprinzip. Was ihnen geschah, können sie ihren Kindern gar nicht früh genug vermitteln. Sie meinen, ihnen so die eigenen Erfahrungen, die sie aufgrund ihrer Naivität machen mussten, ersparen zu können. Von ihnen sollen auch die in Sicherheit und Freiheit aufwachsenden Kinder lernen, den besten Bissen zu verschlingen, ehe ihn jemand wegschnappt. Die Väter reden sich diese Impulshandlungen schön. Sie bereiten ihre Kinder durch diese Belehrung auf das „Leben" vor.

Die Behauptung, dass es im Leben keine Gerechtigkeit gebe, schwächt im Gefühlsleben der folgenden Generation die Möglichkeiten, Konflikte zu regulieren. Es gibt dann nichts mehr zwischen Freund und Feind. Es wird mühevoll, nicht falsche Gefühle zu beschwören, um sich vor einem nur grausam erlebten, nicht schützenden Eingriff des Rechts zu bewahren. Wenn eine geschlagene oder vergewaltigte Frau es für Liebe hält, den Täter nicht an die Polizei zu *verraten*, ist sie mit großer Wahrscheinlichkeit die Tochter von Eltern, die ihr vermittelt haben, dass *Gerechtigkeit im Leben nicht zählt*. Wer mit Menschen zu tun hat, die sich sehr viel gefallen lassen, entdeckt oft genug, dass sie, wenn sie nur die Macht hätten, ebenso bereitwillig das Faustrecht anwenden würden wie ihre Peiniger.

Es gibt im Leben keine Gerechtigkeit – diese Formel der im Krieg traumatisierten Generation war wohl das wichtigste Detail in der Haltung, die die 68er-Generation in ihre Selbstüberschätzung führte. Nichts und niemand stellte sich ihnen in den Weg, wenn sie ihre Eltern gleichzeitig ausnützten und verachteten oder in ihren Beziehungen größte Nähe und größte Distanz in einem Atemzug forderten. Den Wert des Rechtsstaates und der Zivilgesellschaft haben sie erst mühsam lernen müssen.

Ein Beispiel: Klaus, der Sohn eines Stalingrad-Überlebenden, kam angesichts der drohenden Trennung von seiner dritten Frau in Behandlung. Er hatte heftige Ängste und Depressionen, in denen er suizidal gefährdet war, aber er sprach über Frauen mit einem zynischen Dünkel, etwa in dem Sinn: Wenn ein Mann ein Jahr eine Frau mit großem Busen genossen habe, sehne er sich nach Abwechslung und wünsche sich eine Partnerin mit knabenhafter Figur. Er sei da ehrlich, er habe das immer offen gesagt, zum Dank hätten ihn seine Partnerinnen verlassen. Klaus hatte sich während der Gefangenschaft des Vaters eng an die Mutter gebunden. Er erlebte dessen Rückkehr als Einbruch in diese Beziehung.

Der Vater hatte immer wieder Geliebte und blieb dann über Nacht außer Haus. Die vernachlässigte Mutter ließ dann Klaus in ihrem Bett schlafen und schmiedete mit ihm Pläne, sich vom Vater zu trennen. Sobald aber der Vater seiner Geliebten überdrüssig wurde und der Mutter versprach, es sei vorbei, wurde Klaus verstoßen. Es zeigte sich, dass die Mutter nicht weniger grausam mit Klaus umging als der Vater mit ihr. Sie verbündete sich mit ihrem Ehemann gegen den zornig weinenden Sohn. Beide verspotteten Klaus als Prinzen, der noch ein wenig warten müsse, ehe sein Dornröschen sich von ihm wachküssen lassen würde.

Durch die Nürnberger Gesetze hatte Deutschland seine Glaubwürdigkeit verloren; damals und noch lange danach war die Zahl der Menschen sehr gering, die diesen Verlust erkannten und um ihn trauerten. Ebenso wenige Deutsche konnten daher nach dem Krieg die sensiblen innerseelischen Strukturen sichern, die durch Identifizierung mit glaubwürdigen Vorbildern erworben werden. Diese Vorbilder hatten sie verloren, sie hatten sich als falsch und unglaubwürdig erwiesen. Die Nachkriegsgeneration musste ein Vakuum füllen. Sie tat es, indem sie grandiosen Idealen folgte. Aber solche Ideale geben im Alltag keinen Halt. Daher verknüpften sich in dieser Generation Weltverbesserung und symbiotische Liebesbeziehung – und das Risiko von Abstürzen in Selbstentwertung.

Verdrängte Traumen – Nachkriegsalltag

Die traumatisierten Eltern konnten ihre Kinder nicht ungestört in den Frieden und Wohlstand hineinwachsen lassen, den sie jetzt endlich in der Zeit des Wirtschaftswunders vorfanden. Sie bereiteten sie mit subtilen Mahnungen, offenem Druck und persönlichem Vorbild darauf vor, Traumatisierungen vorwegzunehmen und sich auf sie einzustellen. Der Sturz nach dem nationalen Höhenflug hatte die Eltern unvorbereitet getroffen, schockiert und überfordert. Sadistische Gesten sollten jetzt dem Wohl der Kinder dienen, die so dem Leben gewappnet entgegentreten würden.

Wenn die Kinder der Kriegsgeneration ihren traumatisierten Eltern nahe bleiben wollten, mussten sie deren Depression teilen. Um sich von ihnen zu befreien, bauten sie eine manische Abwehr auf, flüchteten in Gesellschaftskritik, verehrten die Künder einer Weltrevolution. Damit verloren sie aber auch an innerem Halt. Jede Depression trägt den Stachel der Grandiosität nach innen, denn der Depressive braucht nichts, keine Aufmerksamkeit, keine Anerkennung, ihm nützt nichts, er kann nichts, er weiß nichts und er hat alles falsch gemacht, was letztlich nicht weniger grandios ist als alles richtig zu machen und in allem zu glänzen, wie es dem Maniker (subjektiv) gelingt.

In der Nachkriegszeit geborene Patienten erzählen von Vätern, die abwesend waren, weggetreten, „nie da, auch wenn sie da waren". Für sie ist vielleicht das Fehlen von Spiel, Einfühlung, großen Plänen und bunten Wünschen am eindrücklichsten gewesen, worunter nicht nur die Väter, sondern beide Eltern nach der NS-Zeit litten. Beschrieben werden „normale", unfrohe, mürrisch angepasste, an den Nachbarn orientierte Eltern, brave Kirchgänger, die nichts von dem ernst zu nehmen und zu glauben schienen, was sie anderen predigten. Sie erzählen von Vätern und Müttern, die Anpassung und Leistungsorientierung ebenso vorschrieben wie praktizierten, aber ihren Kindern nie so recht vermitteln konnten, wozu das Ganze gut sein sollte, denn sie freuten sich über nichts und gönnten sich nichts, außer vielleicht manchmal den kleinen Triumph, angepasster und tüchtiger zu sein als dieser oder jener.

Es schien ihnen auch nur eine lästige Pflicht, dem Kind seine „Flausen" auszutreiben, ihm zu zeigen, dass sein Überschwang, seine Fantasie, seine großen Pläne allesamt dumm und überflüssig sind. Aber sie taten es doch, pflichtbewusst und von ihrer Weisheit überzeugt, dass die Welt schlecht ist und der zu hoch gehobene Kopf zuerst vom Knüppel getroffen wird. Sie lasen genüsslich aus der Zeitung jene Stellen vor, in denen alle belehrt wurden, dass die Politiker, die Stars Dreck am Stecken hatten. Zynismus und die Entwertung jeder Naivität, jeder spontanen Begeisterung und unkritischen Schwärmerei wurden nach 1945 zur Leitkultur. Man hatte Hitler bejubelt, er hatte sich als Versager entpuppt. Also musste jeder, der auf eine Bühne stieg, ein Versager sein.

Die Selbstüberschätzung der Nachkriegsgeneration ist auch ein Schutzmechanismus, um sich nicht in das Leid der Traumatisierten zu verstricken. Die Traumatisierten selbst kamen dieser Abwehr entgegen, denn sie schämten sich ihrer Verletzungen in einem nicht nur verlorenen, sondern auch verbrecherischen Krieg. Daher wurde die Familiendynamik der im Krieg traumatisierten Eltern auch so viel später und in anderen Formen analysiert als die Familiendynamik der „guten" Opfer wie der Auschwitz- Überlebenden. Die zwischen 1940 und 1960 Geborenen sind bis heute oft überrascht, wenn sie erfahren, dass Kriegs- und Fluchterlebnisse ihre Eltern traumatisiert haben könnten.

In Deutschland wurden die meisten der zwischen 1900 und 1945 geborenen Erwachsenen durch ihre Kriegserlebnisse mehr oder weniger stark geprägt. Organisationen wie die SS, die NSDAP, Teile des Heeres und der Polizei, die im deutschen Volk wurzelten und von vielen Menschen respektiert wurden, arbeiteten zusammen, um in einer geschichtlich einzigartigen Form möglichst alle Europäer *nichtarischer*

Abstammung zu verfolgen und zu töten. Das Verbrechen einer Organisation ist etwas völlig anderes als das eines Einzelnen. Wenn diese Organisation obendrein ursprünglich demokratisch legitimiert ist – und das war Hitlers Partei –, ist es zwar immer noch fragwürdig, von kollektiver Schuld zu sprechen, aber es gibt etwas wie eine nationale Schmach, eine Scham über jene vielen Mitglieder des eigenen Volkes, die an diesem Verbrechen beteiligt waren und den anderen stille Komplizenschaft auferlegt haben.

Die NS-Verfolgung gewinnt ihre Singularität aus der Rassenideologie. Sie ist extrem grausam und bösartig umgesetzt worden. Es gab keine Möglichkeit für die Opfer, durch irgendein legalisiertes Verhalten ihr Schicksal abzuwenden oder wie in einem Krieg wenigstens für ihre Frauen und Kinder zu kämpfen. Christen der römischen Kaiserzeit konnten den Göttern der Verfolger opfern und wurden begnadigt; verfolgte Bauern der Stalin-Ära konnten sich um Aufnahme in die kommunistische Partei bemühen. Aber ein Jude hatte keine Chance. Sein Verhalten, seine Absichten, sein Alter, sein Geschlecht zählten nicht; er war unter Vampire gefallen, es ging um sein Blut.

Diese Abwesenheit von Wahlmöglichkeiten setzte sich in der KZ-Haft fort. Der Schrecken des Naziregimes ist in dem Schritt einzigartig, von Menschen nicht nur wie von Ungeziefer zu sprechen, sondern Männer, Frauen und Kinder nach diesem Modell berechnend, bürokratisch, von staatlicher Macht gedeckt auch auszurotten. Die Entwürdigung der Häftlinge, ihre psychische und physische Vernichtung waren erklärtes Ziel der NS-Politik und wurden fast durchweg brutal in die Tat umgesetzt. Die Haft verschonte niemanden, so wenig wie die Vernichtung. Die Soldaten an der Front oder in Kriegsgefangenschaft konnten auch im größten Elend noch glauben, für die Sicherheit ihrer Frauen und Kinder zu leiden. Den KZ-Häftlingen in den Vernichtungslagern war auch dieser Trost genommen.

So ist die Empörung verständlich, wenn im Zug der *Historikerdebatte* versucht wurde, die rassistischen Verbrechen in einem breiten Spektrum mörderischer Gräuel aufgehen zu lassen. Die latente Legitimation Hitlers durch Stalin erinnert an das Schulhofargument: Der andere (Stalin) hat angefangen! Eine Fortführung dieser Entlastungsthese ist die sprachliche Gleichsetzung der Judenvernichtung mit der Vertreibung Deutscher aus den von den Siegermächten beanspruchten Gebieten, wie sie Andreas Hillgruber betrieben hat.[14]

So wichtig es bleibt, historisch und politisch genau zu differenzieren, so eindeutig erfordert dieselbe Pflicht zur Differenzierung auch anzuerkennen, dass alle Traumatisierungen der Eltern zu einer Belastung für ihre Kinder werden, mit der sich wiederum nicht nur Historiker, sondern auch Psychologen und Therapeuten auseinandersetzen müssen. Wer unbefangen und liebevoll auf ein Kind blickt, entdeckt in dem heranwachsenden Menschen die Qualitäten des Spiels, der Kreativität, des optimistischen Zugehens auf die Welt. Dieser ermutigende Blick von Seiten der Eltern mangelt den Kindern der Traumatisierten, gleichgültig, welche Quellen ihre Verletzungen haben, ob sie Opfer waren oder als Täter begonnen und so ihre Verletzungen selbst auf sich gezogen haben. Diese Auseinandersetzung kam in Deutschland verzögert in Gang. Kriegserfahrungen und die inneren Verwüstungen durch den Zusammenbruch von nationalen Selbstüberschätzungen blieben bis in die 80er- und 90er-Jahre als Ursachen von seelischen Störungen praktisch unerwähnt. Gestörte Familien und individuelle Ängste wurden nicht mit Traumen durch Flucht, Gefangenschaft und die Zerstörungen des Werterlebens durch die NS-Zeit verknüpft.

Ich habe die sadistischen Züge traumatisierter Eltern beschrieben – der Sibirienheimkehrer, der seinen Kindern das Essen vom Teller raubte oder ihren Pelzkragen verbrannte. Solche auffälligen Extreme signalisieren Haltungen, die in abgeschwächter Form das pädagogische Klima der Nachkriegszeit geprägt haben. Wer zwischen 1946 und 1970 zur Schule ging, kann sich in aller Regel an Lehrer erinnern, die sich nach Kräften bemühten, ihren Schülern die eigene, verarmte, zynische Sicht der Welt aufzudrücken. Der verlorene Krieg wurde so wenig erwähnt wie die eigenen Taten in einem Unrechtsstaat. Aber die Härte und der Auslesegedanke des Nationalsozialismus hatten nicht nur im humanistischen Gymnasium überlebt, das ich besuchte. Überall dominierten zunächst in den Schulen Lehrer, die auch schon vor 1945 unterrichtet hatten. Lehrer waren (neben Ärzten) die eifrigsten Anhänger der NSDAP gewesen; bereits 1935 war ihr ein Drittel des Berufsstandes beigetreten. Während des Krieges waren an den höheren Schulen neunzig Prozent der Schüler und der Lehrer Mitglieder in einer Organisation des Regimes.

Es ging nach 1945 nicht mehr um Rasse oder um Nation, aber von einer Orientierung an demokratischen Werten konnte so wenig die Rede sein wie von einem Versuch, das Versprechen einer *humanistischen* Bildung einzulösen, in der Menschen gefördert und nicht die Spreu vom Weizen getrennt wird. Wer versagte, erwies damit seine Minderwertigkeit – wer ein Zitat nicht kannte, die Grammatik nicht beherrschte, Schreibfehler machte, war auch als Mensch nichts wert, ganz wie es die Szene an der Ostfront zeigt, die oben aus Peter Bamms *Die unsichtbare Flagge* zitiert wurde.

Als Gymnasiast in Passau musste ich zum *Anstandsunterricht*, den der Direktor persönlich hielt. Ich ahnte damals nichts davon, welche grosse Rolle die Idealisierung des *Anstands* in Himmlers berüchtigter Rede vor den Vollstreckern seiner Mordbefehle spielt. Mein Vergehen im Jahr 1951: Ich war eine Treppe im Leopoldinum hinuntergesprungen. In diesem Anstandsunterricht wurde nach dem Beruf der Eltern gefragt und unter anderem das Sprichwort zitiert, der Apfel falle nicht weit vom Stamm. Solche Details der Nachkriegsgeschichte werden mit dem Begriff der *Restauration* zusammengefasst, einem sehr vieldeutigen Wort, denn schließlich hatten auch die Nazis nichts anderes zu betreiben versprochen, als die Größe Deutschlands wiederherzustellen und das arische Blut in einem Meer von Gift zu sichern.

Die Restauration nach der Gründung der Bundesrepublik war eine trügerische Versöhnung, in der nur die Symbole, Hakenkreuz und SS-Rune, getilgt waren. Das Konglomerat aus nationalem und Bildungsdünkel, Elitedenken und Autoritätsglauben, das die nationalsozialistische Massenbewegung getragen hatte, wurde nicht analysiert, sondern als unentbehrliche Grundlage jenes wirtschaftlichen Aufstieges gesehen, dessen Wurzeln wir erst heute genauer erkennen. Beobachtungen an schwer traumatisierten Menschen laufen darauf hinaus, *dass rastlose Arbeit das beste Mittel ist, quälende Erinnerungen abzuwehren und Gefühle innerer Leere zu betäuben.* Wer arbeitet, kommt nicht auf unpassende Gedanken. Diese Persönlichkeitsveränderungen waren nach 1945 so allgegenwärtig, dass sie nicht weiter auffielen.

Psychische Zentralisation – die seelische Beschädigung der Kriegsgeneration

Die Psychologie der Traumatisierung ist sehr vielfältig; die zusammengetragenen Befunde füllen inzwischen Lehrbücher.[15] Die Folgen eines Traumas reichen von akuten Schmerz- und Angstgefühlen bis hin zu Persönlichkeitsveränderungen. In der medizinischen Diagnose unterscheidet man zwischen akuten Belastungsreaktionen, die unmittelbar auf das traumatische Ereignis selbst folgen und nur von kurzer Dauer sind, und posttraumatischen Belastungsstörungen, die später auftreten und oftmals chronische Formen annehmen. Dabei ist das Erleben von bestimmten Schlüsselreizen, die die Erinnerung an das zurückliegende Trauma erneut wachrufen („Trigger"), ein wichtiger Auslöser psychischer Krisen. Der Pelzkragen in dem oben skizzierten Fall ist ein solcher gewesen.

Um die spezifischen Qualitäten der kollektiven, chronischen Traumatisierungen durch Krieg, Gefangenschaft und Heimatverlust zu erfassen, habe ich 1996 den Begriff der *psychischen Zentralisation* eingeführt. Während die klassischen Beschreibungen vor allem die Aktivierung der seelischen Abwehr durch das Trauma (Angst, Aggression, Vermeidung) thematisieren, erfasst dieser Begriff spezifische Verluste an Einfühlungsvermögen, Fantasietätigkeit und emotionalen Differenzierungen, aber auch einen ganz spezifischen Typus von Aktivitäten, die auf das Überleben gerichtet sind.

Wenn der Kreislauf eines Menschen gefährdet ist, werden nur mehr die Organe durchblutet, die für das Überleben unbedingt notwendig sind: Gehirn, Herz und Lunge. Diesen Vorgang nennt man in der Notfallmedizin *Zentralisation* des Kreislaufs. Die Organe der Peripherie, Muskulatur, Magen und Darm, Nieren und Genitalien, werden nicht mehr ausreichend versorgt. Der Sinn dieser unwillkürlichen, vom Nervensystem eingeleiteten Umschaltung ist, den Tod aufzuhalten. Der Preis sind Schädigungen der vernachlässigten Organe, die – je nach Dauer der Zentralisation – heilbar oder bleibend sind. Die körperliche Zentralisation charakterisiert den Zustand zwischen einer gerade noch ausreichenden Regulation und dem vollständigen Zusammenbruch, der binnen kurzer Zeit zum Tod führt. Die Physiologen R. Duesburg und W. Schroeder haben diesen Begriff in den 40er-Jahren geprägt. Ich habe ihn von ihnen übernommen und auf vergleichbare seelische Veränderungen übertragen.[16]

Die psychische Zentralisation bietet ein Modell für eine dynamische, schwer rückgängig zu machende Veränderung der Persönlichkeit, ohne deren Untersuchung die Nachkriegsgeschichte gerade in Deutschland nicht verstanden werden kann. Sie tritt ein, wenn über längere Zeit der normale Reizschutz überfordert wird. Die Fantasie- und Gefühlstätigkeit wird auf das lebensnotwendige Minimum eingeschränkt. Es schwindet das Interesse für alles, was nicht dem physischen Überleben dient. Vergangenheit und Zukunft sind belanglos geworden. Die Gegenwart reduziert sich auf überlebenswichtige Fragestellungen, die ohne Rücksicht auf Einfühlung oder Moral durchgesetzt werden.

Eine spezifische Qualität der psychischen Zentralisation liegt in der Schädigung der Aggressionsverarbeitung. Seelische Strukturen, die einen durch Einfühlung kontrollierten Einsatz von Aggressionen ermöglichen, gehen verloren. Zentralisierte Männer können sich nicht vorstellen, dass ihre Frau oder ihre Kinder verletzt reagieren und sich von ihnen zurückziehen, wenn sie sie grob oder zynisch behandeln – unter den Kameraden im Krieg hätte das doch als harmloser Scherz gegolten! Die Aggressivität wird nicht durch Einfühlung in die Verletzung des anderen, sondern durch Angst re-

58

guliert. Daher entfällt gegenüber Schwächeren die Notwendigkeit der Selbstdisziplin. Psychisch zentralisierte Eltern gehen rücksichtslos mit ihren Kindern um, verlieren den Kontakt zu ihnen, leiden dann unter diesem Verlust, ohne zu verstehen, wie es dazu kommen konnte, und nutzen dieselbe stoische Abwehrhaltung, die den Kontaktverlust einleitete, um den Schmerz abzuwehren, dass ihre Kinder sie wie Fremde erleben und behandeln.

Die Rede vom Krieg, der die Jugend raubt, ist mehr als eine Floskel; sie trifft den Kern des Problems. Die jungen Männer, die zwischen 1914 und 1918 mit knapper Not den Grabenkrieg überlebten, hatten einen ähnlich greisenhaften Gesichtsausdruck wie die KZ-Häftlinge oder die Sibirienheimkehrer. Solange der Soldat kämpfen kann, scheint sich seine psychische Belastung im Rahmen des Erträglichen zu halten. Erst wenn er unter Bedingungen von Kälte, Nässe, Hunger, Schmutz und Schlaflosigkeit ausharren soll, werden seine seelischen Reserven ebenso verbraucht wie seine körperlichen. In den Berichten über die Frontsoldaten von 1914 wird deutlich, dass nach den ersten Schlachten der Idealismus nicht mehr vorhanden und das übergeordnete Kriegsziel, das Vaterland, von keiner Bedeutung mehr war. Politiker, Redner, Dichter, die große Worte über den Krieg machen, wurden von den Praktikern des Kampfes verachtet. Persönliche Gefühle sind ein Luxus, den sich die Wenigsten erlaubten. Ihr Wunsch richtete sich darauf, Haltung zu bewahren, „es durchzustehen", vor den Kameraden nicht zu versagen. Selbst Militärgeistliche redeten nicht mehr von Religion, sondern vom Durchhalten.

Vom Willen, das Trauma ungeschehen zu machen

Es gibt zwar keine kollektive Psyche, aber doch Erlebnisse, die von einer großen Gruppe der Bevölkerung, ja einer ganzen Nation gemeinsam durchlitten werden und daher auch in den Individuen ähnliche Strukturen schaffen. Zudem gibt es neurobiologische Grundlagen des Erlebens, die allen Menschen gemeinsam sind. Diese sind zum Teil für die posttraumatischen Störungen verantwortlich.

Wer in Homers *Ilias* über die Kämpfe vor Troja liest, wundert sich, an welch banalen Verletzungen die Krieger sterben: Eine Pfeilwunde am Bein, und schon wird ihnen schwarz vor Augen. Wir sind aus einer Welt, in der der Tod die meisten Traumatisierungen von Kindern wie Erwachsenen gnädig und schnell löste, in eine Welt geraten, in der seelische Verletzungen andauern und Kinder damit weiter heranwachsen, traumatisierte Erwachsene selbst wieder Kinder bekommen. Auf diese Welt sind wir nicht vorbereitet.

Es gibt sicher Extreme (wie den Grabenkrieg oder die Kriegsgefangenschaft), die alle Betroffenen traumatisieren, aber die meisten Ereignisse in der Kriegs- und Nachkriegszeit *konnten* die Betroffenen schädigen, *mussten* es aber nicht – je nach den individuellen Möglichkeiten der Verarbeitung. In den meisten Fällen hängt es nicht vom traumatischen Ereignis, sondern von den Ressourcen in Familien und Gruppen ab, ob Belastungen verarbeitet werden können oder nicht.

Hitler hatte den Deutschen versprochen, sie mächtig, glücklich, reich und sicher zu machen. Weil er anfangs manches zu halten schien, hatten ihm die meisten Deutschen geglaubt. Der Nationalsozialismus leugnete die Niederlage Deutschlands im Ersten Weltkrieg 1918. Sie wurde mit propagandistischen Mitteln (Dolchstoßlegende[17], jüdische Manipulationen, ein angeblicher Pakt zwischen Kapitalismus und

Bolschewismus) als ungeschehen dargestellt. Als es Hitler gelang, die *Schmach von Versailles* zu rächen, war die große Mehrheit der Deutschen voller Bewunderung und sonnte sich in Gefühlen endlich wieder bewiesener Größe. So wurde die Fallhöhe enorm. Entsprechend groß waren die Brüche im Selbstgefühl. Es gelang nur unvollständig, durch Schuldzuweisung an Hitler und seine Spießgesellen die eigene Ehre zu retten, mit den Selbstbildern des ausgebeuteten, jedoch tapferen Kämpfers die ärgsten Zusammenbrüche zu verhindern.

Ein schlichtes Modell menschlichen Lernens würde nahelegen, dass Traumatisierte meiden, was sie verletzt hat, denn das Trauma hat Angst ausgelöst; die Angst führt zum Rückzug. So wird das Kind, das von einem Hund gebissen wurde, allen Hunden aus dem Weg gehen. Der im Bunker verschüttete Soldat entwickelt eine neurotische Zitterlähmung. Er kann nicht mehr an die Front, und im Frieden weigert er sich, in den Keller seines Hauses zu gehen. Die als Kind von ihrem Stiefvater missbrauchte Frau entschließt sich zu einem Leben in sexueller Enthaltsamkeit. Aber das Trauma kann auch dazu führen, den betroffenen Lebensbereich gerade nicht zu meiden, sondern ihn aufzusuchen. So sind beispielsweise viele Prostituierte als Kinder sexuell missbraucht worden. Dann hat die Verletzung nicht dazu geführt, Sexualität zu meiden, sondern sie gerade zu suchen. Die Art und Weise dieser Suche hat ein Charakteristikum, das sich wieder mit dem Trauma verbinden lässt: Es geht darum, die Kontrolle über das vom Trauma verwüstete seelische Gebiet zurückzugewinnen. Ähnliche Verarbeitungsformen sind angesichts der Kriegstraumen beschrieben worden: Der Soldat fühlt sich, kaum hat er sich von seinen körperlichen Wunden erholt, im friedlichen Alltag fehl am Platz und meldet sich freiwillig für den nächsten Kampfeinsatz. Im Krieg kann er das als patriotische Pflicht rationalisieren; im Frieden muss er sich als Söldner verdingen.

Von manchen Traumatisierten wird berichtet, dass sie derart geräuschempfindlich werden, dass sie bereits das Ticken einer Uhr in einem Raum zu einem Wutausbruch treibt. Der Kriegsveteran, der mit einer Schrotflinte auf Kinder schießt, die vor seinem Schlafzimmer lärmen, ist eine der extremsten Varianten dieser Überempfindlichkeit. Sie spiegeln den Schaden an den Funktionen der Persönlichkeit, die im normalen Leben die Reizverarbeitung steuern und uns helfen, das Ticken der Uhr oder den Lärm auf der Straße zu überhören und uns auf das zu konzentrieren, was wir hören *wollen*, genauer: alles zu ignorieren und auszublenden, was unsere Bedürfnisse nach Heimat[18] stört.

Das Trauma hängt mit dem Zustrom einer übergroßen Reizmenge zusammen. Die spontane Gegenreaktion des Organismus folgt dem Trauma insofern, als auch sie viel Energie freisetzt, alle Aufmerksamkeit darauf lenkt und es um jeden Preis ungeschehen machen will. Das seelische Trauma entsteht dadurch, dass die normale Reizverarbeitung zusammenbricht. Auch der oder die Traumatisierte wird zu einer Quelle unberechenbarer Reaktion und durchkreuzter Erwartungen aller ihm Nahestehenden. Ob die Traumatisierten sich gar nicht erinnern oder von einer Erinnerung überwältigt werden, ob sie von seelischen Verknüpfungen zum Trauma magisch angezogen oder abgestoßen werden, ob sie ihre zerrissene Biografie normalisieren können oder nicht – wir sind als Außenstehende bestenfalls im Nachhinein klüger, oftmals aber nur verwirrt und verunsichert.

Gerade weil Traumatisierungen zu unberechenbarem Verhalten führen, setzen die Betroffenen bei der Verarbeitung Kontrollmechanismen ein, welche die Situation nicht klären, sondern „übertünchen". Noch verwirrender sind die

Versuche, die Zeit zurückdrehen zu wollen und das Trauma ungeschehen zu machen. In der Fantasie der Traumatisierten reichen die Vorstellungen über den Weg dorthin vom Märchenmotiv der drei Wünsche bis zu Science Fiction-Filmen, in denen mit großem Aufwand an Maschinerie eine Reise in die Vergangenheit angetreten wird. Die Wiederherstellung eines verlorenen Zeitzustandes erfordert also entweder Zauber- oder Superkräfte. Superman kann, wenn ein Schurke seine Geliebte getötet hat, die Erdumdrehung rückgängig machen und ihr so nachträglich das Leben retten. Aber wem die Superkräfte fehlen, der kann immerhin ausziehen und dem Mörder seiner Liebsten genau das antun, was dieser ihm angetan hat.

Die in ihrem Narzissmus verletzte Psyche greift also zu einer Lösung, die sich aus der Tatsache ergibt, dass die meisten seelischen Verletzungen uns von unseren Mitmenschen zugefügt werden und daher auch an den Täter rückadressiert werden können. Die Rache verwandelt den ursprünglichen Impuls, das Trauma ungeschehen zu machen, in eine verwandte Vorstellung: Das Trauma wird erledigt, indem ich es an den zurückgebe, der es mir zugefügt hat.

In den Papieren meiner Mutter fand ich nach ihrem Tod den Brief des Regimentkommandeurs über den *Heldentod* meines Vaters. Der Oberleutnant Schmidbauer sei ein so beliebter Offizier gewesen, dass seine Leute versprochen hätten, seinen Tod zu rächen. Es ist heute schwer vorstellbar, war aber 1944 deutsche Wirklichkeit: Der Oberst schreibt an die Witwe, seine deutschen Soldaten hätten versprochen, ihrem gefallenen Mann möglichst viele russische Soldaten zu opfern.

Die unsichtbare Grenze

Als sich an einem Abend im August 2008 in der Rüsselsheimer Fußgängerzone zwei verfeindete türkische Clans ein kurzes Feuergefecht lieferten und es dabei drei Todesopfer gab, kommentierte Harald Schwarz in der SÜDDEUTSCHEN ZEITUNG: „Das Blutbad in der Nähe des Rüsselsheimer Bahnhofs, wo sich auch das altehrwürdige Opel-Hauptportal befindet, haben zahlreiche Passanten, Lokalgäste und Angehörige hautnah miterlebt. Für diese schockierten Menschen richteten Seelsorger und das Rote Kreuz etwa 100 Meter vom Tatort entfernt am Dienstagabend eine Notfallstation ein. Eben haben diese Menschen noch in aller Ruhe etwas getrunken und ein Eis gegessen – jetzt brauchen sie dringend psychologische Hilfe, um das schreckliche, traumatische Erlebnis verarbeiten zu können. Auch am Tag nach dem Verbrechen werden sie versorgt." Wenn ich solche Sätze lese, kann ich meine eigene Nähe zur Kriegsgeneration erahnen. Persönlich kann ich mir weder vorstellen, als Zaungast einer solchen Schießerei psychologische Hilfe zu benötigen, noch würde es mir einfallen, für andere Zaungäste eine Auffangstation einzurichten. Soll denn Wehleidigkeit gefördert werden? Wer überlebt hat, kann doch zufrieden sein, was soll die Aufregung? Aber das ist keine objektive, sondern eine subjektive, meiner Generationenposition entsprechende Einstellung.

In ruhigen Zeiten sind Traumatisierte die Ausnahme; es werden Lehrbücher über sie verfasst, und man diskutiert über die optimale Behandlung der Opfer. In Europa reisen nach Flugzeug- oder Eisenbahnunglücken Traumatherapeuten an und kümmern sich um die Opfer seelischer Erschütterungen. Auch nach den zeitlich und örtlich begrenzten Kriegen seit 1945 kann die Gesellschaft die Kraft aufbringen, die Kriegsveteranen als *traumatisierte Gruppe vom Rest der Be-*

völkerung zu unterscheiden, so beispielsweise in den USA nach dem Vietnamkrieg oder in Frankreich nach den Kämpfen in Algerien.

In den unruhigen Zeiten der Weltkriege, die eine Bevölkerung als Ganze prägen, wird das Trauma unsichtbar; es gibt keinen Punkt, von dem aus es beschrieben werden kann. Es ist völlig normal, psychisch zentralisiert zu sein, da es die meisten auf die eine oder andere Weise sind, manche nur ausgeprägter als andere. Da die Zentralisation die überlebenswichtigen Anpassungsleistungen schützt und erhält, fallen die Betroffenen nicht weiter auf. Sie kämpfen nach dem Waffenstillstand um den Aufbau des Friedens, wie sie im Krieg um den Sieg gekämpft haben.

Anders die *Kinder der psychisch Zentralisierten*. Während ihre Eltern durch Fleiß und Anpassung unauffällig bleiben, entwickeln sie unerwartete Störungen. Die ersten Beobachtungen über diese Dynamik betreffen die Kinder von KZ-Überlebenden, die nach 1945 in ihren Traumatisierungen sehr viel gründlicher erforscht wurden als die Kinder der deutschen Soldaten und Flüchtlinge. In Montreal, wo viele jüdische Holocaust-Überlebende Zuflucht fanden, beobachteten Vivian Rakoff und John Sigal zum ersten Mal, wie die Eltern dieser Kinder nicht nur normal, sondern ausgesprochen überangepasst lebten. Im Gegensatz dazu waren es die *nach dem Holocaust geborenen Kinder*, die auffällig wurden.[19]

Einer der von Rakoff beschriebenen Fälle war ein 16-jähriges, nach dem Urteil der Lehrer sehr begabtes Mädchen. Sie fürchtete sich vor Prüfungen, glaubte, nichts zu wissen, wurde häufig ohnmächtig und litt an schwerer Migräne. Beide Eltern hatten alle Familienangehörigen verloren. Sie lernten sich in einem DP-Lager[20] kennen; dort wurde auch die Tochter geboren. Fast mittellos bauten sich die Eltern in zehn Jahren eine Existenz auf, zogen in ein Haus im Grünen, trieben Sport. Sie arbeiteten bis zu sechzehn Stunden täglich. „Ich habe immer gesehen, dass ich beschäftigt war", beschrieb der Vater als seine Überlebensstrategie im KZ. Die Mutter sagte, sie sei am Leben geblieben, weil sie versucht habe, sich unsichtbar zu machen. Sie sagte nur ihren Namen, wenn sie musste, und lebte wie ein Schatten.

Während bei diesem Mädchen die Aggressionsthematik psychosomatisch und in den depressiven Zweifeln an ihrer Begabung gebunden war, trat sie bei zwei anderen von Rakoff beschrieben Jugendlichen an die Oberfläche. Beide waren suizidal, kämpften gegen Eltern, die in der Geburt dieser Kinder ein Signal einer positiven Zukunft hatten sehen wollen.

Die Gemeinsamkeiten dieser Fälle bestanden in der Funktionalisierung der Kinder, die gezeugt wurden, um die Leere des Lebens nach der Befreiung aus dem KZ zu füllen, in der angepassten, „braven" Haltung der Kinder bis zur Pubertät und einer extremen Krise während der Adoleszenz, die geprägt war vom Wunsch nach dem Tod der Eltern, heftigen Streitereien und Selbstmordversuchen. Die Eltern werden von den Kindern als fern, unnahbar, abgekapselt in ihren singulären Erfahrungen erlebt, die eine unsichtbare Grenze aufrichten zwischen ihnen und allen, die diese Erfahrung nicht teilen. Wenn es wahr ist, dass ein heftiges Trauma den Betroffenen die Kindheit raubt, dann geht ihnen auch die Fähigkeit verloren, ihren Kindern auf gleicher Höhe in die Augen zu sehen und ihnen dadurch die Angst vor den Gefahren des Lebens zu nehmen, so gut das eben geht. Wenn die Eltern über das menschliche Maß hinaus gelitten haben, dürfen die Kinder nicht ungehorsam sein, ohne sich schuldig zu fühlen. Es gelingt ihnen nicht, die Ambivalenz der Elternbeziehung zu integrieren und die in Pubertät und Adoleszenz normalen Auseinandersetzungen der Loslösung zu führen. Die Eltern sind entweder ideal oder zu verachten, entweder gut oder böse.

Den Heranwachsenden fällt es aufgrund der geschichtlichen Situation ihrer Eltern sehr schwer, diese gleichzeitig zu lieben und zu hassen, zu achten und infrage zu stellen. Es dominieren Spaltungen, Entweder-Oder-Bilder. Daher kann es auch keine liebevolle Unabhängigkeit geben, sondern nur totale Distanz oder lebenslange Enge.

Unter Erwachsenen ist es normal, Menschen voller guter Absichten langweilig zu finden, wenn sie langweilig sind, ein schweres Lebensschicksal nicht als Freibrief für Erpressungen zu akzeptieren und ohne Schuldgefühle seiner Wege zu gehen, wenn eine Beziehung unerträglich wird. Liebe zu den Eltern ist für den Erwachsenen mit unterschiedlichen Ansichten zu vielen Lebensthemen und einer Trennung auch gegen den Wunsch der Eltern vereinbar. Traumatisierungen verengen den Blick. Sie führen dazu, dass die Betroffenen zu einfachen Abwehrmechanismen greifen wie der Spaltung in Freund und Feind: Ein gutes Kind ehrt die Eltern und tut, was sie sagen; andernfalls handelt es sich um ein schlechtes, ein böses Kind. Solche Haltungen führen zu erbittertem Streit oder zum Bruch mit den heranwachsenden Kindern, die ihr Recht auf eine eigene Meinung in Anspruch nehmen. Erst wenn diese seelischen Zerstörungen überwunden sind, dürfen Widersprüche in einem inneren seelischen Raum wahrgenommen und verarbeitet werden. Eltern und Kinder können dann unterschiedlicher Ansicht sein, ohne dass ein Teil als schlecht verurteilt wird.

Es wirkt auf den ersten Blick makaber, dass die Opfer der NS-Vernichtungslager unser Verständnis für die Kinder der Täter oder zumindest der in den Kontext solcher Taten verstrickten Eltern fördern. Aber unlogisch ist es nicht. Wie schon erwähnt: Für kleine Kinder, deren Werterleben noch nicht entwickelt ist, macht es wenig Unterschied, aus welchen Ursachen heraus ihre Eltern traumatisiert sind. Sie leiden, ob sie nun Juden oder Deutsche sind, wenn sie zu wenig Einfühlung erfahren, wenn jedes Zutrauen, jede Zuversicht mangelt, dass ein Kind sein Leben selbst regulieren kann, statt normiert, kontrolliert, bei jedem Widerstreben bedroht und abgelehnt zu werden.

In der analytischen Praxis berichten die Tochter eines Auschwitz-Überlebenden und der Sohn eines in Stalingrad gefangen genommenen Soldaten als gemeinsame Erfahrung, wie ihre Versuche, ein lähmendes, dem Ausdruck von Gefühlen feindliches Familienklima zu verändern, an mürrischen Abwertungen scheiterten und die Kinder traurig und verzagt zurückließen. Da hieß es im jüdischen wie im christlichen Kontext fast spiegelbildlich, die Kinder sollten gefälligst aufhören zu träumen und zu spielen, sie sollten sich dem Ernst des Lebens stellen und einem strafenden Gott unterwerfen, der keine Abweichungen von seinen Geboten dulde. In der Pubertät wurde in beiden Familien das keimende Sexualleben der Kinder mit höchstem Misstrauen normiert und bekämpft.

Bei den Kindern von KZ-Überlebenden, die ich in Psychoanalysen kennenlernte, wurde bereits in den ersten Gesprächen deutlich, wie schwer es ihnen fiel, mit differenzierten Gefühlen auf ihre Eltern zu reagieren. Die ursprüngliche Idealisierung der Eltern war in einigen der untersuchten Fälle fest verankert, in anderen in Entwertung umgeschlagen. Das macht auch einen Teil der Motive begreiflich, die diese jüdischen Männer und Frauen bewogen, sich zu einem deutschen Analytiker zu begeben: Sie wollten einen neuen Anfang machen. Ihr Verhalten erinnert an ein jüdisches Mädchen, das Bernd Trossmann Ende der 60er-Jahre beschrieb: Es rebellierte gegen die misstrauische und feindselige Hal-

68

tung, die ihre Eltern gegenüber allem Nichtjüdischen ein-
nahmen, indem es in allen Schulfächern versagte – außer in
Deutsch.[21]

Obwohl es sehr viel weniger Überlebende der Vernichtungslager gibt als deutsche Eltern, die durch Flucht, Gefangenschaft oder die verlustreichen Rückzugskämpfe traumatisiert wurden, sind die Forschungen an den Kindern der
KZ-Überlebenden sehr viel reicher und gründlicher dokumentiert. Das verrät etwas von dem Nebel, der sich über die
deutschen Traumatisierungen breitet. Deutsche Opfer sind
verdächtig, weil sie ihr Opfertum missbrauchen könnten,
um ihre Täterschicksale zu verbergen.

Nach meinen Beobachtungen spiegelt sich das Thema
der drei Generationen in jüdischen Familien sozusagen sei-
tenverkehrt: Über die traumatisierte Generation wird nicht
geschwiegen, sie wird nicht entwertet, sondern idealisiert.
Ihre Leiden unterstreichen das Existenzrecht Israels. Daher
scheinen sich bereits die Kinder dieser Eltern eher entwertet
zu fühlen, da sie ihnen in dem, was sie erlitten und geschaffen haben, niemals das Wasser werden reichen können.

KZ-Überlebende beschützen ihre Kinder übermäßig und
warnen ständig vor drohenden Gefahren, wobei sie die Feindseligkeit ihrer nichtjüdischen Umwelt, aber auch die Problematik der Sexualität ihrer Kinder dramatisieren. Die Eltern
können nicht verstehen, dass die Kinder ihr tiefes Misstrauen
und ihre Zurückgezogenheit nicht teilen wollen. Die Schnel-
ligkeit, mit der viele Israeli jeglicher Kritik von außen unterstellen, sie sei ein antisemitischer Angriff auf das Existenzrecht ihrer neuen Heimat, lässt sich besser verstehen, wenn
man die verborgenen Aggressionen zwischen den idealisierten Gründern und der nachfolgenden Generation betrachtet:
Ein „Feind" von außerhalb des Staates kann diese Spannungen mildern; daher ist es auch so wichtig, ihn nicht zu verlie-

ren. Diese Dynamik illustriert der Witz von dem jüdischen Ehepaar, das in einem deutschen Bahnhof die Wartenden fragt, ob sie Antisemiten seien. Die meisten verneinen und werden nicht weiter beachtet. Als aber endlich ein Deutscher zugibt, Antisemit zu sein, bitten ihn die beiden Juden, auf ihre Koffer aufzupassen. Er sei der erste ehrliche Mensch, den sie hier angetroffen hätten.

Ein gemeinsames Interesse, die Vergangenheit zu erkennen, kann die Kinder und Enkel der Täter mit denen der Opfer verbinden.[22] Voraussetzung dafür ist allerdings, das Versagen des deutschen Staates im Jahr 1935 und in den darauffolgenden Jahren, seine jüdischen Mitbürger gerecht zu behandeln, weder zu vergessen noch ihn gegen anderes Unrecht aufzurechnen.

Das Spiel zwischen den Ruinen

Ich habe die Erinnerungen an mein kindliches Grundgefühl bereits erwähnt, dass alle Erwachsenen *keine Ahnung davon hatten, was im Leben Spaß macht.* Solche Gefühle sind nicht ahistorisch, wie ich lange glaubte; sie sind nicht die emotionale Orientierung von Kindheit schlechthin. Sie gehören zu einer spezifischen historischen Situation.

Meine in den 60er und 70er-Jahren geborenen Analysanden berichten eher davon, wie *peinlich* ihnen der emotionale Überschwang ihrer Eltern und deren Anteilnahme an ihrer kindlichen Welt waren. Diese Eltern schienen zu behaupten, sie *wüssten genau, was ihren Kindern Freude machte,* und waren enttäuscht, wenn sich diese nicht so freuten wie sie sich freuen sollten.[23]

Die deutschen Kriegs- und Nachkriegskinder wuchsen in einem Wertevakuum auf, das durch den Rückgriff auf bildungsbürgerliche oder religiöse Traditionen oft auf verwirrende Weise gefüllt wurde. Die Dynamik von Überschätzung und Entwertung findet sich nicht nur im Wechsel der Generationen, sie hat auch typische Haltungen der Eltern gegenüber den in der Kriegs- und Nachkriegszeit geborenen Kindern geprägt:

1. Die Kinder wurden in ihren Möglichkeiten überschätzt und überfordert, die Wunden der Eltern zu heilen und deren seelische Einschränkungen zu kompensieren.

2. Die Eltern waren so sehr mit dem Überleben und dem materiellen Wiederaufbau beschäftigt, dass sie ihre Kinder körperlich versorgten und im Übrigen möglichst wenig von ihnen wissen oder mit ihnen sprechen wollten.

Die Eltern wollten vor allem ihre Ruhe. Oberflächlich gesehen störten die Kinder, weil sie Zeit für so nutzlose Dinge wie Spiel oder Spaß beanspruchten, untergründig, weil sie für emotionale Vielfalt, Verletzlichkeit und Offenheit standen, Eigenschaften, die die Abwehr der Eltern bedrohten, heimlichen Neid weckten und von einer Wirklichkeit kündeten, die den Eltern durch die seelischen Verletzungen und die unbewussten Schuldkomplexe verloren gegangen war.

In ihrer Analyse des NS-Erbes in familiären Beziehungsmustern schildert Gudrun Brockhaus[24] vor allem den ersten Typus. Das mag mit ihrer eigenen Erfahrung zusammenhängen, dass ihr traumatisierter Vater aus dem Krieg zurückkehrte und Halt an Frau und Kindern suchte. Meine Erfahrungen sind eher durch die *Leere* geprägt, welche nach dem Tod des Vaters zurückblieb. Wir deuteten sie uns positiv. Sie öffnete uns Kindern Freiräume, die wir mit durchaus riskanten Spielen besetzten. Meine eigenen Erinnerungen an das Knacken von Gewehr- und Flakmunition, das Abbrennen von Schießpulver spiegeln Erinnerungen vieler Kriegskinder. Ihre Eltern waren geistig abwesend. Da sie nicht viel Freude

71

ausstrahlten, waren die Kinder dankbar, diesen Eltern zu entkommen.

Manchmal enthielten die riskanten Spiele sicher auch ein Werben um Aufmerksamkeit. Die verlorene Beachtung war selbst in negativer Form besser als die Stille und das Schweigen. Anders kann ich es mir nicht erklären, dass mein Bruder mir einmal das folgende *neue Spiel* zeigte: Man nehme ein im Müll gefundenes, abgerissenes Elektrokabel, das an einem Ende noch einen Stecker, am anderen zwei blanke Drahtenden trägt. Man führe es heimlich in eine Steckdose, bewundere den knallenden Funken zwischen den Kupferdrähten und die anschließend in der Wohnung einsetzende Finsternis. Dann gilt es, das Zauberding zu verbergen, während der Großvater murrend zum Sicherungskasten tappt.

Michael Schneider fasst die seit den 80er-Jahren erscheinenden Autobiografien der Kriegskinder so zusammen: „Es war die psychische Hypothek einer im restaurativen Wiederaufbau verdrängten Vergangenheit, die bleischwer auf den Familien der ehemaligen Mitläufer und Nazis lastete und ursächlich für die dumpfe und stickige Atmosphäre, für das bedrückende Schweigen und das gepresste Lebensgefühl war, das aus den Familienchroniken und Kindheitsbeschreibungen fast aller Autoren aufsteigt. Wenn man diese nämlich miteinander vergleicht, ergibt sich ein erschreckend gleichförmiges Bild, als wären alle unter dem gleichen Dach aufgewachsen."[25] „Hinter der Fassade von Strenge, Härte, unbezweifelbarer Autorität war bei den Eltern immer wieder eine tiefgreifende Unsicherheit und Schwäche zu spüren, die mir als Kind viel mehr Angst gemacht hat als die Manifestationen der ,Schwarzen Pädagogik'. Mit innerem Zittern nahm ich jedes Schwanken der elterlichen Sicherheit wahr und baute an der Festungsmauer, die – von

Weitem, nach außen – ein Bild selbstgewissen Herrschens suggerieren sollte und konnte."[26]

Anschaulich beschreibt auch Christoph Meckel diese Dynamik im Verhalten seines Vaters: „Sein Selbstvertrauen, von Kind auf gestört, war nach dem Krieg auseinandergefallen und wurde gewaltsam – täglich neu – auf Kosten der Familie hergestellt. ... Seine Zerbrochenheit quälte die Kinder (sie wussten noch nicht, dass diese Vaterschaft – der enttäuschte, hilflos gewordene Despot – bezeichnend war für die ganze Generation)."[27] Das Wirtschaftswunder, das die traumatisierte Generation erarbeitete, entsprach der untersten Stufe einer Rakete, die den ersten Schub für den Höhenflug leistet. Sie ist unentbehrlich, aber sie wird nicht in den weiteren Flug einbezogen. Abgesprengt stürzt sie zur Erde zurück. Sie hat zwar den Antrieb für alles Weitere geliefert, aber die Astronauten vergessen sie, sobald sie ihren Dienst getan hat.

Die Selbstbezogenheit und Selbstüberschätzung dieser Jugendlichen entsprang nicht schlichter Geltungssucht oder einem blindlings um sich greifenden Machthunger. Die Überzeugung der Jugendlichen, die Eltern seien hoffnungslose Spießer, ist in einer individualisierten Gesellschaft nichts Besonderes. Sie gehört in das Repertoire einer Entidealisierung der Eltern. Da aber die traumatisierten Eltern nie idealisiert worden waren, bedurfte es besonderer Anstrengungen, um den leeren Raum zu füllen, welchen die zerschmetterten Werte der Eltern hinterlassen hatten. Die Eltern sprachen nicht über ihre Faszination von den Nationalsozialisten – das hätte den Kindern zumindest ein wenig begreiflich gemacht, was sich damals in ihnen abspielte. Sie argumentierten aus einer Abwehrhaltung heraus, die Warum-Fragen in die Nähe von Tollkühnheit rückte.

Erinnern wir uns an die Ausrede, wer bei Kriegsverbrechen wie Geiselerschießungen nicht mitgemacht habe, sei sofort an die Wand gestellt worden. Das ist geschichtlich kaum belegt; es gibt eher Beweise für das Gegenteil. Was die historische Kritik an den Ausreden nicht erfasst, sind die Ängste vor dem Standgericht der kritischen Kinder. Die Eltern warben um den Respekt der Kinder, indem sie vorgaben, sie seien keine Nazis gewesen, sondern hätten sich nur vor den Nazis gefürchtet. Es fehlte nicht viel (und dieser Vorwurf wurde dann auch gegen die antiautoritäre Bewegung gerichtet), um kritische Frager in die Nähe der SS zu rücken, die die Deutschen dazu gezwungen habe, schreckliche Verbrechen zu begehen.

Als Jugendlicher habe ich ein Gespräch zwischen meiner Mutter und ihrer Arbeitsdienstkameradin aufgeschnappt, die einen NS-Funktionär geheiratet hatte. Sie sprachen über die Geschwister Scholl und empörten sich fast mehr über die Blödheit der jungen Menschen, sich mit dem Regime anzulegen als über die Grausamkeit ihrer Todesurteile. Die hätten doch wissen müssen, was da auf sie zukommen würde! Außer dem Leid für sie und ihre Eltern hätte das Ganze gar nichts gebracht.

In mir wuchsen Widerspruch, Verachtung und Scham, aber sie blieben stumm. Ich sehe darin eine typische Szene für die Halbwaisenfamilie: Die Mutter musste geschont werden. Ich wusste auch nicht, ob ich selbst in der NS-Zeit den Mut gehabt hätte, so viel zu riskieren wie die Geschwister Scholl. Aber einverstanden war ich auch nicht. Man musste dafür sorgen, dass sich die Menschen änderten! Nur wie?

Im Gegensatz zur Selbstinterpretation mancher 68er, die sich als willensmächtige Täter begriffen, sehe ich sie stark als Opfer eines Vakuums, das sie mit Selbstüberschätzung und Reformoptimismus füllen *mussten*. Sie wehrten die latente Depression der Eltern durch eine brüchige Manie ab. Eine sprechende Szene für den Konflikt zwischen der verletzten und der überschätzen Generation ist die Entwertung der *Sekundärtugenden*, für die der Soldatenkanzler Helmut Schmidt stand, durch seinen damaligen Juniorgegner Oscar Lafontaine.

Mit solchen Tugenden, so Lafontaine, lasse sich auch ein KZ betreiben. Die verletzte Generation findet die Argumente der überschätzten verblasen, vage weltverbessernd, traumtänzerisch. Die überschätzte Generation verachtet den Mangel an Vision und das Misstrauen in die Veränderbarkeit der menschlichen Natur. Worüber beide nicht sprechen, sind die jeweils dominanten Ängste: vor einem Verlust der im Wiederaufbau gewonnenen Sicherheiten auf der einen Seite, vor dem Zusammenbruch der idealisierten Zukunft auf der anderen Seite. Die Soldaten hatten sich geistig und emotional in der dauernden Konfrontation mit einem sinnlosen Krieg erschöpft. Sie würden nicht siegen, mochten nicht mehr kämpfen und fürchteten doch den „Zusammenbruch" der Front, der Wehrmacht, des Staates, weil sie sich ohne diese Strukturen kein Weiterleben vorstellen konnten. Als sie dann doch weiterlebten und es sogar wieder aufwärts ging, wurde diese Angst zu ihrem stärksten Motiv.

Keine Experimente lautete der Slogan der CDU im Bundestagswahlkampf 1957. Die CDU zeigte dazu einen Zeichentrickfilm, in dem Adenauer an einem Steuerpult sitzt – „Er stellt nach dem Untergange die Hebel wieder richtig ein!" – und verhindert, dass Bösewichte den Schalter umlegen, der auf NATO, Friede, Wohlstand, Freiheit usw. zeigt. Die Wähler werden aufgefordert, dafür zu sorgen, dass es *beim Alten bleibt*, wobei mit dem Alten auch Adenauer gemeint ist. Die SPD hatte für einen Austritt Deutschlands aus der NATO plädiert, um der DDR zu ermöglichen, aus dem Warschauer Pakt auszutreten und das geteilte Land wieder zu vereinigen. Konrad Adenauer rief auf einem CSU-Parteitag im Juli 1957 in Nürnberg den Delegierten zu: „Ein Sieg der SPD bedeutet den Untergang Deutschlands." Die CDU erreichte 50,2 Prozent und erhielt fast 55 Prozent der Mandate im deutschen Bundestag, bis heute das erfolgreichste Wahlergebnis einer Partei in der deutschen Nachkriegsgeschichte.

Keine Experimente fasst den antiwissenschaftlichen und restaurativen Geist der 50er-Jahre zusammen. Der Satz ist ein Motto der traumatisierten Generation: Neues zu versuchen zerstört das Bewährte und den endlich erreichten Frieden! Wer etwas ausprobieren, seine Kreativität üben möchte, ist ein kindischer Dummkopf oder ein Verbrecher. Die Politiker der SPD erscheinen in dem Zeichentrickfilm als schwarze Wichte, die wie Ratten in die Schaltzentrale kriechen und alles zerstören.

Experiment wird nicht mit einem Erkenntnisgewinn verbunden, sondern mit Chaos und Zerstörung. In den Werbespots der CDU wurde der Nationalsozialismus als „gescheitertes Experiment" bagatellisiert, das nicht von den Sozialdemokraten wiederholt werden dürfe. Die Behauptung, dass ein Sieg des demokratischen Gegners das Land in den Untergang führen werde, stieß auch auf heftige Kritik. Rudolf Augstein kommentiert unter dem Pseudonym Jens Daniel[28] kurz vor der Wahl: „Die Verketzerung der Opposition ist schon wieder so weit vorgeschritten, wie es vor zwölf Jahren, bei Auflösung der Konzentrationslager, nur die schlimmsten Pessimisten für möglich gehalten haben. Im Hinterhof der deutschen Seele dämmert ein Misthaufen, den Hitler und Adenauer, jeder nach seinem Zeitgeist, mit atavistischem Instinkt aufgestöbert und sich nutzbar gemacht haben: die Genugtuung, wenn die jeweilige Opposition vom starken Mann an der Spitze durch die Gosse geschleift wird. ... Ist es statthaft, um der Erringung einer parlamentarischen Mehrheit willen den inneren deutschen Schweinehund loszulassen?"

Die Reihe der Bundeskanzler beginnt mit Konrad Adenauer (1876–1967), einem Juristen, Taktiker und rheinischen Lokalpatrioten, der seine politischen Prägungen noch in der Kaiserzeit empfing und 1917 der jüngste Oberbürgermeister von Köln wurde, ein Amt, das er bis 1933 mit großem Erfolg ausübte. Allem Fanatismus abhold, mied er 1914 die Front und sorgte für seine Kölner, indem er Nahrungsmittelvorräte anlegen ließ. Sein Verhandlungsgeschick ermöglichte Adenauer, die NS-Zeit als wohlversorgter Pensionist zu überstehen; nur 1944 wurde er verhaftet, war aber viel zu vorsichtig gewesen, um sich in nachweisbaren Kontakt zu den Männern des 20. Juli bringen zu lassen.

Auf Adenauer folgten zwei Politiker, die der traumatisierten Generation und dem massiven Werteverlust durch die NS-Zeit nahestanden. Ludwig Ehrhard (1897–1977) war als blutjunger Soldat 1918 schwer verwundet worden. Die NS-Zeit verbrachte er unbescholten als Unternehmer und Dozent. Als zunächst parteiloser Experte setzte er zeitgleich mit der Währungsreform Liberalisierungen des Handels durch, die das Wirtschaftswunder ermöglichten. Ähnlich dem zweiten Soldatenkanzler Helmut Schmidt war auch Ehrhard ein süchtiger Raucher.

Kurt Georg Kiesinger (1904–1988) steht eher für den Werteverfall durch den Zusammenbruch des Hitlerreiches als für eine Traumatisierung durch Kriegsteilnahme. Er war von 1933 bis 1945 Mitglied der NSDAP gewesen, ein brillanter Opportunist, der seit 1940 im Außenministerium Ribbentrops Propaganda für die Nazis machte, um dem Einsatz an der Front zu entgehen, und später fast alle überzeugen konnte, er habe von nichts Bösem gewusst. Willy Brandt (1913–1992) hatte während der NS-Zeit sein Leben in sozialistischen Untergrundorganisationen riskiert und wurde 1965 im Wahlkampf von Adenauer und Strauß als Emigrant und uneheliches Kind diffamiert. Helmut Schmidt (geboren 1918) war während des Krieges Soldat. Er hat sich kaum von diesen Prägungen distanziert, während er die Nazi-Partei ablehnte. Nach Gründung der Bundeswehr wurde Schmidt im März 1958 zum Hauptmann befördert. Im Oktober/November 1958 nahm er an einer Wehrübung teil und wurde nun Major der Reserve. Wegen „Militarismus" wurde Schmidt noch während dieser Übung aus dem Vorstand der SPD-Bundestagsfraktion abgewählt. Helmut Kohl (geboren 1930) war noch als Luftwaffenhelfer eingezogen worden, kam aber nicht mehr zum Kampfeinsatz. Gerhard Schröder (geboren 1944) ist der Kanzler der überschätzten Generation; sein Auftritt angesichts des Wahlsieges von Angela Merkel (geboren 1954) hat das noch einmal demonstriert.

Die beiden Kriegsteilnehmer unter den Bundeskanzlern sind bzw. waren süchtige Raucher und zeigten auch andere Gemeinsamkeiten. Ehrhard und Schmidt befürworteten den Vorrang der Wirtschaft in der Politik. Sie misstrauten Ideologie und Idealismus in jeder Form. Notfalls setzten sie sich über Vorschriften hinweg und übernahmen eigenmächtig das Kommando – Ehrhard, indem er ohne die Zustimmung der Besatzungsmächte 1948 in einer Rundfunkansprache die Zwangsbewirtschaftung aufhob; Schmidt durch den rechtswidrigen, aber lebensrettenden Einsatz der Bundeswehr während der Deichbrüche in Hamburg.

II. Von Sit-ins, Kommunen und sexueller Revolution: Die überschätzte oder thymotische Generation

Der Beginn eines Umbruchs

Der Wahlsieg der CDU mit dem Slogan *„Keine Experimente"* war auch ein Sieg der Gerontokratie. Die traumatisierte Generation besann sich auf die Werte zurück, die älter und stabiler waren als ihre inneren Erschütterungen. Konrad Adenauer passte ausgezeichnet in diese Haltung. Es gelang ihm, das deutsche Selbstbewusstsein mehr schlecht als recht zu reparieren, indem er die Nähe zu den *guten Siegern* der Westmächte suchte und die Distanz zu den *bösen Siegern* aus dem Osten vergrößerte. Die Spiegel-Affäre[29] zeigte, wie ungebrochen das Obrigkeitsdenken in der BRD war, wie viel an autoritären Strukturen sich unter dem Notverband der Synthese aus amerikanischem und nationalsozialistischem Antikommunismus erhalten hatte. So wuchsen, zunächst noch im Untergrund, die Gegenkräfte.

Bereits 1962 gab es Jugendkrawalle in München, die das Ende der Adenauer-Epoche ankündigten. Weil eine Gruppe von Straßenmusikanten am 21. Juni 1962 in der Leopoldstraße noch nach 22 Uhr 30 spielte, rief ein Stadtrat die Funkstreife. Bei dem Versuch der Polizei, die Musiker festzunehmen, kam es zu Rangeleien mit dem protestierenden Publikum. In den folgenden vier Nächten entwickelten sich in München-Schwabing Straßenschlachten zwischen bis zu 40.000 jugendlichen Protestierenden und den zum Teil berittenen Polizisten. Zu den letzten Abenden kamen auch Jugendliche aus dem Umland. Etwa 200 Protestierende und Schaulustige wurden mit Schlagstöcken traktiert; es entstand hoher Sachschaden.

Der Zusammenhang zwischen dem brutalen Vorgehen der Polizei und den gewalttätigen Reaktionen der Jugendlichen wurde später in der Presse, zunächst noch gelassen, dann hitziger, diskutiert. Einen Anstoß dazu gab der Leiter des Münchner Stadtjugendamtes, Kurt Seelmann, der mit den Jugendlichen sprechen wollte und in einen Einsatz der Polizei geriet, bei dem Schlagstöcke eingesetzt wurden. Aufgrund dieser Erfahrungen erarbeitete die Polizei die sogenannte *Münchner Linie*, ein Konzept, das erstmals in Deutschland auf Deeskalation setzte. Zu diesem Zweck wurde ein Polizeipsychologe eingestellt. Ein Beteiligter der Schwabinger Krawalle hieß Andreas Baader, ein unpolitischer junger Mann mit einer Leidenschaft für schnelle Autos und einem Mangel an Respekt vor Gesetzen, die diese Leidenschaft regulieren.

Gesellschaftliche Veränderungen beginnen in der Regel untergründig. Es ist, als würde das Gewicht an einer Seite des Waagbalkens langsam zunehmen, bis schließlich durch eine winzige Kleinigkeit der Balken zu einer Seite kippt und offensichtlich wird, dass sich etwas verändert hat. In der Bundesrepublik gab es in den 60er-Jahren einen solchen Umschwung: Die Bewegung gegen die Restauration Adenauers war zunächst unterschwellig, die Jugendlichen waren mehrheitlich angepasst, wer Krawall machte, galt als *Halbstarker*. Es gab Kritik und Protest in der linken und liberalen Presse; Künstler schlossen sich zusammen, die das Experimentieren gegen soziale Konventionen zum Programm erhoben. Die antiautoritäre Bewegung entstand nicht aus dem Nichts, sondern griff solche Strömungen auf. 1968 wurde dann mit einem Schlag deutlich, wie groß und wie ungestillt der Bedarf der zwischen 1940 und 1950 Geborenen an Werten war, welche nicht mehr das Ärgste vermeiden, sondern etwas Neues schaffen sollten.

Die Konflikte zwischen der verletzten und der überschätzten Generation blieben ungelöst.[30] Es gelang oft nicht einmal, einander zu respektieren; eine Verständigung blieb aus. Die herangewachsenen Kinder empfanden die Ansprüche der Eltern als lästig und fürchteten, von diesen zu einem unkreativen, freudlosen Leben manipuliert zu werden. So zollten die Kinder ihren Eltern nicht den Respekt, der Balsam auf den Verletzungen ihres Werterlebens gewesen wäre; sie fanden aber auch keine Möglichkeit, ihre eigenen Werte mit denen der Eltern zu verknüpfen.

Die antiautoritäe Bewegung wünschte sich eine Welt ohne Angst und Unterdrückung, voller Experimente für das Gute. Kolonialismus und Ausbeutung sollte es in Zukunft nicht mehr geben. Lieber mit wenig zufrieden sein, als seine Seele zu verkaufen! *Make love not war!*, wurde zu einem Wahlspruch der Bewegung. Es sollte eine friedliche, triebfreundliche, freie und gleichberechtigte Gesellschaft entstehen, geschützt vor faschistischen Lügen und politischer Repression, sexuell selbstbestimmt und experimentierfreudig. Die verletzten Eltern erlebten diese Beschwörungen eines radikalen Wandels als Raub an allem, was sie aufgebaut hatten und worin sie sich sicher fühlten.

Künstler, Helfer, Opfer, Aussteiger

Wenn es Kindern nicht gelingt, ihre Eltern tragfähig zu idealisieren und stabilisierende Bilder dieser Eltern zu verinnerlichen, hat das zunächst noch keine auffälligen Folgen. Die Abhängigkeit der Kinder und die Bereitschaft der Eltern, diese zu versorgen, verdecken die seelische Entfremdung. Die verborgenen Konfliktspannungen treten erst in der Adoleszenz an die Oberfläche, wenn die Jugendlichen selbstständig werden, sich für einen Beruf entscheiden und ihre sexuellen Beziehungen selbst regulieren. Sie fragen sich dann, was sie vom Leben wollen, wie sie die Weichen in der Zukunft stellen sollen. Die Eltern hingegen machen sich jetzt mehr Sorgen als früher. Solange das Kind in die Schule geht, sind sie zufrieden, wenn die Noten in Ordnung sind. Aber was kann alles passieren, wenn ihre Sexualität reift und die mitteilsamen Kinder zu stummen, auf Abstand bedachten Jugendlichen werden?

Es gab seit den 60er-Jahren erbitterte Kämpfe um Einzelheiten, die für dreißig Jahre später Geborene wie Berichte aus Zeiten der Hexenverbrennung anmuten: Eltern drohen, ihre Kinder zu enterben, wenn sie sich die langen Haare nicht abschneiden lassen; Väter verbringen schlaflose Nächte, weil sie glauben, ihr Sohn müsse schwul sein, weil er mit einem Ohrstecker nach Hause kam usw.

Wir wissen heute, dass zwischen 16 und 20 Jahren das menschliche Gehirn endgültig ausreift. Wer sich an diese Zeit erinnert, wird Erlebnisse finden, die solche Entwicklungsschritte spiegeln: Triumphgefühle, jetzt endlich richtig denken zu können, so ganz anders als in der Kindheit, mischen sich mit Sinnsuche und Zweifeln, ob die eigene Existenz – psychoanalytisch gesehen: das eigene Selbstgefühl – jemals stabilisiert und vor jähen Zusammenbrüchen geschützt werden kann.

Selbstüberschätzung ist im Grunde ein Rückgriff auf kindliche Allmachtsvorstellungen. Angesichts der starken Intellektualisierung, die unsere letzten Reifungsschritte begleitet, äußert sie sich bei Jugendlichen oft als Gestus der Allwissenheit, des überlegenen Urteils. Wer den eigenen Geschmack in Musik, Film, Mode oder Politik nicht teilt, hat eben keine Ahnung, ist ein abscheulicher Spießer. Solche Formen narzisstischer Überlegenheit enthalten riskante seelische Manöver und sind von Abstürzen bedroht. Einfacher ist es für die Heranwachsenden, wenn einige Aspekte der realen Elternbilder die seelischen Umbaumaßnahmen der Adoleszenz überstehen und ihnen Fundamente geben können, auf denen sie auch während ihrer Verwandlung stehen können. Die Probleme der 68er-Generation werden aus dieser Dynamik verständlicher. Sie mussten im Heranwachsen gänzlich neue Kerne für ihr Selbstgefühl finden. Da die deutschen Ideale verbraucht waren, lautete die Maxime: Je exotischer desto besser.

Die zwischen 1940 und 1950 Geborenen hatten von den Ereignissen der NS-Zeit persönlich sehr wenig mitbekommen. Sie kamen zur Welt, als dies alles schon Vergangenheit war, sie hatten keine Ahnung, durften nicht mitreden, mussten wirklich bei Null anfangen. Als Kinder suchten sie nach Gründen, ihre Mütter und Väter zu bewundern – und manchmal nutzten das die Eltern auch aus, indem sie mit Andeutungen schrecklicher, den Kindern gottlob ersparter Erlebnisse eine Aura um sich schufen, die zwar Macht über die Kinder gewann, sie aber nur bedrücken konnte: Denn was hatten die Eltern nicht alles bewältigen müssen!

Eine Weitergabe von gewalttätigen NS-Klischees in die Nachkriegsgeneration lässt sich nicht nachweisen. Sie wird manchmal von konservativen Autoren der antiautoritären Bewegung unterstellt. Es gehört aber eine beträchtliche Unempfindlichkeit für Details dazu, die nach dem Attentat auf Rudi Dutschke im Verlag der Bildzeitung zu Bruch gegangenen Fensterscheiben mit den Schaufenstern jüdischer Geschäfte in der *Reichskristallnacht*[31] zu vergleichen.

Um die Probleme einer Selbstfindung angesichts der traumatisierten Eltern zu illustrieren, werde ich vier Persönlichkeitstypen beschreiben, die alle in der überschätzten Generation auffindbar sind: *Künstler, Helfer, Aussteiger* und *Opfer*.

1. Der *Künstler* steht für den Versuch, den Mangel an idealisierbarer Welterfahrung der Eltern durch eigenes Schöpfertum zu beheben. In dem Wunsch, Kunst zum Beruf zu machen, ganz in ihr aufzugehen, spiegelt sich vielleicht deutlicher als in allen anderen Lösungen des Generationsproblems Unzufriedenheit mit der eingeengten Welt der Eltern, mit ihrer Fantasielosigkeit und ihrem Bestreben, möglichst nichts zu tun, was den Nachbarn missfällt.

Künstlerische Arbeit bindet vergleichsweise wenig an die Realität. Das bringt spezifische emotionale Gefahren mit sich. In der Industriegesellschaft gibt es viele Zwischenräume nicht mehr, die früher zwischen Handwerk und Kunst Entfaltungsmöglichkeiten boten. Künstlertum aus vorwiegend narzisstischer Bedürftigkeit strebt immer nach dem Genialen, dem ganz Besonderen, Einzigartigen. Das erschwert nicht nur den Weg in wirtschaftliche Unabhängigkeit, sondern auch den in die psychische Autonomie. Nicht wenige Personen, die ihre künstlerischen Absichten zum Beruf machen wollen, sind zu kränkbar, um ihre Möglichkeiten realistisch einzuschätzen und zu entwickeln. Ebenso viele sind nicht talentiert genug, um sich dem zu nähern, was ihnen vorschwebt, sei es an künstlerischer Leistung oder an Erfolg. Da nur Ausnahmebegabungen und/oder Vermarktungstalente eine Chance auf wirtschaftliche Unabhängigkeit als Kunstproduzenten haben, entsteht oft eine psychologisch sehr angespannte Situation. Der Künstler oder die Künstlerin, der diese Karriere einschlug, um sich von unbewusst verachteten Eltern zu distanzieren und sich selbst quasi neu zu erschaffen, bleibt wirtschaftlich von seinen Eltern abhängig oder überträgt diese Abhängigkeit auf Partner und Geschwister.

Solange ein Künstler selbstvergessen in seiner Arbeit aufgehen kann, verfügt er über einzigartige Möglichkeiten der Festigung seines Selbstgefühls. Sobald er aber nach wirtschaftlichem Erfolg und öffentlicher Anerkennung strebt, wird sein Realitätssinn auf eine harte Probe gestellt. Die tragische Gestalt des verkannten Genies kommt zu der Überzeugung, dass nicht seine mangelnden Fähigkeiten, sondern seine den Zeitgeist überfordernde Grandiosität und eine von Missgunst besessene Umwelt die Schuld an seinem Scheitern tragen. Auch die 68er haben einige solcher Gestalten hervorgebracht, die vom welken Ruhm vergessener Happenings zehren.

2. Der *Helfer* hat früh erkannt, wie bedürftig die Eltern sind, wie sehr sie darauf angewiesen sind, gestützt zu werden. Parallel dazu fehlten ihm die Zuwendung von und der Halt an starken Eltern. In seiner Identifikation mit einer idealen Elterngestalt wächst die Hoffnung, wenigstens dadurch, dass er andere bemuttert, bevatert und versorgt, eigene Defizite zu stillen. Diese Dynamik ist im Kontext des *Helfersyndroms* erläutert.[32] Dieses 1977 entwickelte Konzept wurde in den beginnenden 80er-Jahren wohl auch deshalb angenommen, weil es einen zentralen Konflikt der thymotischen Generation reflektieren half.[33] Der beschriebene Helfer *braucht diese Rolle,* er ist zwingend an sie gebunden, er fühlt sich nur ganz entspannt und wohl, wenn er einem Schwächeren helfen, ihn belehren, ihn heilen kann. Er leidet unter Depressionen und innerer Leere, wenn er – beispielsweise im Urlaub – nur an sich denken, nur genießen soll. Die Gefühle, als Kind ohne Verständnis und Einfühlung leben zu müssen, werden durch die Identifikation mit einem Idealbild guter Eltern ausgeglichen, welches zu erfüllen den Helfer dann in rastlose Tätigkeit und gefährliche Abhängigkeit von seiner helfenden Rolle bringt.

Ich halte dieses Konzept auch gegenwärtig noch für tragfähig, aber ich glaube auch, dass es in den beginnenden 80er-Jahren so intensiv rezipiert wurde, weil damals die Grenzen sowohl der antiautoritären Bewegung wie des Reformoptimismus deutlich wurden. Man wollte daher verstehen, was die Hintergründe der Sehnsucht sind, unbedingt die Rolle der guten Mutter oder des starken Vaters zu spielen.

Einige Male habe ich Konstellationen beobachtet, in denen die Dynamik der Auseinandersetzung mit den traumatisierten Eltern unter Geschwistern sozusagen aufgeteilt wurde: ein Kind wurde *Helfer*, ein zweites *Künstler*. Ich zitiere den Bericht eines 1950 geborenen Psychotherapeuten: „Mein Vater war in russischer Gefangenschaft, er hat sich eigentlich nie wieder mit dem Leben hier abfinden können, hat pausenlos gearbeitet, bis er mit 55 an einem Herzinfarkt starb. Ich war ein guter Schüler; mein Bruder der typische Schulversager. Ich habe immer nachgedacht: Wie kann ich wiedergutmachen, was mein Vater erleiden musste. Es hat mich später sehr erleichtert, als ich einmal einen Patienten hatte, der auch im Krieg und auch in Gefangenschaft war und ganz anders als mein Vater davon erzählt hat, nüchtern, ohne dieses Pathos.

Mein Bruder ist Künstler geworden, er braucht immer Geld und streitet mit meiner Mutter, dass sie ihm endlich sein Erbe auszahlen soll, das er aber schon verbraucht hat, oder mit mir, weil ich doch gut verdiene und immer der Liebling war, während er es schwer hatte und alles selbst machen musste.

Ich verstehe nichts von seiner Kunst und will auch nichts davon verstehen. Es ist nichts Gegenständliches, und ich kann nicht begreifen, dass es überhaupt jemanden gibt, der dafür Geld ausgeben will. Er macht irgendetwas mit Erde, mit Schlamm, verbrennt Sachen und schichtet die Asche in Gläser, das soll etwas über seinen Gefühlszustand sagen, vermute ich. Mein Vater hat ihn aber immer bewundert. Er tut groß mit seinen Ausstellungen, aber er hat nie Geld. Er war ein Schüler von Beuys und schon mit 25 auf der Documenta. Aber er ist immer unzufrieden und hat das Gefühl, dass er viel zu wenig Anerkennung bekommt und die falschen Leute Professoren werden.

Ich ärgere mich maßlos, wenn er wieder die Mutter unter Druck setzt oder behauptet, ich würde mein Geld im Herumsitzen verdienen, und er hätte es auch gerne so leicht gehabt wie ich. Ich will eigentlich nichts mit ihm zu tun haben, aber er ist mein einziger Bruder. So überweise ich ihm jeden Monat etwas, weil er zu stolz ist, zum Sozialamt zu gehen. Er bedankt sich nie, aber ich habe wenigstens kein schlechtes Gewissen. Das hatte ich bei meinem Vater immer. Wenn ich etwas wollte, was ihm nicht gepasst hat, hat er nur gesagt: ‚Wenn du erlebt hättest, was ich erlebt habe, würdest du das einsehen!' Da konnte ich nichts mehr sagen."

3. Das *Opfer* versucht, durch Identifikation mit dieser Rolle narzisstische Defizite und leidvolle Schicksale auszulöschen. Beispiel ist eine Frau, die – 1940 unehelich geboren und früh zur Vollwaise geworden – die Zeugung durch einen untergetauchten Juden konstruiert, der im Holocaust umgekommen sei. Sie überzeugt sich, Jüdin zu sein und damit selbst zu den Opfern der NS-Zeit zu gehören. Unbewusst nähert sie sich den Verfolgern auch in dem Detail, dass sie ihr Judentum auf den biologischen Vater gründet, nicht auf eine religiöse Tradition.

Eine andere Möglichkeit, sich in die Nähe der Opfer zu rücken, gelang durch die Identifikation mit kolonialisierten oder unterdrückten Völkern. Die amerikanischen Indianer hatten dabei den Vorzug, dass in der Verschmelzung mit ihnen die schon von Karl May gepflegte Tradition der Idealisierung von Ursprünglichkeit und Naturnähe fortgesetzt werden konnte. Die Begegnung mit zur Einfühlung unfähigen Eltern konnte in einer Dramatisierung der Konflikte zwischen *Naturvölkern* und *Kolonialmächten* neu inszeniert und dadurch einer Bewältigung nähergebracht werden. In Hollywood setzte sich seit den 70er-Jahren ein Westerntypus durch, der die Weißen als blutrünstige Bösewichte und die Indianer als Opfer zeichnet, etwa *Little Big Man* (1970 mit Dustin Hoffmann in der Hauptrolle). Die Parteinahme für unterdrückte Völker war verbreitet und eindeutig; sie bestimmte die modischen Impulse der Hippies, den Musikgeschmack, den Drogenkonsum.

4. Der *Aussteiger* wendet die künstlerische Lösung der Weltschöpfung in die pragmatische des alternativen Lebens. Er opfert die Sicherheit des angepassten Lebens der Suche nach einer neuen Heimat. Deutschland ist ihm zu kalt, zu eng, zu festgelegt. Dass diese Aufbrüche unbewusste Reaktionen auf die traumatisierten Eltern sind, ist den Handelnden meist nicht bewusst. Dazu kann ich eigene Erfahrungen beisteuern: In der Zeitschrift *twen* gab es in den 60er-Jahren einen Artikel über spottbillige Bauernhäuser in der Toscana. Ich hatte durch den Tod meiner Großeltern 5000 Mark geerbt und auf einem Sparbuch angelegt. Durch journalistische Arbeit hatte sich das kleine Kapital vermehrt; auf einer kunsthistorischen Exkursion lernte ich eine Frau kennen, die in Italien leben wollte.

Wir fanden ein Haus über dem Sieve-Tal, in dem es weder fließendes Wasser noch Elektrizität gab. Wir lobten die für unseren VW-Käfer unpassierbare Zufahrt als Garanten der Idylle. Darin wohnten wir die nächsten sechs Jahre, zunächst von meinem Promotionsstipendium, dann von Artikeln, die ich für Zeitschriften schrieb. Meine Frau war ebenso wie ich Halbwaise. Sie lebte schon länger in Italien. Uns beiden war nicht bewusst, wie sehr die Begeisterung für dieses Land, für seine fröhlichen, hilfsbereiten Menschen, für die Bereitschaft der Bauern, jedem Wanderer ein Glas Wein anzubieten, mit unseren Erfahrungen in traumatisierten Familien zusammenhing.

Ich war italophil bis zur Überanpassung, las Dante, vertiefte mich in die Feinheiten des lokalen Idioms, begann italienisch zu träumen und war sehr stolz, als man mir eines Tages in der *Cassa di Risparmio* in Florenz einen Hundertmarkschein nicht wechseln wollte. Der Kassier hatte mich für einen Einheimischen gehalten, ich sollte zu der Bank gehen, bei der ich Kunde sei.

Unter den Aussteigern und Auswanderern sind die Kinder traumatisierter Eltern besonders häufig zu finden. Ich habe solche Menschen an allen Küsten des Mittelmeers getroffen, aber auch in Kalifornien. Dort ist einer von ihnen, der geplagte Sohn eines autoritären Polizisten in der Steiermark, zum schwärmerischen Verehrer des *American way of life* geworden. Arnold Schwarzenegger wurde als zweiter Sohn des Gendarmen Gustav Schwarzenegger (1907–1972) am 30. Juli 1947 in der kleinen Ortschaft Thal bei Graz geboren. Der Vater trat in die NSDAP ein, als diese in Österreich noch illegal war, später auch in die SA. Während des Krieges diente er als Hauptfeldwebel in der Militärpolizei. „Schläge waren an der Tagesordnung. Jedem Kind in der Nachbarschaft ging es so. Heute würde man das Kindesmisshandlung nennen", sagt Arnold Schwarzenegger. Als Jugendlicher hatte er sich mit seinem Vater bis zu dessen frühem Tod überworfen.

Die Bewegung der Hippies verknüpfte die Aussteigerrolle mit der Sehnsucht nach Verschmelzung mit der Natur. Diese Vorstellung führte in einen parasitären Lebensstil, wenn die romantische Verklärung übersehen ließ, dass Hirten oder Bauern härter arbeiten müssen als die meisten Angestellten. Manchmal ließ sich dann die Selbstüberschätzung nur noch mit Hilfe von Drogen aufrechterhalten.

Neue Heimat

Eine Bausparkasse mit dem Namen „Neue Heimat" kann es wohl nur in der BRD geben. Westdeutsche Generationen sind mehr als die Menschen in allen anderen Industrieländern damit beschäftigt gewesen, nach dem verlorenen Krieg und der Vertreibung Millionen von Menschen neue Heimaten zu verschaffen. 1950 gab es in Gesamtdeutschland zwölf Millionen Heimatvertriebene, davon knapp vier Millionen in der DDR und acht Millionen in der Bundesrepublik. Niedersachsen und Bayern nahmen die meisten davon auf, jeweils fast zwei Millionen Menschen.

Die Traumatisierung in dieser Gruppe betraf nicht nur die Kriegsteilnehmer, sondern alle Familienmitglieder. Zusätzliche und oft sehr schwerwiegende seelische Verletzungen ergaben sich aus dem Widerwillen vieler Ortsansässiger, den Vertriebenen etwas abzugeben. Ungerechtigkeiten in Bezug auf Einquartierungen belasteten deutsche Familien bis in die 60er-Jahre.

Für die traumatisierte Generation der Flüchtlinge ergibt sich als zentrales Thema die *verlorene Heimat*, für die zweite, die thymotische Generation die *gewonnene Heimat* und für die dritte, die phobische Generation, die *gefährdete Heimat*.

Die traumatisierte Generation kämpfte darum, die verlorene Heimat möglichst schnell zu ersetzen. Wer in Bayern auf Straßenschilder achtet, kann diesen Prozess rekonstruieren. In den 50er-Jahren entstanden Siedlungen, deren Straßennamen an Böhmen oder Schlesien erinnerten – Stifterweg, Libussastraße, Egerallee, Breslauer Platz. Verbände sorgten dafür, dass das Unrecht der Vertreibung nicht vergessen wurde. Heimattreffen sollten die alten Bräuche, die Trachten, die Musik pflegen. Wie die anlässlich der EU-Aufnahme der einstigen *Vertreiberstaaten* aufbrechende Diskussion zeigt, sind diese Wunden nur oberflächlich vernarbt.

Während die Eltern sich um eine möglichst lückenlose Integration in der neuen deutschen Heimat bemühten, lässt sich bei den Kindern der Heimatvertriebenen eine große Distanz zu Deutschland und eine Sehnsucht nach einer *anderen* neuen Heimat beobachten.

Wer als Deutscher im Ausland das Gespräch mit Ausgewanderten sucht, findet unter ihnen überaus häufig Menschen, deren Eltern Vertriebene waren. Wer sich schon einmal von seiner sozialen Umgebung trennen musste, verwurzelt sich in der neuen Umgebung oberflächlicher. Im Unbewussten spüren die Kinder der Heimatvertriebenen eine unterdrückte Sehnsucht ihrer Eltern und deren chronische Kränkung durch einen Verlust, welchen sie durch die Idealisierung der eigenen Überanpassung ungeschehen machen wollten. Durch die Suche nach einer neuen Heimat verwandeln die Kinder der Flüchtlinge das passive Erleiden der Eltern in Aktivität. Wie hartnäckig dieses Thema ist, zeigen die verbreiteten Fernsehserien zum Thema Auswandern.

Besonders tragisch ist in solchen Situationen das Leid jener, die schuldlos vom kollektiven Hass erfasst wurden: Der Vater einer depressiven Patientin war in Schlesien von den Nazis wegen seiner Arbeit in der kommunistischen Gewerkschaft verfolgt und anschließend als Deutscher von den polnischen Kommunisten vertrieben worden.

Es wäre falsch, Heimatverluste und Suche nach neuen Heimaten ausschließlich negativ zu sehen. Deutsche und Japaner haben offensichtlich auch aus ihrer einstigen Borniertheit und ihrem engstirnigen Nationalismus gelernt. Sie wären im Export nicht so erfolgreich, wenn sie nicht mehr als andere bereit wären, sich den Bedürfnissen fremder Kunden anzupassen, diese zu erahnen, die besten Angebote zu machen. Gebrochener Nationalstolz eröffnet Spielräume für intelligente Lösungen. Im Allgemeinen versuchten sich die meisten Menschen nach dem Krieg von ihrer Heimat Deutschland zu distanzieren. Deutsche freuten sich beispielsweise nicht mehr, im Ausland einen *Landsmann* zu treffen. Sie suchten als Touristen Orte auf, an denen es möglichst keine anderen – vor allem keine deutschen – Touristen gab. Es entstanden neuartige Formen des Familienromans, in denen die Kinder der Traumatisierten ihre emotionale Not zu einem Mythos verdichteten, indem eigene Verletzungen mit der Vorstellung verschmolzen, *den Opfern der Eltern zu gleichen.*

Freud verstand den Familienroman als den Ausdruck prägender Tagträume, in denen ein Kind die realen Eltern durch „bessere" ersetzt, die es aus irgendwelchen Gründen eingebüßt hat. Das Kind erträumt sich eine überlegene Abkunft und erklärt die Konflikte mit seiner Umwelt durch deren Neid auf seine geheimen Vorzüge. Freuds Schüler Otto Rank ging so weit, hier ein typisches Motiv aus der Lebensgeschichte von Helden schlechthin zu erkennen:[34] Sie sind königlicher oder göttlicher Abkunft, werden aber aufgrund von Missgunst oder Bosheit in ihrer Umgebung bei niederen Eltern oder gar von Tieren aufgezogen (wie Romulus und Remus von einer Wölfin). Seit den 60er-Jahren findet sich ein neues Thema im deutschen Familienroman: die jüdische Herkunft. Die Kinder einer Generation, die Hitler zugejubelt hatte, mystifizieren sich als Kinder von jüdischen Zwangsarbeitern oder Juden, die sich mit gekauften Papieren als Arier tarnten.

Mit den Nürnberger Gesetzen wurden die Kategorien des „Halbjuden" oder „Vierteljuden" geschaffen. Sie waren absurd, solange Judentum als Zugehörigkeit zu einer Religionsgemeinschaft definiert wurde, denn traditionell ist ein Jude das Kind einer *jüdischen Mutter*. Nach 1960 dienten dann diese Gesetze manchmal dazu, sich eine jüdische Abstammung zu konstruieren; etwa durch einen jüdischen Großvater, der für die *jüdischen Wurzeln* stand.

Ein 1970 geborener Analysand berichtet, wie sich seine Mutter eine jüdische Identität aufbaute. Da sie unehelich geboren wurde und ihre Mutter bei einem Bombenangriff ums Leben kam, konnte sie sich das Phantasma schaffen, dass ihr Vater Jude gewesen sei. Zwar war während der Schwangerschaft ein gefallener Soldat als Vater des Kindes benannt worden. Aber das wurde in dem Familienroman der 1940 geborenen Frau als eine Deckerzählung gedeutet, um die wahre Vaterschaft zu vertuschen. Die selbsternannte Jüdin besuchte später mit ihrem Sohn die Synagoge. Sie reiste mit ihm nach Auschwitz und engagierte sich in Organisationen für deutsch-jüdische Zusammenarbeit. Sie erklärte ihm, er könne ihr keine größere Freude machen, als eine Jüdin zu heiraten und nach Israel auszuwandern.

Eine andere dieser jüdisch identifizierten Mütter entdeckte bei ihrem 8-jährigen Sohn eine Vorhautverengung. Sie brachte ihn zu einem jüdischen Kinderarzt, um diese operieren zu lassen. Der 1969 geborene Mann kam mit Potenzproblemen und einer heftigen Prüfungsangst in Behandlung. Er erinnerte den Eingriff als äußerst schmerzhafte Erfahrung. Später vermutete er, die Beschneidung sei medizinisch nicht nötig gewesen, sondern habe den Wunsch der Mutter erfüllt, durch das Opfer seiner Vorhaut einen jüdischen Sohn zu gewinnen.

Die NS-Täter erscheinen so fern und monströs, dass die

unbewusste Fantasie der Deutschen im Streben nach einer Bewältigung des Schreckens nach den Opfern greift. Daher die Bereitschaft, angesichts eigener Beeinträchtigung die Ausschwitz-Metapher gegen einen Verfolger zu richten. Man erinnere sich nur an den Streit über Martin Walsers Rede in der Paulskirche[35] oder an Peter Handkes rätselhafte Bereitschaft, sich für die Serben kreuzigen zu lassen.

Aufhebung der Trennung zwischen Kunst und Leben

Die Nähe der 68er zum Künstlertum hat eine spezifische Qualität, die mit einer Leidenschaft für den Traditionsbruch zusammenhängt. Diese lässt sich an den engen Beziehungen einiger ihrer Protagonisten zu der *Situationistischen Internationale* ablesen, die 1957 gegründet wurde. Die Situationisten forderten unter anderem die Abschaffung der Ware, der Arbeit, der Technokratie und der Hierarchien. Sie entwickelten ein Konzept der „theoretischen und praktischen Herstellung von Situationen", in denen das Leben selbst zum Kunstwerk werden sollte. Ihnen werden auch einige typische Slogans der 68er-Zeit zugeschrieben, z. B.: „Verbieten ist verboten!" und „Unter dem Pflaster liegt der Strand."[36] In solchen Gruppen gibt es wenig Struktur und keine formelle Organisation; sie bilden sich um charismatische Persönlichkeiten. Bei den Situationisten war das Guy Debord, der als 19-Jähriger nach einem bei den Filmfestspielen in Cannes inszenierten Skandal zunächst zu den Lettristen fand, als deren Urahn wir Till Eulenspiegel identifizieren können. So ließen die Lettristen 1950 beim Ostergottesdienst in der Kathedrale Notre Dame einen falschen Mönch auftreten, der den Tod Gottes verkündete. Dass der Künstler fast gelyncht worden wäre, galt als Teil des Happenings.

In England verschenkte ein Situationist als Weihnachtsmann verkleidet Waren aus einem Supermarktregal an Kinder. Die Polizei verhaftete den Spender und forderte die Geschenke von den weinenden Kindern zurück. Verglichen mit solchen Szenen wirkt eine Kaufhausbrandstiftung deutsch: humorlos und gründlich. Die Verwandtschaft der 68er mit den Situationisten lässt sich auch daraus ableiten, dass der 1943 geborene Horst Söhnlein, ein Mittäter von Andreas Baader und Gudrun Ensslin, in den frühen 60er-Jahren ein Aktionstheater leitete, das später von Rainer Werner Fassbinder übernommen wurde. Die *Situationistische Internationale* wurde am 28. Juli 1957 in Cosio d'Arroscia in Norditalien gegründet. Die Gründungsmitglieder waren Asger Jorns Bewegung für ein Imaginäres Bauhaus, die Londoner Psychogeographische Gesellschaft und die Lettristische Internationale. Als gemeinsames Ziel wurde bestimmt, die Trennung zwischen Kunst und Leben aufzuheben.

Die seit der Wende vom 19. zum 20. Jahrhundert überall gedeihenden *Sezessionen* (Abspaltungen) in Kunst und Wissenschaft lassen sich als Verschärfung von Generationenkonflikten beschreiben. Die dynamisierte Gesellschaft bot einen guten Nährboden für jene, die rasch auf Veränderungen reagierten und Entwicklungen vorantrieben. Auch die Psychoanalyse begann als Sezessionsbewegung gegen die etablierte Medizin und Philosophie. Die von Freud inspirierten Surrealisten und politisch aufgeschlossene Gruppen progressiver Ärzte und Pädagogen suchten bereits in der ersten Hälfte des 20. Jahrhunderts, Trennungen zwischen privatem und öffentlichem Raum aufzuheben. Wilhelm Reich schuf seine eigene Sezession von der Psychoanalyse, um Sexualität und Politik zu verknüpfen. Im Hintergrund – vielfältig inspirierend, keineswegs immer zitiert – wirkte das Konzept der *entfremdeten Arbeit* von Karl Marx.

Auch in ihrer Gruppendynamik nahm die *Situationistische Internationale* Eigentümlichkeiten der 68er-Bewegungen vorweg. Heftigste Meinungsverschiedenheiten innerhalb der Gruppe waren eher die Regel als die Ausnahme; Austritte, Ausschlüsse und Abspaltungen an der Tagesordnung. Sobald ein Teil der Gruppe sich zufrieden an einem guten Plätzchen niederließ, kam gewiss ein anderer, der von widerwärtiger Anpassung an herrschende Normen sprach. In diesen Prozessen plagte die Situationisten ein Thema, das die künstlerische Auseinandersetzung mit der Moderne bis heute prägt.

Es ist unmöglich, die Konsumgesellschaft zu kritisieren, ohne dass diese Kritik wiederum Gegenstand von Konsum wird. Wer die Medien tadelt, gerät (und will?) als Tadler in die Medien. Kurzum: Jede erfolgreiche Revolution wird alsbald zu dem, was ein wahrer Revolutionär bekämpfen muss. Ehe sie genauere Kenntnisse über China gewannen, glaubten etliche 68er, Maos Kulturrevolution sei es endlich gelungen, als Revolution so permanent zu werden wie eine Bügelfalte.

1972 löste sich die *Situationistische Internationale* auf. Die offizielle Erklärung war, sie wolle nicht erstarren; in Wahrheit gab es kaum mehr Mitglieder. Im angelsächsischen Raum existierten noch längere Zeit situationistische Gruppen wie King Mob, welche den bereits erwähnten falschen Weihnachtsmann in die Kaufhäuser schickte.

Erziehen in verschiedenen Lebenswelten

„Trau keinem über dreißig!" – Diese Maxime unbekannten Ursprungs signalisiert den verschärften Generationenkonflikt. Geschwister übernahmen die Rolle der Eltern. Der erschwerte, oft unmöglich gewordene Austausch zwischen der verletzten und der überschätzen Generation führte dazu, dass die 68er heftige Ängste vor Isolation und Schutzlosigkeit verarbeiten mussten. Sie leisteten das durch enge Gruppenbindungen. Solidarische Aktionen gegen einen gemeinsamen Gegner lenkten die Spannungen in den *Roten Zellen* und ähnlichen Organisationen nach außen.

Was wäre gewesen, wenn? Die naive Fantasie neigt zu Fragen, die in der Geschichtsschreibung verpönt sind. Aber solange Menschen leben, träumen sie. Und diese Träume enthalten Gegenbilder zu dem, was in der Realität geschehen ist. Was wäre also gewesen, wenn die 68er den Dialog mit den verletzten Eltern hätten führen können? – Jedenfalls hätten sie ihre grandiosen Fantasien und Selbstüberschätzungen im Kontakt mit der Welterfahrung der Eltern differenzieren können. Die überschätzte Generation hätte gelernt, ihre manische Abwehr zu mäßigen und sich so nahe an die unsichtbare Grenze zu den Traumatisierten heranzutasten, dass mehr Furten und Brücken auffindbar gewesen wären.

Die Vermittlung von Wertstrukturen von einer Generation zur nächsten durch Erziehung ist das am meisten überschätzte Projekt der Moderne. Erziehen und Regieren, sagte Freud einmal, seien unmögliche Geschäfte, angesichts derer man des Misslingens sicher sein könne.[37] Dieses Misslingen hängt mit dem Druck zusammen, dass ein Gelingen unbedingt notwendig ist. Wer in narzisstisch hoch besetzten Aufgaben scheitert, entwickelt entsprechende Ängste und übt Druck aus, der Gegendruck erzeugt. So sind die Regierten selten mit den Regierenden zufrieden, die Schüler empfinden nicht erst seit *spickmich.de* diebische Freude darüber, den Lehrern Besserwisserei und Überlegenheitsgestus heimzuzahlen.

Kinder aus „normalen" Familien sind, wenn sie Eltern werden, einfach nur Eltern ohne Durchschnittsphobie.[38] Sie bemühen sich, ihre Sache gut zu machen, aber sie müssen nichts *beweisen.* Kinder aus traumatisierten Familien hingegen müssen *gute* Eltern sein, perfekte Eltern, die sich des Lobes ihrer Kinder sicher sein können.

Wir könnten erzogene Kinder gebären, wenn erst die Eltern erzogen wären! Der immer noch zitierte Goethe-Vers galt in einer Zeit, in der sich die Elternkindheit in derselben Welt abspielte wie die Kinderkindheit. Aber in einer Zeit, in der sich Computerprogramme alle paar Jahre erneuern, ist dieses Versprechen nicht mehr gültig. Die Eltern haben es schwerer, die Kinder aber auch.

In den hochentwickelten Gesellschaften wird es für Kinder immer schwieriger, einen für ihr Erleben fassbaren Beitrag zum Haushalt leisten. Sie haben keine Chance, Wasser vom Brunnen oder Holz aus dem Wald zu holen. Wärme, Energie, Nachrichten, Bilder sind einfach da, fließen kontinuierlich. Was eine archaische Umwelt selbstverständlich lieferte, wird in Hortprojekten erarbeitet: eine Situation, in der Kinder ein Gefühl für Arbeit und für ihren Beitrag zum Überleben der Familie gewinnen.

Die „Geburt" der 68er – zwischen Tragödie und Farce

„Unter den Talaren – Der Muff von tausend Jahren!" Die Studenten, die diesen Spruch auf ein Laken schrieben und es als Spottfahne den Professoren vorantrugen, kämpften nicht nur gegen das Dritte Reich, sondern auch gegen die autoritäre Tradition der deutschen Universität, welche die inhaltlich wenig einfallsreichen Nazis mit großem Erfolg ausgeschlachtet hatten. Die „tausend Jahre" waren sowohl Kampf gegen den NS-Mythos als auch Bruch mit einer verstaubten Tradition.

Niemand hat die 68er-Bewegung erfunden oder ihr einen Namen gegeben; sie erfand sich selbst und wurde später nach ihrem Geburtsjahr benannt. Alle früheren Generationen (wie die verlorene Generation der Soldaten des ersten Weltkriegs, die skeptische Generation der Nachkriegszeit) hatten einen Namensgeber; jemand hat sie konzipiert. Das Gleiche gilt in noch höherem Maß für die späteren Verwendungen des Generationenbegriffs, in denen – wie angesichts der *Generation Golf* berichtet – der Eventhunger von Werbetextern und die literarische oder publizistische Darstellung wie in einem Aquarell ineinanderlaufen.

In der Risikofreude und im formalen Einfallsreichtum der Protestbewegung erneuerte sich eine politische Leidenschaft, die die Eltern unter dem Druck von Krieg, Beschämung und Vertreibung verloren hatten. Die Studentenbewegung war nur einer ihrer Aspekte, aber sie wurde zum Vorbild, zu einem unerwarteten *Mainstream*, in dem die bereits skizzierten Versuche zusammenflossen, Einschränkungen auszugleichen und Veränderungen zu wagen.

Andere Aspekte einer experimentierfreudigen Wende, einer Abkehr vom eingeengten Wiederaufbau und Sicherheitsdenken waren Reiseleidenschaft und Fernweh, Begeisterung für andere Kulturen, Kampf gegen Rassentrennung und gegen die Unterdrückung indigener Völker. Nicht die Parteinahme gegen das Unterdrückungsregime des persischen Schahs oder gegen den Krieg der USA in Vietnam wurde zur neuen Qualität der 68er, sondern die Bereitschaft, beispielsweise eine Vorlesung zu sprengen, um über diese Themen zu diskutieren. Die Geste des situationistischen Happenings, des selbst inszenierten Events wurde auch durch die kontroverse Aufmerksamkeit der Medien zu einem Massenphänomen: Protest als Kunst, manchmal nach dem Motto *art pour l'art*.[39]

Landlose Bauern, die gegen Großgrundbesitzer kämpfen, Arbeiter, die eine Fabrik besetzen, Guerillakämpfer, die ein korruptes Regime stürzen: solche politischen Szenen gab es in der Welt. Die eigene Parteinahme war klar und wurde tyrannisch durchgesetzt. Die Ängste und die Unsicherheit der einst braven Schüler hinter den rebellischen Fassaden führte dazu, dass die Ablehnung durch das Establishment gesucht wurde, um die eigene Identität zu festigen und eigene Abhängigkeitsbedürfnisse zu bekämpfen.

Unterschwellig mussten die 68er, als sie selbst Eltern wurden und vor der Aufgabe standen, Kinder zu erziehen, die Unsicherheit weitergeben, in der sie selbst aufwuchsen. Sie hatten von ihren Eltern eine formalisierte Anpassung als Ersatz innerer Wertstrukturen übernommen. Sie waren brave Kinder und ängstliche Schüler gewesen. Daher wurde in dieser Generation der Kontrast von „einst" und „jetzt" so deutlich. Das Abwehren der Elternwelt war ebenso dramatisch wie letztlich instabil. Wenn wir in den Fotoalben der Nachkriegskinder blättern, sehen wir bei dieser Generation eine oft in wenigen Monaten ablaufende, radikale Veränderung von Einstellung und Habitus. Es waren quasi-religiöse Bekehrungen: „Modische Garderobe komplett zu verkaufen, habe mich den Hippies angeschlossen!" Die Zuspitzung des in dieser Art singulären Konfliktes zwischen der traumatisierten Generation und ihren in die Selbstüberschätzung gezwungenen Kindern an der Schwelle zu einem Modernisierungsschub hat die 68er zur einzigen echten *Bewegung* der Nachkriegszeit gemacht.

Zu den charakteristischen Themen in Psychoanalysen der 68er-Generation gehörte die Suche nach den frühen Elternbindungen und Elternidentifikationen. Diese sind hinter einer während der Adoleszenz organisierten Abwehr kaum mehr auffindbar. Die Betroffenen verachten ihre Eltern scheinbar ganz und gar. Sie werden nicht müde, ihnen autoritäres Verhalten, krasse Einfühlungsmängel und pädagogische Defizite vorzuwerfen. Die *Helfer* (s.o.) mildern diese Entwertung nur scheinbar, indem sie ihre Mütter und Väter mit psychiatrischen Diagnosen versehen („Meine Mutter ist eine depressive Hysterika"; „Mein Vater ist Alkoholiker, eine typische autoritäre Persönlichkeit!"; „Mein Vater ist ein Sadist").

Erst nach längerer Arbeit differenziert sich dieses Bild. Fragmente der einst geliebten und liebevollen Aspekte der Eltern lassen sich auffinden. Der prügelnde, schreiende Vater, die kalte, an den Nachbarn orientierte, ausschließlich auf Anpassung bedachte Mutter lassen sich als späte Gebilde erkennen. Solange die Kinder noch klein waren und die eingeengte, verängstigte Wertewelt der Eltern bestätigten, wurden sie auch gut versorgt und aufopfernd unterstützt. Die Kinder der traumatisierten Eltern brauchten die heftigen, verletzenden Kämpfe in der Adoleszenz, um sich ablösen zu können. Die dämonisierende Einseitigkeit, mit der die Eltern wahrgenommen werden, steht für die gehemmte Autonomie und den Mangel an strukturbildenden Identifizierungen, die mehr Unabhängigkeit von den Eltern hätten schaffen können. Autonomie wird durch Gegenabhängigkeit ersetzt: Es muss, auch gegen eigene Interessen, *bewiesen* werden, dass die Eltern weit entfernt sind und man nie und nimmer etwas von ihnen annehmen darf.

So entwertet die 1950 geborene Patientin zu Beginn der Analyse den Vater radikal und beschreibt die Mutter als dessen unterwürfige Komplizin. Er sei schon immer ein Tyrann und ein Säufer gewesen, habe erst zu trinken aufgehört, als sie ihn 17-jährig bei der Polizei anzeigte. Er hatte sie geschlagen, als sie ihn beschimpfte, weil er ihr Tagebuch gelesen hatte. In der Übertragungsanalyse wird deutlich, wie heftig sie sich gegen die Zuwendung des Analytikers wehrt. Schließlich erinnert sie sich an eine *Kindheit in großer Nähe* zu ihrem Vater. Diese wird mit heftigen Ängsten abgewehrt. Sie kann mit dem Vater nicht in einem Raum sein, sie kann nicht zulassen, dass er nach ihrem Umzug die Lampen aufhängt und anschließt. Er bietet es an, er ist gelernter Elektriker.

Die 1943 geborene Lehrerin sagt in einer Selbsterfahrungsgruppe, sie könne bis heute nicht kochen und nicht nähen, weil ihre Mutter eine perfekte Hausfrau sei und immer versucht habe, ihr diese Künste beizubringen.

Die von den 68ern in der Adoleszenz bekämpfte Abhängigkeit von den Eltern hing mit deren Bindungen an kirchliche Traditionen, wirtschaftliche Leistung und soziale Anpassung zusammen. Wer diese Zeit miterlebt hat, kann sich an die grandiosen Überzeugungen erinnern, man habe soeben die Geistesfreiheit erfunden und alle bisherigen Versuche verbessert, die Welt zu verbessern. Diese Selbstüberschätzung ärgert bis heute die „Generation 1945"[40] ebenso wie die Angehörigen der „Gruppe 47"[41], die bereits viel früher am Aufbau einer freien Gesellschaft gearbeitet haben.

Die 68er mussten narzisstische Ängste kompensieren, wenn sie sich mit Personen vergleichen wollten, die wie Heinrich Böll, Günter Grass, Joachim Kaiser, Günter Eich, Marcel Reich-Ranitzki und viele andere den Krieg erlebt hatten. Sie *redeten* wohlversorgt über Faschismus, Krieg und Unterdrückung; die 45er und 47er waren wirklich dabei gewesen und konnten echte Narben zeigen. Umso deutlicher musste die Häme angesichts des Veraltens der Soldatenväter und ihrer Autoren ausfallen.

„Hegel bemerkte irgendwo, dass alle großen weltgeschichtlichen Tatsachen und Personen sich sozusagen zweimal ereignen. Er hat vergessen hinzuzufügen: das eine Mal als Tragödie, das andere Mal als Farce."[42] Dieses Marx-Zitat enthält eine Einsicht in die Generationendynamik. Das weiter entfernte Ereignis ist die Tragödie, das näherliegende die Farce. Entsprechend vergleichen die Kinder der 68er die

Berichte ihrer Eltern über ihre „Kampfzeit" mit den Berichten der Großeltern über ihre Kriegserlebnisse: „Sie erzählen mit leuchtenden Augen von ihren Demonstrationen, egal, in welchen spießigen Berufen sie gegenwärtig leben und was sie sonst so alles vertreten!"

Revolutionäre Selbstüberschätzung wirkt lächerlich, wenn erst einmal klar geworden ist, dass die gesellschaftlichen Veränderungen andere Wege eingeschlagen haben. Wer aber einst großen Plänen folgte und seine Jugend von ihnen geprägt sieht, wird solche Lächerlichkeit nur ungern wahrnehmen und versuchen, aus dem Konglomerat an Projekten und Erinnerungen herauszuschälen, was zukunftsträchtig war.

In der individualisierten Gesellschaft muss die nächste Generation eine Identität gewinnen, die sie von der vorangehenden unterscheidet. Die sozialdemokratisch-liberal geprägte Wiederaufbauphase nach dem Ersten Weltkrieg erzeugte die nationale Überschätzung der Nationalsozialisten, die Adenauer-Restauration den antiautoritären Protest, die Idealisierung der 68er bis in die 80er-Jahre ihre Entwertung nach der Wiedervereinigung. Solche Zuschreibungen sind unscharf; in dem Satz des genialen Polemikers Marx klingt bereits an, wie stark die Bedürfnisse der modernen Medien nach prägnanten Bildern die Sicht der Wissenschaft beeinflussen. So bleibt die etwas dürftige, aber doch nicht überflüssige Aussage, dass jede Generation dazu neigt, das Scheitern der Eltern ironisch zu betrachten und nur den Großeltern Tragik zuzubilligen.

Neue Formen des Generationenkonfliktes

> „Den neuen, den nicht kapitalistischen
> Menschen zu schaffen!"
> Rudi Dutschke

In einer sich schnell wandelnden Umwelt helfen zuerst die Eltern den Kindern ins biologische Leben. Dann aber verhindern die Kinder, dass die Eltern aus dem sozialen Leben herausfallen. Diese Situation ist in unseren Traditionen nicht vorgesehen. Da bleiben Eltern Vorbild, bis sie sterben.

In der Nachkriegszeit begann ein Prozess, der im Computerzeitalter beschleunigt und erweitert wurde. Die jüngere Generation wurde dadurch, dass sie mit den neuen technischen Möglichkeiten schneller vertraut wurde und mit diesen besser umgehen konnte, in der Fantasie bestärkt, den Eltern etwas voraus zu haben und sich positiv von ihnen zu unterscheiden. In dem eingangs zitierten Satz von Rudi Dutschke steckt der Größenwahn dieses Auftrags: einen neuen Menschen zu erschaffen, der ganz anders ist als der alte.

Diese Prozesse verschärfen sich überall dort, wo es die geschichtliche Situation erzwingt, kollektive Kränkungen zu verarbeiten. Dabei spielen materielle Neuerungen eine ebenso mächtige, ja vielleicht mächtigere Rolle als geistige Innovationen. Der Gegensatz von kapitalistischem und neuem Menschen war ja schon von Marx vorformuliert, wobei die sozialistischen Länder sichtlich versagt hatten in diesem Schöpfungswerk. Aber die technischen Innovationen waren *wirkliche* Neuerungen. Sie spielten überall dort eine zentrale Rolle, wo es für die Kinder von existenzieller Bedeutung war, sich kritisch von den Eltern zu distanzieren und sich die Überlegenheit der eigenen Welt über die Welt der Eltern zu beweisen. 1968 dienten noch die Ideen und ihre physischen Signale, wie die langen Haare, als Unterscheidungs-merkmale. Die Kinder der 68er nutzten Computer und Handy zu diesem Zweck. Aber bereits in der Nachkriegsgeneration spielte die technische Neuerung eine Rolle.

Meine eigene Erfahrung reproduziert die Situation in vielen Nachkriegsfamilien. Die heranwachsenden Söhne übernahmen die Führung, wo es um die technischen Modernisierungen ging. Während die verwitwete Mutter, was Pflanzen, Bücher, Geschichts- und Sprachkenntnisse anging, ihre Autorität unangefochten ausübte, modernisierrten die Söhne die Familie im technischen Sektor. Wir drängten auf die Anschaffung eines Telefons. Der Fernseher, 1957 erworben – mein Bruder installierte die Antenne –, stand zuerst im Wohnzimmer. Aber da wir das Programm bis zum Ende gegen 22.00 sehen wollten und meine Mutter sich beim Lesen gestört fühlte, musste er ausquartiert werden und kam in den Heizungsraum im Keller. Mit einem Sofa und einer alten Anrichte notdürftig möbliert, stand die Szene für einen bizarren Kompromiss. Später machte ich den Führerschein; meine Mutter beteiligte sich an den Kosten für eine BMW-Isetta.

Als ich in den 90er-Jahren plante, die mechanische Schreibmaschine gegen den PC zu tauschen, wandte ich mich an meine Tochter, die mir später eine Website schenkte und den Anschluss an das Internet organisierte. In ihrer gutmütigen Herablassung gegenüber meiner langsamen Auffassungsgabe angesichts der ihr bestens vertrauten Technologie wiederholten sich Haltungen, die ich einst gegenüber meiner Mutter gezeigt hatte. Auf der anderen Seite war meine Mutter eher ängstlich und gereizt. Sie schien sich unter Druck zu fühlen, einen Fortschritt in ihr Haus zu lassen, den sie lieber draußen gehalten hätte. Ich hingegen begeisterte mich für die virtuelle Welt und die Kommunikation per mail. Meine

Mutter hat nie gerne telefoniert und immer sehr viel lieber gelesen als ferngesehen.

Von den Mitgliedern der überschätzten Generation wird die Zeit vor 1968 als Restauration beschrieben. Verleugnungs- und Anpassungsbedürfnisse dominierten. Die Lehrer am Gymnasium waren vorwiegend autoritär und konservativ, die Universität war nicht anders, es mochte im Feuilleton Schreiber geben, die kritisch dachten, aber in meinen Augen *machte* niemand etwas dagegen. Die 68er belebten die Szene. Eigene Meinungen wurden zum Menschenrecht. Es gab Aktionen, Demonstrationen, Randale. Niemand mit einem realistischen Blick auf die Verhältnisse wird behaupten, dass die 68er jemals in die Nähe einer Machtübernahme kamen. Was später an Terror in Splittergruppen geschah, ist ein Tropfen im Ozean verglichen mit den Schrecken der NS-Zeit. Es gab keine politische oder historische Kontinuität zwischen dem Faschismus und der Studentenbewegung. Nur einzelne Akteure schöpften 1933 wie 1968 aus Quellen der brutalen Entwertung Andersdenkender. Aber diese sprudeln nicht erst seit Mussolinis Marsch auf Rom.

Ich fasse zusammen: Da den 68ern eine innere, von glaubwürdigen Eltern übernommene Struktur fehlte und sie die Anpassung an das *Establishment*, an die *bürgerliche Ordnung* ablehnten, mussten sie ihre eigenen Werte überschätzen und durch oft destruktive Mechanismen sichern. Was sie aber grundsätzlich von den militaristisch geprägten, faschistischen Bewegungen unterschied, war ihr offenes Interesse für persönliche Emotionen und Sexualität. Wer Karl Marx las, der wusste genau, warum der Kapitalismus nicht funktionieren konnte. Aber inzwischen war auch klar, dass der Sozialismus nicht funktionierte. Ulbricht war nicht besser als Adenauer. Was hatte Marx übersehen? Er hatte den *Menschen* zu wenig beachtet, die Gefühle, die kulturelle Bedeutung der Sexualität. Nur eine Synthese aus Marx und Freud konnte verhindern, dass nach dem wirtschaftlichen Umsturz an die Stelle der Kapitalisten und ihrer Knechte die Parteifunktionäre traten. Sie machten es nicht nur nicht besser, sondern entwerteten auch die große Idee. Ernst Bloch wurde beifällig zitiert: *Die Linken reden wahr, aber nur von Sachen; die Rechten falsch, aber zu den Menschen.*[43]

Die 68er waren die erste Jugendbewegung, die systematisch über die inneren Strukturen des Menschen nachdachte. Daher ist der Vorwurf einer Nähe zu Nationalsozialismus und Antisemitismus auch absurd. Die geistigen Väter der Bewegung waren Juden: Marx, Freud, Reich, Adorno, Marcuse.

In der Auseinandersetzung mit dem wachsenden Nationalismus nach dem Ersten Weltkrieg hatten Erich Fromm und Wilhelm Reich versucht, Kapitalismuskritik mit Charakteranalyse zu verbinden. Theodor W. Adornos Studien zur autoritären Persönlichkeit lieferten Gesichtspunkte zum Zusammenhang zwischen Faschismus und bürgerlicher Moral. Aber diese wissenschaftlichen Anregungen wären blass geblieben ohne das Bedürfnis einer Generation, etwas anderes in ihrem Leben zu finden als den defensiven Konservatismus und die Schamverdrängungen ihrer Eltern. Das marxistische Projekt, entfremdete Arbeit abzuschaffen, nahm eine ganz andere Gestalt an. *Es war nicht mehr von wirtschaftlicher, sondern von emotionaler Not und Sinnlosigkeitsängsten geprägt.* Die hungernden Proletarier von einst hatten um bessere materielle Bedingungen gekämpft; die Kinder der traumatisierten Eltern kämpften um Sinn, um eine Welt, in der die Düsternis der Verdrängungen und Verleugnungen aufhörte zu regieren. Es galt, Emotionen zu befreien, Konventionen zu ignorieren, für die Freiheit unterdrückter Völker bzw. des eigenen unterdrückten Inneren zu kämpfen.

Modelle des Protestes

So einig sich die 68er in der Kritik am Establishment aus traumatisierten Eltern und restaurativer Politik waren, so uneinig wurden sie, wenn es darum ging, an welchen konkreten Modellen sich der Kampf orientieren und wie er geführt werden sollte. Die Eltern waren als Vorbilder abgeschafft; umso größer war der Hunger nach Idealen und neuen Modellen für eine befreite, *menschliche* Gesellschaft. Um die nötige Hoffnung geben zu können, mussten diese Modelle überschätzt werden; da jede Überschätzung den Keim der Entwertung in sich trägt, mussten die Modelle entweder in zwanghaften Ritualen fixiert oder angesichts erster Zweifel durch neue und bessere Modelle ersetzt werden.

Anfangs richtete sich die Protestbewegung gegen Hierarchie und Restauration schlechthin; die Gesellschaft der Zukunft sollte *gerecht* sein. Ich erinnere mich an ein Gespräch mit einem späteren Protagonisten, einem ebenso wie ich frisch diplomierten Psychologen, der mir genau erklärte, in welchen Gesellschaften der Direktor einer Fabrik nur wenig mehr erhält als der einfache Arbeiter. Am besten schnitt nach seinen Informationen neben dem maoistischen China Israel ab.

Die Sehnsucht nach Vorbildern, um die eigenen Hoffnungen abzusichern, führte zu jenen Formen des Sozialismus, die jünger waren als die stalinistische Variante – also zu jenen, die in Rotchina, in den Kibbuzim Israels, später auch in Prag gelebt wurden. Maos Konzept der permanenten Revolution war besonders attraktiv: Der Vorrang der Praxis, der Aktion, die Jugendorientierung der revolutionären Garden, Maos Bild als Künstler und Dichter, der Politik inspiriert, aber nicht organisiert – alle diese Gesichtspunkte passten bestens zu den Sehnsüchten der überschätzten Ge-

neration. Allerdings fielen deren Interpretationen des Maoismus so unterschiedlich aus, dass es sinnvoller ist von *Maoismen* zu sprechen.[44]

Andere Gruppen orientierten sich an der Sowjetunion
bzw. der DDR und gründeten Parteikader mit jesuitischem
Kadavergehorsam. Dritte setzten auf gänzlich ideologiefreie
Spontaneität. Splittergruppen versprachen sich das Heil von
einer wissenschaftlich vorgetragenen Gesellschaftskritik, die
ihren für Außenstehende unverständlichen Gestus über Jahr-
zehnte bewahrte. Die Zahl der Aktiven im antiautoritären
Protest war, gemessen an ihrer Medienwirkung, klein. Es waren schätzungsweise 10.000 bis 12.000.

Lange Zeit blieb umstritten, wie diese Erscheinungen zu
bezeichnen seien. Alle runden Geburtstage des Jahres 1968
lösten neue Bewertungen aus. Man sprach von Studentenbewegung, Jugendrevolte oder Außerparlamentarischer Opposition, kurz APO. Die Protestbewegung löste sich ab Mai
1968 allmählich wieder auf. Der Vietnamkrieg dauerte noch
Jahre, der Springer-Konzern blieb unangefochten und unent-
eignet, die Hochschulreform enttäuschte alle Beteiligten, die
Notstandsgesetze wurden im Mai 68 verabschiedet, die Einheit von Arbeiter- und Studentenbewegung blieb in Deutschland – anders als in Frankreich – eine Chimäre.[45] Der Protest
hatte sich totgelaufen, aber die Geste einer Kritik an den bestehenden Verhältnissen griff ebenso um sich wie der Glaube, diese seien im Prinzip veränderbar.

Die antiautoritäre Bewegung zerfiel in eine Vielfalt unterschiedlicher Nachfolgeorganisationen. Es gab jetzt sehr
viel mehr Menschen, die sich in politischen wie sozialen Feldern den unterschiedlichsten Reformkonzepten und Protest-
formen verpflichtet fühlten. Die Zahl der Aktiven vervielfach-
te sich auf vielleicht 100.000. In einigen dieser Gruppen
dominierte das komplette Gegenteil des antiinstitutionellen

und antiautoritären Studentenprotests: Kaderstruktur und Kadavergehorsam. Gudrun Brockhaus (persönliche Mitteilung) unterscheidet folgende Gruppierungen in der Nachfolge der Protestbewegung:

1. Systemimmanente Richtung/Jungsozialisten, später „Die Grünen"
2. Undogmatische Linke, universitäre Theoriezirkel
3. SED-orientierte Organisationen
4. Dogmatische „K-Gruppen"/Maoisten
5. Trotzkisten
6. Aussteiger in einer Subkultur
7. Alternativbewegung/Anti-AKW, Frauen-, Friedensbewegungen, soziale Initiativen
8. Anarchisten inklusive Spontis und Basisgruppen, Autonome
9. Terrorismus

Erst seit den 80er-Jahren werden die Protestszene und ihre oft gegensätzlichen Nachfolgebewegungen zusammengefasst. In den Tagungen und Zeitungsartikeln, die 1988 das zwanzigjährige Jubiläum der 68er zum Thema hatten, überwog die Anerkennung für den Modernisierungsschub, den insgesamt demokratisierenden Effekt. Selbst CDU-Politiker verwiesen auf jugendliche Nähe zum Protest. Der damalige Bundespräsident Richard von Weizsäcker sagte am 3. Oktober 1990: „Die Jugendrevolte am Ende der Sechzigerjahre trug allen Verwundungen zum Trotz zu einer Vertiefung des demokratischen Engagements in der Gesellschaft bei."[46] Die Bewegung ließ nur wenige unberührt, aber in den meisten Fällen wurden die neuen Werte in Vorhandenes eingebettet (politisch rationalisiert[47] wurde das als „der lange Marsch durch die Institutionen"). Es gab Extreme, die in Richtung bewaffneter Stadtguerilla und Terroraktionen gingen, aber auch Aussteiger, die sich in eine Landkommune verabschiedeten oder Zuflucht in esoterischen Sekten suchten.

Das historische Urteil über die 68er schwankt; weiter unten sollen die Hintergründe der seit der Wiedervereinigung wachsenden Entwertungen und Dämonisierungen dieser Generation untersucht werden. Aber es ist nicht zu leugnen, dass diese Zeit viele Menschen in schnellem Tempo verändert hat, so als hätte 1968 ein bisher langsam ablaufender Veränderungsprozess an Tempo gewonnen und rasch um sich gegriffen. Katalysator dieser Entwicklung war die Gruppe. In der Begegnung des einzelnen Adoleszenten mit Eltern oder Lehrern mochten noch Distanz und Angst überwiegen. In der Gruppe fühlten sich diejenigen stark, denen es gelang, sich gegenseitig zu bestärken. Arm in Arm gegen Polizeiknüppel oder Wasserwerfer – solche Gesten prägten ein neues Verständnis von Beziehungen, dessen Schattenseiten erst später deutlich wurden.

Es ging nicht nur um die unmittelbare Aktion, vielmehr darum, in Diskussionen, in gemeinsamen Unternehmungen, durch Reisen in entkolonialisierte Länder und Drogentrips in die eigene Innenwelt den Abstand zur Welt der Eltern zu sichern. Deren Urteil und Einfluss schwanden, verdünnten sich. Die traumatisierte Generation ertrug das – wie sie schon vieles ertragen hatte – meist in stummer Resignation. Den Kindern aber fiel oft erst nach dem Tod der Eltern auf, was sie diese nicht gefragt hatten.

Die engen, oft stark ideologisierten Gruppenbindungen kompensierten den Mangel an inneren Strukturen nur solange sie bestanden. Sobald es einer Gruppe, die erobern und bewegen will, an realen oder eingebildeten Erfolge mangelt, wachsen in ihr aggressive Spannungen, die sich gegen ein auffälliges Gruppenmitglied entladen oder die Gruppe spalten und sie schließlich auflösen. Sobald in einer gegen ein

Establishment kämpfenden Gruppe einige Mitglieder Erfolge haben, von eben diesem Establishment anerkannt werden, werden auch sie zur Zielscheibe der Kritik jener, die sich ausgeschlossen fühlen. Sie bezichtigen sie der Anpassung, des Verrats an den revolutionären Zielen. Diese Sprengkräfte müssen geordnet werden, wenn sich aus einer Bewegung eine stabile Organisation entwickeln soll. Das dauert lange, gelingt nicht ohne heftige Auseinandersetzungen und schmerzliche Verluste, wie die Entwicklung der Partei *Die Grünen* lehrte.

Idealistischer Anspruch und gesellschaftliche Wirklichkeit der Protestbewegung

Im häufig destruktiven Umgang mit Andersdenkenden zeigte sich 1968, wie wenig entwickelt reife Formen des sozialen und emotionalen Austauschs waren. Respekt vor anderen Meinungen war selten. Beschlüsse wurden nur so lange akzeptiert, wie die Mehrheit das rechthaberische Individuum bestätigte. Wer überstimmt worden war, trug die Entscheidung nicht mit, sondern eröffnete eine neue Debatte oder gründete gleich eine neue Gruppe. So verfolgte die antiautoritäre Bewegung zum Teil demokratische Ziele oft mit sehr undemokratischen Mitteln.

Wenn eine Bewegung länger besteht und nach festen Formen sucht, muss sie sich Gesetze geben und sich an diese halten. Es gab aber in den 60er-Jahren in Deutschland kein von breiter Zustimmung getragenes Gefühl für die Würde eines Gerichts beziehungsweise des Rechtsstaates selbst. In entwickelten Demokratien sind die Gerichte Einrichtungen, vor denen die Mächtigen den Machtlosen gleich sind und die daher den Respekt aller genießen. In den Medien werden sie komplex und kritisch dargestellt; es gibt einen breiten Konsens über die Unantastbarkeit von Gesetz und Justiz, denen zugetraut werden muss, sich selbst von Korruption zu reinigen.

Jeder Fanatismus greift auf frühe seelische Prägungen zurück, nach welchem alles Gute der eigenen Seite zugeschrieben wird, alles Böse dem Feind. In der Regression des Fanatismus in diese frühe Denkweise wird die Gewaltenteilung preisgegeben, die darauf beruht, dass es über Anklage und Verteidigung eine dritte Instanz gibt, die sich um Objektivität bemüht und Regeln anwendet, die schon *vorher* für alle Beteiligten galten, die also nicht von Fall zu Fall nach eigenem Belieben erfunden werden.

Psychoanalytiker wundert es nur wenig, dass die früh dressierten und der Überzeugung vom Wert ihrer Rechte beraubten Kinder in der Protestbewegung Spaß an Inszenierungen hatten, welche die Grundwerte der Disziplin, der Sauberkeit und des Gehorsams wie einen Handschuh umdrehten. Das Es wurde gegen ein Über-Ich inszeniert, das den Mangel an Differenzierung durch Starre kompensierte. „Man tut das nicht!" – „Was werden die Nachbarn sagen!" – „Wenn du so weiter machst, wirst du ein Verbrecher!", solche Phrasen der Eltern hatten den Mangel an Einfühlung und Respekt vor den kindlichen Bedürfnissen belegt.

So wurde es ein revolutionärer Akt, Konventionen aufzukündigen. Die Abscheu gegenüber Körperpflege und Eleganz symbolisierte die revolutionäre Haltung. In einer Aktion der Kommune I mit deutlich situationistischem Hintergrund wurde ein Berliner Amtsrichter gezwungen, ein Delikt zu verfolgen und zu bestrafen, das darin bestand, dass ein bärtiger Kommunarde im Angesicht des Gerichts defäzierte und die Akten benutzte, um sich den Hintern zu wischen. Solche Einzelaktionen wurden durch die Medien zu Symbolen. Sie spalteten die Gesellschaft in augenzwinkernde Sympathisanten und erschütterte Konservative. Die einen fanden den Richter humorlos und das Establishment zum Kotzen, die anderen riefen nach der Prügelstrafe und dem Arbeitslager für Schmarotzer. Beide Reaktionen zeigen, wie wenige Symbole einer strukturierten Innenwelt in den Individuen verankert waren.

Auch wenn sich die Protestler als die Befreier aus solchen gesellschaftlichen Verhältnissen verstanden, auch wenn sie sich für Minderheiten engagierten und die Freiheit in jeder Hinsicht propagierten, waren sie selbst in vielen Dingen nicht weniger apodiktisch als ihre Eltern. Die einfühlungsarmen Anpassungs- und Leistungsforderungen der Eltern wurden nicht reflektiert, sondern lediglich in ihrer Strömungsrichtung umgekehrt. Die antiautoritäre Bewegung in der Bundesrepublik unterschied sich beispielsweise vom *civil rights movement* der USA weniger durch die Formen des Protests als durch die sehr viel größere Nähe zur Selbstjustiz, was später auch die Entwicklung zum Terrorismus ermöglichte. Frauen berichten aus dieser Zeit, dass in manchen Gruppierungen erotisches Zögern als kleinbürgerlich entwertet wurde. Sexuelle Unterwerfung galt als Beweis der richtigen, revolutionären Gesinnung und der Nähe zur unbekümmerten Promiskuität des Proletariats, frei nach dem Motto: „Wer zweimal mit derselben pennt, gehört schon zum Establishment!"

Ganz ähnlich gingen basisdemokratische Gruppen, in denen nominell alle die gleichen Rechte hatten, mit den Interessen der weniger eloquenten Mitglieder um. Die Gruppenentscheidungen, über die Mitglieder der sozialistisch orientierten Kader berichten, wirkten oft grausam und rücksichtslos. Die Bedürfnissen von Frauen und Kindern hatten sich absolut unterzuordnen.

Solche Unterdrückungserfahrungen sind dort besonders schwer zu verarbeiten, wo die Ideologie allen Freiheit, Gleichheit und Glück verspricht. Sich für künftige Paradiese in gegenwärtiger Kampfzeit zu opfern war alles andere als eine neue Geste. Wenn die 68er mit ihren Eltern hätten reden können, wäre wohl mehr Abstand zu solchen Beschwörungen möglich gewesen.

Die vom Kind verinnerlichte Struktur erlaubt diesem die Ablösung von den Eltern. Es trägt genügend Gutes von ihnen in seinem Inneren und kann sich dadurch äußerlich von ihnen distanzieren, kann zu eigenen Werten finden. Die 68er hatten diese Strukturen nicht erworben und brauchten deshalb Ersatz. Sie fanden diesen in ihrer ideologischen Distanz zu den Traditionen ihrer Eltern und in den schon beschriebenen individuellen Lösungstypen des Künstlers, des Helfers, des Aussteigers und des Opfers. Diese persönlichen Lösungen wurden ergänzt durch gruppendynamische Prozesse.

Die *Peergroup* der Gleichaltrigen ist in der modernen Gesellschaft immer wichtiger geworden. Sie ermöglicht es, Kulturtechniken und Charaktereigenschaften zu erwerben, die von den Eltern nicht (mehr) vermittelt werden können. Die Generation der 68er verstärkte die Bindungen in diesen Gruppen und unterwarf sie neuen, auf gesellschaftliche Veränderung bezogenen Idealen. Dadurch gelang es ihnen, sich von den Eltern zu lösen und sich so lange zu stabilisieren, wie sie mit anderen Mitgliedern der Bewegung seelisch verschmolzen. So fühlten sie sich nicht unsicher. Viele Mitglieder der Studentenbewegung erinnern sich noch heute mit leuchtenden Augen daran, dass sie sich damals mehr zugetraut haben als jemals zuvor oder danach. Was störte, wurde ausgeblendet und verleugnet. Diese Abwehr konnte nur durch den Aktionismus der Gruppen aufrechterhalten werden. Sobald dieser an Grenzen stieß, verlor die Bewegung an Kraft und zersplitterte schließlich in vielen einzelnen Versuchen, die Impulse des Anfangs zu organisieren. Denn um das zu leisten, mussten sich die Aktiven an den bestehenden Strukturen orientieren. Die Protestbewegung reifte; Männer und Frauen wurden älter, Kinder wurden geboren, Kompromisse mussten gefunden werden.

Die Geburt der Beziehungskiste

Manche Einsichten werden immer wieder vergessen und müssen dann neu erarbeitet werden. Eine davon lässt sich auf die Formel bringen: Es ist einfach und macht wenig Mühe, etwas aufzugeben; aber es ist sehr mühsam, etwas neu aufzubauen. Die bürgerliche Familie als legalisierte Prostitution abzuwerten, die Ehe als Ausbund spießiger Werte zu verachten, autoritäres Verhalten gegenüber Kindern für unmenschlich zu erklären, das ist alles leicht gesagt. Aber neben den Seelenqualen der Eifersucht auch noch die Qual ertragen zu müssen, dass man am bürgerlichen Besitzdenken festhält – das weckt doch Sehnsucht nach Zeiten, in denen die Ehebrecher wenigstens die Bösen waren und die Pflicht hatten, sich zu entschuldigen! Und mit den Kindern *auszudiskutieren*, ob sie in den Kinderladen gehen oder zuhause toben, obwohl ich dringend zur Arbeit muss, ist auch nicht jederfraus Sache.

Wenn der Protestbewegung in der Bundesrepublik der *Psychoboom* folgte, lang das auch daran, dass die Individuen schlicht überfordert waren, ihr Liebesleben und die Erziehung ihrer Kinder zu organisieren. Überall lagen die Scherben der zerstörten, entwerteten Lebensformen der traumatisierten Eltern im Weg. Wer kein festes Schuhwerk trug, verletzte sich. Wer aber die Schuhe nicht ausziehen konnte,

116

verletzte die Menschen, auf deren Zuneigung er Wert legte. Selbsterfahrung, Encounter, Sensitivitätstraining, Gruppendynamik – diese Dienstleistungen der modernen Psychologie erlebten in den 70er-Jahren ihre größte Blüte. Die antiautoritäre Bewegung markierte einen Modernisierungsschub, das Aufbrechen verkrusteter Strukturen, um Individualisierungsprozesse voranzutreiben. Dieser Prozess hatte in den USA schon viel früher begonnen, um angesichts unterschiedlichster Ursprungskulturen funktionierende Formen der Kontaktaufnahme und der Arbeitsorganisation zu entwickeln.

Die Beziehungen in der *Peergroup* stehen grundsätzlich in einem Spannungsverhältnis zu Partnerschaft und Familiengründung. Die extrem engen Gruppenbindungen, die von den Kindern der traumatisierten Eltern aufgebaut wurden, um deren zerbrochenes Wertesystem zu ersetzen, verschärften solche Spannungen und führten zu vielfältigen Versuchen, die Widersprüche zwischen Paar- und Gruppenbindung organisatorisch zu überwinden. Die Familiendynamik zentrierte sich um die Aufgabe, den Zusammenbruch der manischen Abwehr zu verhindern, welche die in engagierten Gruppen organisierte Bewegung aufgebaut hatte. Es ist einfacher, das Establishment zu kritisieren, keinen neuen Menschen erschaffen zu haben, als selbst Kinder zu erziehen, die diesen neuen Menschen verkörpern sollen. Die 68er-Eltern sahen sich vor der Aufgabe, die Träger einer besseren Gesellschaft heranzuziehen. Die Kinder sollten das prekäre Selbstgefühl der Eltern stabilisieren.

Viele 68er suchten die Zäsur zu verleugnen, welche durch die Geburt eines Neuankömmlings in einer Zweierbeziehung entsteht. Sie konnten sich nicht vorstellen, Eltern aus der abgelehnten NS-Generation in die Erziehung der nächsten Generation einzubeziehen. So entstand in den um die Großeltern verarmten Kleinfamilien eine hektische Aktivität. Sie sollte die Arbeit mit den Kindern kollektiv abfedern und Elternschaft als individuelle Aufgabe entschärfen.

In der Wirtschaft machten sich damals die ersten Signale der Prozesse bemerkbar, die später *Globalisierung* genannt wurden. In den Großstädten boomten die Supermärkte, was dazu führte, dass die kleinen Ladengeschäfte ihre Mieter verloren. Daraus entstand die Gelegenheit für Elterninitiativen, die leerstehenden Räume für die *Kinderläden* zu nutzen.[48]

Früher hatte ein Kind dazu geführt, die Beziehung der Eltern zu festigen. Aus ideologischen, aber auch aus emotionalen Gründen funktionierte dies immer seltener. Die steigende Zahl der Ehescheidungen im Zusammenhang mit der Geburt eines Kindes hatte ihre Ursache darin, dass immer mehr Paare das Hinzukommen eines Dritten in ihre Beziehung nicht ertrugen. Stabile und entwicklungsfähige Beziehungen hielten dieser Krise ächzend stand, harmonie- und symbiosebedürftige scheiterten an ihr.

Wenn den Partnern eine innere Struktur fehlt, die durch Halt gebende Identifikation mit idealisierten Eltern aufgebaut werden kann, sind sie in hohem Maß darauf angewiesen, vom jeweils anderen idealisiert zu werden. Konkret heißt das, dass Verliebtheit zur Grundlage einer Partnerschaft wird. Entidealisierung macht die Beziehungsansprüche nicht realistischer und stabiler, sondern entwertet die Partnerschaft und bedroht sie mit Zerfall.[49] Eine Beziehung, die auf Idealisierung beruht, muss die Schattenseiten und Schwächen des Partners ignorieren; sie kann diese nicht liebevoll in einen Kontext einbetten. Geht die Idealisierung verloren, bleibt von der Beziehung nur das Schlechte. Die an der Sexualpolitik orientierten 68er knüpften Zweierbeziehungen nicht ohne innere Widerstände und mit einem ihre Sprache prägenden Streben nach Versachlichung des Emotionalen:

Man redete davon, (zu) viel in eine Beziehung investiert zu haben, nannte die Partnerschaft oder den Partner pars pro toto *Beziehungskiste*.

Dazu eine Geschichte aus einer Selbsterfahrungsgruppe in den späten 70er-Jahren, in der neben einigen Älteren vorwiegend Dreißigjährige waren. Ein junger Mann schilderte ausführlich seine Beziehung zu der Mutter seines Sohnes, die ihm in vielen Einzelheiten nicht gefiel, von der er sich aber doch abhängig fühlte, außerdem sei da die Verpflichtung für das Kind und die von ihren spießigen Eltern geschenkte Dreizimmerwohnung. Nachdem er dieses Gemenge aus symbiotischen Wünschen und Enttäuschungen eine ganze Weile bis in alle Einzelheiten ausgemalt hatte, platzte ein sechzig Jahre alter Manager in seinen Monolog: „Ihr jungen Leute redet immer von Beziehungskisten, ich habe nie gewusst, was damit gemeint ist, jetzt weiß ich es: Du sitzt in einer drin!"

Die bürgerliche Ehe war mit Besitzdenken und Repression verknüpft worden. Antiautoritäre Eliten sollten mit freier Liebe experimentieren. Die Praxis zeigte, dass Zweierbeziehungen zwar schwierig waren, aber doch haltbarer als alle Lebensformen in Kollektiv und Kommune. Der spiegelnde Partner war das kleinste Übel und blieb die größte Hoffnung, um sich nicht einsam und haltlos zu fühlen.

Die *Beziehungskiste* ist ein Zeichen für das Verschwinden der liebevollen Trennung aus Beziehungen, für die Neigung zur Symbiose. Es wird als böse erlebt, den Partner nicht in alles einzubeziehen, ihn nicht an allem teilhaben zu lassen, denn nur dann kann man sich in jeder Situation auf seine Unterstützung verlassen. Eine der Folgen der 68er-Bewegung ist beispielsweise, dass es für werdende Mütter mehr und mehr normal wurde, nicht mehr alleine mit Hebamme und Arzt zu gebären, sondern sich in der Partnerschaft gemeinsam auf die Geburt vorzubereiten und diese dann auch zusammen zu erleben. Diese Veränderungen spielten sich in den 70er Jahren ab; parallel dazu wurde es auch normal, dass Mutter und Kleinkind bei einer Krankenhausaufnahme nicht mehr getrennt wurden (*rooming in*).

Viele der krass und übersteigert wirkenden Forderungen der Protestbewegung schrumpften in der Zeit danach auf alltagstaugliches Maß und wurden Allgemeingut. So gehört heute die Abkehr von einem autoritären hin zu einem teamorientierten, partizipierenden Führungsstil zu den Selbstverständlichkeiten in vielen Organisationen. Vorgesetzte haben sich daran gewöhnt, dass nicht nur sie ihre Mitarbeiter beurteilen, sondern umgekehrt die Mitarbeiter auch die Führungspraxis des Chefs bewerten. Es zeigte sich, dass antiautoritäres Gedankengut gerade in den neuen, der Jugendkultur nahen, von jungen Experten entwickelten Produktionsbereichen wie der Informationstechnologie nicht störte, sondern hilfreich war und Entwicklungen vorantrieb. Angesichts der zunehmenden Unübersichtlichkeit der Technik und sich ausfächernder Spezialisierungen wurde klar, dass kaum ein Chef mehr in der Lage war, sich wirklich ein Bild über die Tätigkeiten seiner Untergebenen zu machen. Das multiprofessionelle, kooperative Team ist in vielfacher Hinsicht ein Spiegelbild der *Peergroup*, der Freundesclique, deren zentrale Bedeutung für die Identitätsentwicklung die überschätzte Generation der 68er entdeckt und maximal genutzt hatte.

Aus Kindern werden Eltern – oder nicht?

Wo sich die Vorbildfunktion der Eltern abschwächt, müssen die Beziehungen zu den Gleichaltrigen die entstehenden Unsicherheiten ausgleichen und die Lücken füllen. Die 68er haben diese Kompensationsmöglichkeiten maximal beansprucht.

Kinder waren in diesen Beziehungen ebenso willkommen wie gefährlich. In ihnen sollten eigene Hoffnungen konkretisiert, eigene Traumatisierungen überwunden, Mängel der eigenen Elternbeziehung ungeschehen gemacht werden. Zugleich gefährdeten sie aber die Symbiose der Eltern. Das Kind belastet eine von hohen gegenseitigen Ansprüchen geprägte Beziehung mehrfach: Es verlangt Zuwendung für seine eigenen Schwächen, es ist *wirklich* klein, hilflos, bedürftig, es „tut" nicht nur so, um Zuwendung zu erhalten.

So entstand die typische Klage junger Mütter, die seit der 68er-Zeit immer wieder zu hören ist: dass ihr Partner keine Hilfe sei, er jammere über den Verlust seiner Partnerin, sei missgelaunt, wenn das Baby mehr Aufmerksamkeit erhalte als er. Sie könne und wolle nicht zwei Babys „stillen". Der Vater solle ein *richtiger Vater* sein und aufhören, den Verlust der Zuwendung durch seine Frau zu beklagen.

Was die Mutter in ihrer Anklage gegen den Vater als *zweites Kind* übersieht, ist die Macht ihrer eigenen kindlichen Bedürfnisse, die sie nur widerwillig an das eigene Kind abtritt und ihm befriedigt. Der Partner wird umso mehr zum Ziel von Aggressionen, je ausgeprägter die mütterliche Abwehr durch unbewusste regressive Wünsche überlastet wird. Eine Mutter, die mit ihrer Rolle nicht zufrieden ist, kann oft auf den narzisstischen Gewinn nicht verzichten, den *noch mehr versagenden Vater* als Sündenbock zu nutzen. In extremen Fällen wird die Mutter zusammen mit ihrem Baby selbst zum Baby. Sie vernachlässigt den Haushalt und verlangt von ihrem Partner (oder von Eltern bzw. Schwiegereltern), sie zu entlasten, denn sie sei durch die unablässige Fürsorge für das Kind total gestresst. Solchen Ehen begegnete der Paartherapeut nicht selten.

Hier hat sich die Familiendynamik binnen einer Generation radikal verändert. Der Mutter der NS-Zeit war in den bis 1960 populären Ratgebern noch anempfohlen worden, den ohnehin für den Umgang mit Wochenbett und Babypflege völlig untauglichen Vater aus dem Kinderzimmer auszugrenzen. Die Mutter sollte dort ihre Macht ungestört entfalten und sich darin selbst genügen.[50]

Wir haben beschrieben, wie die überschätzte Generation ihre Defizite einer Identifizierung mit bewunderten Eltern durch Selbstidealisierung auszugleichen suchte. Da diese Lösung instabil ist, sind die Betroffenen in ihren Beziehungen stark darauf angewiesen, anerkannt und bewundert zu werden. Diese Bedürfnisse werden meist als beschämend erlebt und nicht ins Bewusstsein gelassen.

So berichtet ein 34jähriger Patient, seine Mutter habe den Kindern gegenüber immer geklagt, sie sei vollständig überlastet, sie habe nie Hausfrau sein wollen, der Haushalt sei ihr zu viel, der Vater (ein Studienrat) lasse sie völlig im Stich, behaupte immer, er müsse Arbeiten korrigieren für die Schule. Besonders gefürchtet waren die Szenen, in denen die Mutter einen Koffer packte und – von den weinenden Kindern umgeben – behauptete, sie gehe jetzt, ihr reiche es. Erst wenn die Kinder versprachen, nicht mehr soviel Unordnung zu machen, gab die Mutter nach und packte den Koffer wieder aus.

Fluchtimpulse sind angesichts des Zusammenbruchs manischer Selbstüberschätzung häufig. Der Analytiker begegnet ihnen wiederholt in unterschiedlichen Variationen, wenn er erst einmal auf die speziellen Konflikte in der 68er-Ehe aufmerksam geworden ist. Sie äußern sich auch als schnell entfachte und oft sehr bösartige Kritik am Partner, der es am richtigen politischen Bewusstsein, an der Verwirklichung eines fortschrittlichen Menschenbildes fehlen lasse.

In ihren Partnerschaften wurde der überschätzten Generation recht schnell klar, dass das Ideal des *neuen Menschen* nur schwer zu realisieren war. Oft gelang es nicht, angesichts dieses Scheiterns ein Mindestmaß an Trauerarbeit und Humor zu entwickeln. Dann vermochten es die Paare auch kaum, aus den Trümmern der einstigen Grandiosität eine alltagstaugliche Beziehung aufzubauen.

Angesichts der geringen Möglichkeiten, Wertstrukturen von den traumatisierten Eltern zu übernehmen, waren Gefühlsverschmelzung und Bewunderung als Grundlage der sexuellen Anziehung für die Ehen der 68er typisch. Wenn die Attraktivität, die ein Paar füreinander empfindet, an eine symbiotische Idealisierung gebunden ist, dann endet die Erotik oft schon während der Schwangerschaft. Die Veränderungen im Körperbild der Partnerin sind erotisch schwer zu überbrücken. Den Eltern gelang es auch später nicht, die Sorge für die Kinder und die Rollen von Sexualpartnern zu vereinen. Sie resignierten in der Partnerschaft, brachen in Seitenbeziehungen aus. In anderen Fällen wurden die Beziehungen zu den Kindern erotisiert, bis hin zu Grenzüberschreitung und Missbrauch.

Diese Belastungen lösten heftige Verlassenheitsängste bei den Kindern aus, selbst wenn sich die Eltern bemühten, sie nicht in ihren Streit hineinzuziehen. Der Zusammenbruch der idealisierten Selbst- und Weltbilder der Eltern führte zur phobischen Grundstimmung bei den Kindern. Die Kinder erlebten sich als Schuldige, weil die Eltern ihnen vermittelten, die Konflikte miteinander hätten erst durch ihre

Geburt begonnen. Eine Trennung sei um der Kinder willen unmöglich (gewesen).

Die überschätzte Generation versuchte, im Überfluss zu geben, was ihr selbst mangelte. Die Kinder wurden mit Zuwendung, Spielangeboten und Wertvorstellungen überfüttert. Sie sollten frei und glücklich sein, friedliebend und solidarisch. Diese von den Eltern verordnete Manie verwandelte sich im Erleben der Kinder oft in Angst und Depressivität. Da die Kinder der 68er nicht über deren Möglichkeiten zu Selbstidealisierung und Weltverbesserungsfantasie verfügten, fühlten sie sich entwertet. Wieder zerbrach die Kontinuität.

Heute muss die überschätzte Generation oft ihre Kräfte manischer Abwehr und Verleugnung neu beleben, um nicht über ihre jetzt erwachsenen Kinder enttäuscht zu sein. Sie erinnert angesichts ihrer unpolitischen Kinder an den Aktionismus ihrer Sit-Ins und Demonstrationen. Sie kritisiert ängstlichen Materialismus, Haltsuche im Konsum. Sie tadelt an ihren Kindern, dass diese in elektronischen Ersatzwelten, in technisch gestützten Bindungen Stabilisierung suchen. Eigene Tunix- und Drogenepisoden scheinen vergessen, wenn es darum geht, den eigenen Kindern klar zu machen, dass man in ihrem Alter beruflich schon viel weiter und überhaupt viel selbständiger war.

Die 68er-Generation verfolgte fantasievolle Projekte: das Aussteigerleben auf Gomera, die Arbeit in der Fabrik, um endlich die Arbeiter zu mobilisieren, Baghwans Kommune der Erleuchteten, ein Kibbuz in Israel. Aber viele von ihnen wurden schließlich doch verbeamtet und konnten glauben, dem Staat damit einen Gefallen getan zu haben. Die Generation Praktikum träumt von einem festen Job. Sie arbeitet zielstrebig und oft ohne Lohn, um ihn zu ergattern. Fast niemand will mehr aussteigen; allenfalls geht es darum, die

124

Berufsbiographie durch einen interessanten Auslandsaufenthalt aufzuwerten.

Überspitzt lässt sich sagen: Die Größenvorstellungen der überschätzten Generation entstanden als Reaktion auf eine elterliche Haltung, die den Kindern nichts zutraute außer sich möglichst gut anzupassen. Die ängstliche Anpassung der entwerteten Generation hingegen ergab sich aus einer Haltung, in der die Kinder in symbiotischer Nähe gehalten und als Helfer der Eltern parentifiziert wurden.

III. Von der Spaßgesellschaft zur „Generation Praktikum": Die entwertete oder phobische Generation

Ein typisches Beispiel: Leonhard

Der zur Zeit seiner ersten Psychotherapie 25-jährige Leonhard ist 1972 geboren. Er sucht wegen chronischer Ängste und heftiger Selbstzweifel Hilfe. Er hält seinen Penis für zu klein, hatte noch nie eine sexuelle Beziehung. Sein Jurastudium hat er zwar gut bewältigt, fürchtet sich aber vor den beruflichen Anforderungen. Leonhards Vater, Oberarzt in einer Kinderklinik, hatte die Mutter früh verloren und war von seinem Vater in ein streng religiöses Heim gegeben worden. Erst als er sich einer Gruppe der Studentenbewegung anschloss, fasste er den Mut, das verhasste Theologiestudium aufzugeben und Medizin zu studieren. Leonhards Mutter war die erste und vermutlich einzige Sexualpartnerin, die der pedantische, beflissene Vater jemals hatte. Sie hatte ihre Mutter im Alter von sechs Jahren durch eine Krebserkrankung verloren und war bei deren Schwester aufgewachsen, der Frau eines angesehenen Holzhändlers und Sägewerksbesitzers, die in einer Kleinstadt einen großbürgerlichen Haushalt führte.

Leonhards Eltern waren sehr abhängig voneinander und redeten halb stolz, halb schuldbewusst von ihrer *Beziehungskiste*. Bald nach der Geburt Leonhards kam es zu heftigen Auseinandersetzungen, die nur deshalb nicht zur Trennung führten, weil die Mutter keinen Beruf erlernt hatte, sich als Künstlerin-Revolutionärin verstand und sich mit ihrer „Nazimutter" so zerstritten hatte, dass sie sich auch in den ärgsten Krisen nicht entscheiden konnte, bei ihr Zuflucht zu suchen.

Leonhard schildert eine typische Szene seiner Kindheit so: Die Mutter hat einen Liebhaber, der Vater stellt sie zur Rede. Sie bricht in Tränen aus und wird dann wütend. Sie beginnt ihren Koffer zu packen, um auszuziehen. Der Vater kommt weinend zu dem Siebenjährigen, teilt ihm mit, dass die Mutter sie beide verlassen wolle und bittet Leonhard, sie doch zurückzuhalten, auf ihn werde sie hören. Leonhard läuft nun ebenfalls weinend zur Mutter, verspricht, braver als brav zu sein und alles für sie zu tun, wenn sie nur dableibe, worauf sie sich umstimmen lässt.

Solche Traumatisierungen sind in dieser Schärfe ungewöhnlich, aber in ihrer Struktur bzw. in der in ihnen ausgedrückten Strukturlosigkeit auch wieder typisch. Sie werden von Leonhards Generation in unterschiedlichen Ausprägungen so häufig berichtet, dass sie eine genauere Untersuchung verdienen.

In der Elterngeneration geraten zwei unterschiedliche Bedürfnisrichtungen in einen unlösbaren Konflikt: das Streben nach Sicherheit und das Streben nach Selbstverwirklichung. Dieser Konflikt erinnert durchaus an den klassischen Gegensatz von Pflicht und Neigung. Aber die Familiendynamik der 68er fällt sozusagen hinter das Stadium einer Reflexion des tragischen Konflikts zurück. Die Beteiligten sind beleidigt, wütend, ziehen sich voneinander zurück und können sich doch nicht trennen. Es ist wie in einem Haus, das sich zwei Personen teilen müssen, von denen sich jede für den Alleineigentümer hält. Die verblendeten Bewohner streiten und verletzen sich täglich, weil sie sich der Einsicht verwehren, dass jedem von ihnen nur die Hälfte gehört und eine gerechte Teilung des Ganzen den Streit beenden könnte.

Leonhards Vater war elternlos aufgewachsen und hasste das strenge Internat, in dem er seine Jugend verbracht hatte, von Herzen – freilich nicht ohne Leonhard manchmal klar zu machen, wie verwöhnt er sei, ein Muttersöhnchen, das es tausendmal besser habe als er. Die Mutter verachtete ihre *Nazieltern* und deren konservative Werte als *übertünchte Gräber*. Den Mangel an Halt und Struktur in den eigenen Elternbeziehungen hatten Leonhards Eltern so lange ausgleichen können, wie sie im politischen Kampf gegen das *Establishment* verbunden waren und einen klaren äußeren Feind hatten. Aber der Mangel an tragfähigen Identifikationen mit ihrer Männer- bzw. Frauenrolle hinderte Leonhards Eltern, mit dem Verlust einer idealisierten Gleichheit fertig zu werden, an der sie sich während ihrer Verliebtheit orientiert hatten. Sie wollten alles gemeinsam entscheiden, sich nie trennen und doch sich selbst verwirklichen. In diesem Punkt waren sie sich einig.

Leonhards Vater war überzeugt, dass ihm seine Frau ebenso treu sein wollte bzw. das wollen musste wie er. Leonhards Mutter hingegen konnte nicht verstehen, dass ihr Mann auf ihre Liebhaber eifersüchtig war, weil sie sich doch nur *verwirklichen* wollte und nach wie vor gemeinsam mit ihm wie zu Beginn ihrer Beziehung Spießer und Mucker ablehnte und weiter ablehnen wollte. Waren sie nicht beide überzeugt gewesen, dass Liebe ein Kind der Freiheit sein muss? Sie wollte es besser machen, als ihre Stiefeltern, die so kalt miteinander umgingen. Jeder wusste, dass der Vater fremdging, aber keiner sprach darüber und alle taten, als wäre nichts. Warum verstand er sie nicht, warum machte er ihr Vorwürfe, warum verriet er sie?

Leonhards Vater fühlte sich nicht weniger verraten und entwertet. Auch er hatte geglaubt, dass seine Form von Liebe dieselbe sei wie die seiner Frau. Natürlich sollte niemand aus moralischem Zwang treu sein, aber war es nicht *selbstverständlich*, den Partner nicht zu kränken? Warum schlief sie mit Männern, über deren Primitivität sie sich nachher bei ihm beklagte? Sollte auch er sie bedrohen, schlagen, brauchte sie das? Aber sie hatte ihm doch gesagt, sie liebe ihn, weil er so verlässlich, so fürsorglich sei. Aber vielleicht lehnte sie ihn gerade deshalb ab?

Leonhard wurde von zwei Seiten in seiner Fähigkeit beeinträchtigt, seine Ängste zu steuern. Die Ausbrüche blinder Wut und/oder Flucht von Seiten seiner Mutter erschreckten ihn zutiefst und vermittelten ihm das Gefühl, er dürfe in seiner Wachsamkeit nie nachlassen. Gleichzeitig fand er an seinem Vater keinen Halt. Dieser versagte darin, seinen Sohn vor der Wut der Mutter zu schützen. So fühlte sich Leonhard verlassen und entwertet, wenn er die Mutter (später: seine Freundin) nicht in allen Punkten zufriedenstellen konnte. Eine stabile Mutter hätte Leonhard nicht derart verängstigt; ein stabiler Vater hätte ihn beschützt und nicht Leonhards Angst noch dadurch gesteigert, dass er ihn als Helfer missbrauchte, der die Mutter wieder an ihren Platz im Haushalt zurückbrachte.

Die Liebesverhältnisse von Leonhards Mutter hingen damit zusammen, dass sie sich neben ihrem Mann minderwertig fühlte. Er trug den Doktortitel und machte Karriere. Sie war in der letzten Gymnasialklasse in eine WG gezogen, in der nicht der Studienerfolg, sondern die politische Aktivität zählte. In der Bewegung waren sie gleich gewesen, da hatte es keine Unterschiede gegeben: gemeinsam hatten sie sich von allen bürgerlichen Rollen distanziert und es lächerlich gefunden, sich mit Titel oder Beruf aufzuwerten. Sobald sie ihren Partner fragte, ob sie nicht doch noch fertig studieren sollte, riet er ihr ab. Leonhard deutete das später so: Der Vater habe gefürchtet, die Mutter werde dann unabhängig von ihm. Sie aber hatte kein Vertrauen in ihre Fähigkeiten.

Da sich jeder in seiner Bedürftigkeit ignoriert und alleingelassen fühlte, brachte auch keiner die Kraft auf, liebevoll mit einem Partner umzugehen, der in seiner eigenen Liebe verwirrt und verunsichert ist. Dem Paar fehlte wegen der Verklammerung von Idealisierung und Entwertung der Raum, ihr gemeinsames Leben zu genießen und ihren Kindern ein Gefühl der Unbefangenheit zu vermitteln. Jeder fühlte sich durch die Beziehung so beschädigt und entwertet, dass Trennung und Neuanfang unmöglich schienen. Leonhard war nicht zuletzt deshalb so verzweifelt, weil er sich schämte und schuldig fühlte, seine Eltern im Stich zu lassen, sie nicht wie bisher durch einen scheinbar problemlosen Weg durch Schule und Studium darin zu stützen, dass sie sich als gute Eltern fühlen konnten, die alles für ihren Sohn getan hatten.

Hier lässt sich ein typischer Unterschied zwischen der 68er-Generation und der Generation ihrer Kinder in der Verarbeitung einer Psychotherapie zeigen: Wenn der 68er in Therapie geht, teilt er das den Eltern als Beweis für ihr Versagen mit. Die Eltern verdächtigen dann den Therapeuten, ihrem Kind Flausen eingeredet zu haben. Der Junge sollte doch lieber „etwas lernen, etwas leisten, etwas auf die hohe Kante legen" (Helmut Schmidt).

Wenn der phobisch orientierte Sohn einer 68er Mutter eine Therapie beginnt, sagt er es seinen Eltern möglichst spät oder gar nicht, entweder weil er nicht möchte, dass sie sich als schlechte Eltern fühlen und sich Sorgen machen, oder aber, weil er ihnen den Triumph missgönnt, etwas zu tun, was sie ihm schon lange aufschwätzen wollten. Die Eltern hingegen sind eher erleichtert, dass der Junge etwas für sich tut und vermitteln ihm unter der Hand einen besseren Therapeuten, weil sie den Eindruck haben, dass der erste nicht gut genug ist.

Einmal wurde Leonhard von seiner Mutter besucht. Er hatte gerade in einer entfernten Stadt eine neue Wohnung bezogen. Ursprünglich plante er, die Mutter im Hotel unterzubringen, weil er in ihrer Anwesenheit keine ruhige Minute habe. Es gelang ihm aber nicht, sich zu der damit verknüpften Auseinandersetzung durchzuringen. Er konnte ihr das nicht antun. Er musste doch *glücklich* sein, dass sie ihn besuchte, und möglichst viel mit ihr zusammen sein *wollen*. Solange sie in seiner Wohnung war, fühlte er sich ständig unter Druck. Auch die Mutter strengte sich an, ihm zu zeigen, wie aufmerksam und zugewandt sie war.

Während Leonhard zur Arbeit gegangen war, wollte sie seine Wäsche bügeln. Da sie kein Bügeleisen fand, war für sie auch klar, dass Leonhard dieses für seine männliche Emanzipation wichtige Utensil fehle. So kaufte sie ein Bügeleisen und beschenkte ihn damit. Leonhard, der schon lange seine Wäsche selbst bügelte, verlor kein Wort darüber, dass er jetzt zwei Bügeleisen hatte. Er brachte sie zum Flughafen, obwohl er dadurch einen wichtigen Termin verlegen musste. „Es hat keinen Sinn, mit ihr zu reden. Sie würde zusammenbrechen, wenn ich ihr ehrlich sage, wie ich mich gefühlt habe."

Die 68er hatten fast nur von Sekundärtugenden[51] gehört und so den Freiraum gewonnen, *ihre* Vorstellungen über die wünschenswerten Primärtugenden zu entwickeln. Die entwertete Generation hingegen wurde mit Primärtugenden überfüttert. Leonhards Mutter hatte ihren achtjährigen Sohn einen *kleinen Opportunisten* genannt, wenn er sich ihrer Meinung nach nicht genug für ihre antifaschistischen Ideale einsetzte.

Wenn Leonhard in seiner Analyse die Eltern anklagte und die traumatischen Erfahrungen mit ihnen haarklein zu erinnern schien, blieb ein Widerspruch verborgen. Kindheit und Gymnasialzeit waren zwar von bösen Szenen und Elternstreit überschattet. Aber seine Stimmung war damals doch viel besser als später. Hinter der jähzornigen Mutter und ihrer entwertenden Kritik wurde dann die symbiotische Mutter fassbar, die sich nach diesen Exzessen um den Sohn bemühte und ihn verwöhnte, die mit ihm malte, Ausflüge und Kindergeburtstage organisierte. Leonhard wurde erst depressiv, als sein Studium begann und er ausgezogen war. Zuhause war er immer etwas Besonderes gewesen; als Student nur einer von vielen. Es gelang ihm nicht, im Kontakt mit seinen Altersgenossen eine ähnlich intensive Beziehung aufzubauen, wie er sie mit seiner Mutter geführt hatte. Erst jetzt fielen ihm auch die Schattenseiten der Mutter auf und begannen ihn intensiv zu beschäftigen.

Leonhards depressive Reaktion auf die Freiheit und die Selbstverwirklichungsmöglichkeiten des Studiums ist für die Kinder der 68er typisch. Die überschätzte Generation entdeckte die Gruppenbeziehungen mit den Altersgenossen als Freiraum, in dem man sich entfalten konnte, als Ort für Häutungen, wo die Fesseln von Engherzigkeit und Angst abfielen. Die entwertete Generation hingegen erlebt diese Gruppen vorwiegend als Ort von Ängsten. In ihnen dominiert die Rivalität um die wenigen guten Plätze in einer als ebenso unveränderlich wie versagend erlebten Arbeitswelt. Diese Rivalität äußert sich in der Konkurrenz darum, wer ästhetische und soziale Standards prägen kann, wer cool, smart, schlank, schick, erfolgreich ist. Die verletzte Generation vermittelte ihren Kindern: „Ihr sollt es besser *haben* als wir!" Die überschätzte Generation vermittelte die Maxime: „Ihr sollt besser *sein* als wir!"

In den Analysen der seit 1970 Geborenen zeigen sich Skepsis, nicht selten auch Abscheu gegen alles, was nach politischer Phrase aussieht. Die *Gesellschaft* wird nicht mehr thematisiert. Sie scheint übermächtig und grenzenlos, flößt Angst ein, erzwingt Anpassung, dringt irritierend in die Nischen ein, in denen man sich wohlfühlen könnte. Im Gegensatz zu dem in der Familie erlebten Verständnis und der emotionalen Nähe zu den Eltern erscheint die Arbeitswelt kalt, hart, ängstigend; gleichzeitig wirken die Ansprüche an Entschädigung, Prestige, Sinn und Erfüllung in der Arbeit unerfüllbar. Protest formuliert sich als Konsumritual, das die asketischen Eltern verstört, als ironisch überspitzte, krassmaterialistische Orientierung, manchmal auch als rechtsradikale Geste.

Ein angehender Jurist im Staatsdienst denkt sich nichts dabei, in seiner Freizeit zu kiffen, und kommt erst zur Besinnung, als er bei einer Razzia auffliegt und seine Verbeamtung ebenso gefährdet ist wie sein Führerschein. Der von seiner Mutter mit Jugendlagern in Auschwitz auf den politisch korrekten Weg gebrachte Sohn träumt von einem Leben als Geschäftsführer eines Striplokals. Der Sohn von Eltern, die sich in der Friedensbewegung kennengelernt haben, bricht sein Studium ab und geht zu den Panzergrenadieren.

Die Angst vor Nähe

Ein Leitsymptom der entwerteten Generation ist die Angst. Besonders typisch scheint hier die Angst vor Nähe, vor einer verbindlichen sexuellen Beziehung, in ausgeprägten Fällen vor einer sexuellen Beziehung schlechthin. Gesunde, beruflich tüchtige Männer und Frauen, die im Alter zwischen 30 und 40 Jahren noch keine sexuelle Beziehung hatten, erscheinen seit der Jahrtausendwende häufiger in den Praxen der Psychotherapeuten. Aus den *befreiten Kindern* sind scheue Erwachsene geworden.

Das führt auch zu charakteristischen Veränderungen in analytischen Selbsterfahrungsgruppen, zu einer Art sozialer Laborsituation. Zu den Regeln in solchen Gruppen gehörte in den 70er-Jahren ein ausdrückliches Sexualtabu in der Gruppe. Erotische Wünsche zwischen Gruppenmitgliedern sollen besprochen und *analysiert*, aber nicht *ausagiert* werden. Die überschätzte Generation schien Freude daran zu haben, solche Verbote dramatisch zu brechen. Ich kann mich an Gruppen aus dieser Zeit erinnern, in der bereits nach dem ersten Abend zwei Rebellen mitteilten, sie hätten sich nicht an das Tabu gehalten. Heute wird in mildem Ton von Kontakten außerhalb der Sitzungen gesprochen und gefordert, sie mitzuteilen. Kaum ein Leiter spricht noch direkt von Sexualität. Parallel dazu sind intime Beziehungen in diesen Gruppen viel seltener geworden.

Es mutet merkwürdig an, wenn die in einem von antiautoritären Kinderläden und befreiter Sexualität bestimmten Klima herangewachsenen Männer und Frauen Angst haben, über ihre Sexualität zu sprechen, wenn sie sexuelle Beziehungen lieber gar nicht erst eingehen oder sich fürchten, die erste Beziehung, die ihnen die Angst vor dieser gefährlichen Welt genommen hat, wieder zu verlieren. Aber diese unerwartete Wende gehorcht einem psychologischen Gesetz.

Die 68er-Eltern teilten den Kindern häufig nicht ihre realen Erfahrungen und ihre konflikthaften Erlebnisse mit, sondern eine idealisierte Vision triebbefreiten Glücks, das sie selbst nicht realisieren konnten. So kam es zu einer paradoxen Reaktion: Während die überschätzte Generation sich den verklemmten und lustfeindlichen Eltern der verletzten Generation überlegen fühlte und den Mut fand, alle möglichen Formen der Erotik und des Zusammenlebens auszuprobieren, fühlt sich die entwertete Generation von den Eltern auch im erotischen Bereich kontrolliert und überfordert.

Die Tochter schockierte ihre Mutter 1968 durch einen gewagten Bikini. Selbst Mutter geworden, bringt sie ihrer 30-jährigen Tochter von einem Spanienurlaub Reizwäsche mit. Die 1971 geborene Tochter, von Beruf Psychologin, reagiert irritiert. Sie findet die Reizwäsche nuttig; sie selbst bevorzugt hochwertige Schweizer Baumwolle, konservativ geschnitten. Aber sie schämt sich ihrer Scham und ihres Ärgers; sie kann doch der Mutter nicht billigen Geschmack vorwerfen! Noch peinlicher wird es, als ihr die Mutter „von Frau zu Frau" gesteht, im Hochsommer genieße sie es, auf das Höschen unter dem Rock gänzlich zu verzichten.

Der 30-jährige Marcel kommt nach einem gescheiterten Versuch, in einer anderen Stadt zu studieren, mit heftigen Depressionen in Behandlung. Nur die Sorge, dass sein Vater, ein alkoholkranker Kunstmaler, ohne ihn nicht zurechtkommt, hält ihn nach seiner Aussage vom Selbstmord ab. Marcel hatte bisher noch keine sexuelle Beziehung. Er zieht sich besonders seriös an, wirkt hinter dieser Fassade aber eher jünger und ängstlich um Anpassung bemüht. Es wird schnell deutlich, dass er in seinem Studium an einer Mischung aus Perfektionismus und Prüfungsangst gescheitert ist. Er meinte, alles wissen zu müssen, ehe er sich in ein Examen wagen dürfe. Daher hatte er von sechs vorgeschriebenen Zwischenprüfungen nur eine (mit einer hervorragenden Note) geschafft. Bei den anderen fünf hatte er sich krankschreiben lassen, weil er nach seinem Gefühl viel zu wenig wusste. Solche inneren Szenarien zeigen, wie angesichts gewährender, antiautoritär auftretender Eltern die Welt außerhalb der Familie bedrohliche Gestalt annimmt und eigene Leistungsideale unerfüllbar werden.

Marcel jobbt als *Troubleshooter* in einer Computerfirma und betreibt einen Internet-Handel mit gebrauchten Laptops. Er kauft defekte Geräte, repariert sie und verkauft sie wieder.

So hat er keine finanziellen Sorgen und sogar soviel gespart, dass er sich einen Oldtimer-Porsche leisten kann, den er selbst wartet und pflegt. „Um auf Frauen Eindruck zu machen", sagt er selbstironisch. „Aber wenn mich eine ansprechen würde, wüsste ich nicht, was ich ihr sagen soll, außer wie viel PS die Maschine hat."

Marcel ist das einzige Kind aus einer geschiedenen Ehe zwischen einem Künstler und einer verbeamteten Verwaltungsangestellten, die ein zweites Leben als Heilpraktikerin und Energie-Therapeutin führt. Sie fährt jedes Jahr zu den unterschiedlichsten Heilern, war in Poona, als Baghwan dort noch predigte. Sie lebte anfänglich eine offene Ehe und bezog Marcel in ihre Liebschaften und Partnerkonflikte mit ein. Als Marcel zehn Jahre alt war, trennten sich die Eltern; er blieb beim Vater und verschloss sich gegenüber der Mutter, die mit immer neuen Varianten von „Psychoscheiß" (Marcels Zusammenfassung) die Kluft zwischen ihr und dem Sohn überbrücken wollte. „Warum bist du nur so zwanghaft und ängstlich, wann hast du endlich eine Freundin, willst du nicht mal eine Therapie machen", ist seit Jahren ihre Rede. Ihre Ratschläge hatten Marcel lange davon abgehalten, Hilfe zu suchen.

Der 35-jährige Norbert kommt wegen einer heftigen Depression zu mir, die er darauf zurückführt, dass er noch nie eine sexuelle Beziehung hatte. „Ich habe das vor mir hergeschoben, aber je länger ich wartete, desto schwieriger wurde es. Jetzt haben die Frauen, die so alt sind wie ich, schon einen Vorsprung von fünfzehn Jahren. Ich muss noch etwas sagen, sonst kann ich gleich wieder gehen, obwohl ich es meiner Analytikerin in drei Jahren nicht erzählt habe: Ich habe nur Kindfrauen attraktiv gefunden, Lolitas, schon mit Brüsten, so 12- bis 14-Jährige, die habe ich im Internet angeschaut, nur die Bilder, keine Pornografie, aber ich habe mich so geschämt und mache es jetzt auch nicht mehr, weil ich immer Angst hatte, dass es mal jemand herausfindet."

Die 68er konnten sich ihre Sexualität gegen gleichgültige oder einschränkende Eltern erobern. Die Näheängste ihrer Kinder beruhen darauf, dass zwar die vom Über-Ich ausgehenden Ängste gemildert, aber die Ängste vor der Triebstärke, vor dem Kontrollverlust in der Erotik durch Überforderungen verstärkt wurden. Neue Formen der Rivalität und des Leistungsdrucks, attraktive Partner für sich zu gewinnen, führten in der entwerteten Generation nicht zu einer Explosion von Befriedigung, sondern eher zu einer Implosion des erotischen Selbstgefühls vieler von betont sexualfreundlichen und aufgeschlossenen Eltern erzogenen Jugendlichen.

Wie im Leistungsbereich, wo der Gruppe der Hochqualifizierten, die zu viel Arbeit haben, eine wachsende Gruppe der Geringqualifizierten gegenübersteht, die auf Sozialhilfe angewiesen bleibt, scheint sich die Gesellschaft auch im Sexualverhalten zu spalten. Den Menschen, die ihre freie Erotik selbstbewusst mit hohem Genuss und vielen Dates füllen können, stehen andere gegenüber, die gar keine partnerbezogene Erotik mehr haben, diesen Makel aber ähnlich schamhaft verbergen wie die Arbeitslosen, die jeden Morgen pünktlich im Anzug in einen öffentlichen Park oder eine Bibliothek aufbrechen.

Die Sehnsucht nach Geborgenheit

Die Kriegsgeneration fühlte sich vom NS-Regime verraten. Sie verleugnete die inneren Einbußen und machte sich daran, die äußeren Verluste wettzumachen, die Ruinen wieder aufzubauen, die industrielle Produktion besser und billiger zu gestalten als vor dem Krieg. Große Gefühle, kulturelle

Ideale, Aufbruchsstimmungen hatten darin keinen Platz. In der Protestbewegung dagegen dominierte als Gegenbild zu den angepassten Werten der Eltern eine zukunftsbezogene Moral, die häufig mit Visionen einer besseren Gesellschaft zusammenhing.

Die Kriegsgeneration erlebte Geborgenheit als die Möglichkeit, eine Tür zu schließen, Kälte und Feinde draußen zu lassen. Es ging darum, genügend materielle Güter und die Zuversicht zu haben, durch Leistung und Anpassung nicht mehr in Not zu geraten. Wer den Krieg nicht erlebt, nach dem Krieg die Not nicht erfahren hatte, der wusste nicht, wie gut es ihm ging, er konnte nicht mitreden, er sollte dankbar sein, dass die Eltern dafür gesorgt hatten, dass er wohlgenährt studieren durfte.

Für die Generation der 68er war Geborgenheit eine ganz andere Sache. Es war die Möglichkeit, in der WG die Türen auszuhängen, gemeinsam zu kiffen und zu diskutieren. Bei den Eltern war man eingesperrt und unter Druck. Geborgenheit spendete das Interrail-Ticket, mit dem man während der Ferienzeit ständig unterwegs sein konnte, von Oslo bis Marrakesch. Freiheit schenkte das eigene Fahrrad, Moped, Motorrad. Man schlug sein Zelt auf, wo es schön war, lenkte die Kastenente in eine einsame Bucht.

Als die 68er selbst Eltern wurden, förderten sie gleichzeitig die Loslösung und Bindung der Kinder: Diese wurden ermutigt, bei Freunden zu übernachten, wurden – mit Sexualaufklärung und Pille versorgt – auf die Jugendreise und zum Schüleraustausch geschickt. Wie kommt es dann, dass die Kinder sich oft ängstlich um Anpassung bemühen und nicht noch freier und mutiger sind als ihre so sehr um Freiheit und Mut bemühten Eltern? Dass sie so oft ein sehr strenges, angsteinflößendes Über-Ich aufbauen, das den realen Vorbildern ihrer eher weichen und fürsorglichen Eltern widerspricht?

Dazu ein Beispiel: Der 1970 geborene Norbert hatte das Gymnasium mit besten Noten abgeschlossen und Medizin studiert. Nach dem Studium begann er mehr und mehr, unter Ängsten und Depressionen zu leiden. Die Analyse zeigte, dass er unfähig war, sich selbst als das einzuschätzen, was er war: ein sehr engagierter und pflichtbewusster Assistenzarzt, an dem jeder Chef seine Freude hatte. Er fühlte sich bei dem kleinsten Fehler bedroht, fürchtete ständig, von seinen Chefs hinausgeworfen zu werden und klagte angesichts der geringsten Kritik über die Schikanen seiner Vorgesetzten.

Sein Papa sei zwar ein Schwächling gewesen und habe sich immer der Mutter unterworfen, als Chef aber doch Gold wert, verglichen mit allem, was er jemals angetroffen habe. Norberts Vater war Kaufmann und betreute als Direktor eine Reihe von Agenturen in seinem Bezirk. Als Kind habe er mitbekommen, mit welchem Engagement und mit welcher Rücksichtnahme der Vater seine Leitungsfunktion ausfüllte. Er habe Dienststellenleiter, die wegen ihrer Eheprobleme, ihres Alkoholismus oder einer Erkrankung nicht hundertprozentig arbeiten konnten, unterstützt. In der Klinik habe er nie einen solchen Chef kennengelernt. Wo er arbeite, gehe es knallhart zu.

Norbert ist Arzt geworden, weil er den Druck auf sich spürte, etwas Besonderes zu werden. Aber er war sich keineswegs sicher, ob er das auf diesem Weg auch erreichen würde. In der Analyse zeigte sich, dass Norbert im Grunde verunsichert war, ob er sich einen strengen Vater wünschte, der ihn auf seinen Leistungsweg zwang, oder einen gewährenden, der ihn endlich befreite.

Oft wünschte sich Norbert, Gärtner oder Landwirt zu sein, sich abzurackern und nach Feierabend an nichts mehr denken zu müssen. Wegen dieser unterdrückten Wünsche, den Beruf hinzuwerfen, ein einfaches, naturnahes Leben zu führen, ängstigten ihn die befristeten Verträge; jedes Mal konnte er sich nicht vorstellen, dass sie verlängert würden. Er konnte sich während der Arbeit keine Ruhe gönnen und wollte unbedingt jeden Fehler vermeiden, selbst wenn nicht er für einen Kranken verantwortlich war, sondern ein Kollege. Er war überzeugt, dass der Fehler in jedem Fall ihm angelastet und der Chef ihn sogleich an die Luft setzen würde.

Obwohl er ein guter und sorgfältiger Arzt war, fürchtete er sich, eine Injektion zu geben oder einen Kranken zu intubieren – es könnte ja einer der seltenen Fälle auftreten, in denen solche Eingriffe nicht gelingen, dann wäre er schuldig und würde dafür schwer bestraft. Der innere Druck gegen die verborgenen Wünsche, seine Arbeit hinzuwerfen, hinderte Norbert daran, seine Freizeit zu genießen und sich in seiner Wohnung wohlzufühlen. Auch dort konnte er nicht zur Ruhe kommen, sondern sah nur Aufgaben – ungelesene Zeitschriften, ungespültes Geschirr, ungewaschene Wäsche. Manchmal verließ er fluchtartig seine Wohnung und trank in einer Kneipe ein Bier, um sich zu beruhigen. Dann befürchtete er, Alkoholiker zu werden.

Hier zeigt sich eine für die Kinder der überschätzten Generation typische Denkweise: Während der Arbeit ärgern sie sich darüber, dass sie nicht bequem in der Sonne liegen können, und erleben sie als sinnlose Maloche. Wenn Feierabend ist und sie sich gemütlich mit einem Glas Wein hinsetzen könnten, tadeln sie sich dafür, dass sie sich zu wenig engagieren und nichts Besonderes geworden sind.

Früher selbständig, länger abhängig

Während in Italien, Frankreich, Griechenland und Spanien die Landbevölkerung nach dem Krieg in die Städte strebte und zahllose Bauernhäuser verfielen, zogen die Deutschen aufs Land. Sie bauten Hütten, stellten Wohnwagen auf, campten wild, nagelten Schwarzbauten zusammen. In den 60er-Jahren fingen die Behörden an, diese wilden Siedlungen in der freien Natur zu koordinieren. Es entstanden große Campingplätze, viele mit Dauerbewohnern; später folgten die Wohnwagen-Ströme nach Italien, noch später die Flugreisen nach Spanien und in die Türkei, dort leistete man sich nicht selten eine Zweitwohnung.

Das Leben auf dem Campingplatz bot eine gemilderte, komfortablere Weiterentwicklung des Lebens beim Militär oder im Gefangenenlanger: unter freiem Himmel in der erzwungenen Nähe der durch Zeltleinwand notdürftig geschützten Intimität. Kameradschaft wurde großgeschrieben. Während die Soldatengeneration allmählich zu Wohlstand kam und auch auf dem Campingplatz eine transportable Miniatur kleinbürgerlicher Haushaltsführung bevorzugte, brachen die Hippies als *Easy Riders* zu neuen Horizonten auf und suchten das Abenteuer, im Inneren mithilfe von Drogen und in der Welt mithilfe von Rucksackreisen, bei denen sie die militärischen Strapazen ihrer Väter unbewusst kopierten. In den 60er-Jahren wurde strafbarer Kuppelei verdächtigt, wer zuließ, dass die unverheiratete Untermieterin Herrenbesuch über Nacht empfing. So musste diese Generation auch deshalb in die Ferne aufbrechen, um sich erotisch frei zu fühlen.

Wenn sie nun, älter und Eltern geworden, die eroberten Freiheiten an die eigenen Kinder weitergeben wollen, führt das zu paradoxen Situationen, die ich im Monolog eines Vaters aus der 68er-Generation zu erfassen suche. Seit seiner

Studentenzeit verbrachte er seinen Urlaub auf der Peloponnes und erwarb dort ein Grundstück, auf dem er einen Wohnwagen aufstellte und später ein Haus über einer idyllischen Bucht baute.

„Ich war mit dem Auto vorausgefahren, mit der Fähre nach Patras, quer durch Griechenland zu unserem neu gebauten Haus. Dort habe ich zusammen mit einem Bekannten den großen Olivenbaum eingepflanzt, den ich im Frühling gekauft hatte. Danach haben wir noch ein paar kleinere Bäume gepflanzt. Am nächsten Morgen kamen meine Frau Carla und unsere Tochter Marlene, und wir waren eine Woche alleine. Dann sollte der Bruder von Carla kommen mit seinen drei Kindern, und Peter, Marlenes Freund, der schon letztes Mal dabei war. Und dieser Peter! Jeden Tag hat er mehrmals angerufen und wollte immer etwas anderes, einmal wollte er später kommen, dann wieder früher, aber der Flug war ja gebucht und von mir bezahlt. Dann wollte er, dass wir wegfahren, wenn er kommt, so dass er das Haus mit Marlene alleine hat, oder dass sie früher nach Hause fahren, damit sie dort Zeit für sich haben.

Marlene ist immer auf alles eingegangen und wollte es ihm recht machen, schrecklich, diese Abhängigkeit. Dann kam sie zu uns, und wir fragten, wie sie sich das vorstelle, dass wir samt unseren Gäste aus dem Haus verschwinden, damit das junge Paar allein sein kann? Schließlich hat Peter gesagt, dass er nicht mehr anrufe, weil sie sich dann immer streiten, und dass sie sich ja am Zehnten sähen. Da hat Marlene geweint. Sie dachte, er sei böse und komme gar nicht, bis sie sich am zehnten September wieder in der Schule treffen. Aber Peter hatte natürlich den Anreisetag gemeint, den zehnten August. Er ist dann gekommen und die ganze Zeit geblieben, hat sich auch ganz gut aufgeführt und manchmal gefragt, ob er was helfen soll. Er hat nicht gekifft, da hatte

Carla auch gesagt, wenn das passiert, dann bringt sie ihn am gleichen Tag zum Bahnhof und setzt ihn in den Zug.

Marlene macht mir Sorgen, Peter macht mich unglaublich wütend, weil sie so abhängig ist und er ein solcher Waschlappen. Wir hatten ein Boot, das war aufgebockt am Strand, ich hab ihnen angeboten, damit zu fahren, es war alles in Ordnung, ein Außenbordmotor mit sechs PS, ich wäre da begeistert gewesen, ich hätte das sogar repariert, um in die nächste Bucht zu fahren, aber Peter war das alles zu viel Anstrengung, die haben nichts gemacht. Wir hatten ein Moped gemietet, und einen Roller haben wir dort, stellten zwei volle Kanister Benzin dazu, dann kam Marlene und fragte, ob sie heute das Auto haben kann. Warum sie nicht mit dem Roller fährt? Weil kein Benzin mehr da ist. Die fahren den Tank leer und lassen es dann stehen, es wäre doch selbstverständlich, Bescheid zu geben oder auch mal selbst tanken zu fahren. Peter ging, als sie wieder in M. waren, mit seinen Freunden aus, und bei Marlene übernachtete eine aus ihrer Clique. Diese Clique kann Peter nicht leiden, was willst du mit dem Kiffer, sagen die, und Marlene hat sich so wahnsinnig angestrengt, um in diese Clique hineinzukommen.

An einem Tag zur Oktoberfestzeit war Schulausflug. Und diesem Klassenlehrer fiel nichts Besseres ein, als mit den Schülern auf das Oktoberfest zu gehen. Als der Wandertag beendet war, wollte Peter in die Bibliothek, um an seiner Facharbeit zu schreiben. Marlene kam ganz bedröppelt nach Hause, weil sie nicht mit der Clique gehen mochte und unter der Woche auch nicht in ein Bierzelt. Peter hat sich nicht um sie gekümmert. Sie hat jetzt eine Erkältung, und ich sehe schon wieder voraus, dass sie wie letztes Jahr drei Monate lang husten wird, weil sie das nicht aushält.

Wenn sie unglücklich ist, kommt sie immer zu mir, und ich weiß nicht, was ich machen soll, sie ist so weich, sie will

Peter nicht kränken, sie will ihre Clique nicht verlieren. Es sind immer dieselben Geschichten – beim Skiurlaub war es ähnlich, dass der Peter zwar mitkommen wollte, aber er mochte nicht bei uns wohnen, konnte sich allerdings auch kein eigenes Zimmer leisten; da haben sie es tatsächlich durchgesetzt, dass wir früher abgereist sind, damit die beiden unser Apartment nutzen konnten. Aber da hören wir kein Danke, und wenn ich was zu Marlene sage, hat sie gleich Tränen in den Augen, dass ich so böse auf Peter bin, sie sagt dann, er könne doch nichts dafür, der ist eine Scheidungswaise, das müsste ich doch verstehen."

Gustav Müller, der hier über sein einziges Kind, die 19-jährige Marlene spricht, ist ebenso wie seine Frau Anwalt und auf Strafverteidigung spezialisiert. Er lebt mit seiner Familie in einer süddeutschen Großstadt. Gustav hat sich in den 90er-Jahren stark verändert. Bis dahin trug er zu Jeans und indischen Hemden lange Haare, Vollbart, eine Perlenkette und Armreifen. Heute ist er glattrasiert und lässt sich die grauen Haare sehr kurz schneiden. Diese Veränderung hängt damit zusammen, dass Gustav nach einem schweren Verkehrsunfall aufgehört hat zu trinken und nicht mehr wie früher in einer Band spielt. Er hat sich damals auch von einem sozialistischen Anwaltskollektiv getrennt, in dem fünf Anwälte zusammenarbeiteten, die sich auf die Verteidigung von Demonstranten und Asylbewerbern spezialisiert hatten. Die Kollegen waren ihm ideologisch zu sehr fixiert; er wollte nicht länger dabei mitmachen, dass unfähige Mitglieder des Kollektivs, die keine anspruchsvollen und zahlungsfähigen Mandanten gewinnen konnten, von den begabten und gesuchten Anwälten in der Gruppe mitgeschleppt wurden.

Gustav Müllers Irritation hat eine symbiotische Qualität. Es stört ihn, dass der Freund seiner Tochter ihm so wenig gleicht. Er kann Marlene nicht aus seiner Fürsorge entlassen und ihr zumuten, dass sie den Kontakt mit dem Freund selbst organisiert. Die Tochter lässt den Vater intensiv an ihren Verlustängsten und an ihrer Enttäuschung über das unreife Verhalten Peters teilhaben. Nach wie vor sind Vater und Tochter überzeugt, dass ihre *besonders gute* Beziehung verlangt, sich *alles* zu sagen. Das ist freilich etwas einseitig. Der Vater erzählt nicht von seiner eigenen Drogenkarriere. Auch er hat viel gekifft, aber der Freund der Tochter würde sofort ausquartiert, wenn er das unter seinem Dach täte.

Die Klage über den Mangel an Autonomie, die Passivität, die ausgeprägte Bequemlichkeit und auch Ängstlichkeit der jüngeren Generation wird zwischen Marlene und Peter gespalten. Der Vater tadelt an Peter, dass sich dieser an seine Tochter klammert, dass er Angebote konsumiert, aber selbst nichts riskiert und keine eigene Initiative entwickelt. Er verleugnet aber, dass sich seine Tochter ebenso verhält. Die Eltern versuchen, den jungen Leuten das Leben möglichst angenehm zu machen. Sie denken viel darüber nach, wie sie Abhängigkeits- und Autonomiebedürfnisse *gleichzeitig* befriedigen können. Manchmal gehen ihnen die Ansprüche zu weit, dann wieder werden die jungen Leute bestärkt.

Die Kinder der 68er erwarten, auch in ihrer Loslösung von den Eltern versorgt zu werden.[52] Gewünscht wird eine Autonomie, die gleichzeitig mit *und* gegen die Eltern existiert; etwa in dem Sinn, dass die Eltern ihr Haus für die Party zur Verfügung stellen sollen, sich aber auf dieser Party nicht blicken lassen dürfen. Es scheint Peter und Marlene nicht widersinnig, ihre Eltern damit zu plagen, dass diese sie mit Freiräumen versorgen; umgekehrt tun die Eltern das Ihre, um diese Paradoxie zu fördern.

Die paradoxe Autonomie, in die Marlene und Peter hineinwachsen, beruht auf einer unsicheren Balance ihrer unterschiedlichen Abhängigkeiten. Marlene nimmt die Pille, sie und Peter diskutieren eine gemeinsame Zukunft. Beide leben bei Eltern, die sich verpflichtet fühlen, ihren Kindern die Infrastrukturen für das Ausbalancieren ihrer Abhängigkeiten zu liefern. Ein Symbol dafür sind die Kommunikationsmittel dieser Generation, die ihr vermitteln, frei (etwa im Einhalten von Terminen) zu sein, aber doch nicht allein. Sobald die Autonomie nicht mehr trägt, kommt verlässlich Hilfe. So fluktuieren Verabredungen stärker als früher, während Ängste über enttäuschte Partner sofort beschwichtigt werden.

Marlenes Handy wird von den Eltern finanziert. Was sie über 35 Euro pro Monat vertelefoniert, sollte sie eigentlich selbst zahlen, aber in Griechenland ist es immer viel mehr. Die Eltern irritiert, was sie durch ihre Nähe zu den Kindern an Widersprüchen, Ängsten und Unsicherheiten mitbekommen. Sie fühlen sich ohnmächtig. Gerade weil sie die pausenlose Kommunikation zwischen dem Liebespaar und den nicht zueinander passenden Cliquen unterstützen und die Ängste ihrer Tochter miterleben, fühlen sie sich hilflos. Auch der beste Wille der Eltern kann eine Spannung nicht lösen, wie sie etwa entsteht, wenn der Freund nicht in Marlenes Clique passt und umgekehrt Marlene weder Lust hat, Peter zu seinen Kumpels zu begleiten noch ertragen kann, dass dieser eine Nacht mit seinen Freunden durchmacht und am nächsten Vormittag nicht erreichbar ist.

Marlenes Vater ist kurz vor Kriegsende geboren, er hat einen drei Jahre älteren Bruder. Die Mutter war während eines kurzen Fronturlaubs des Vaters schwanger geworden und sah ihren Ehemann erst nach drei Jahren wieder, als dieser aus der Gefangenschaft zurückkam. Der Vater erinnerte sich nur an seinen erstgeborenen Sohn und konnte nur diesen als sein Kind akzeptieren. Den Zweitgeborenen lehnte er ab. Gustav sei ein Hurenkind, die Mutter sei fremdgegangen,

146

während er im Dreck lag, er wolle mit dieser Frau nichts mehr zu tun haben.

Solche paranoiden Reaktionen sind bei traumatisierten Soldaten nicht selten. Gustav war immer überzeugt gewesen, dass er seiner Mutter glauben konnte. Es kam zu einer engen Mutterbindung. Da Gustav sich die Schuld gab, dass der Vater die Mutter verlassen hatte, musste er etwas gutmachen. Die Mutter solidarisierte sich mit ihm, schließlich war er ebenso wie sie verlassen worden.

Aus diesem Schicksal wird auch das politische Engagement von Gustav Müller verständlicher. Er hatte viele Gründe, die NS-Traditionen abzulehnen, mit denen er das Handeln seines Vaters verknüpfte. Er behauptete zwar immer, er habe nur aus Verlegenheit Jura studiert, aber es bedeutete ihm viel, Menschen zu ihrem Recht zu verhelfen, die von einer Übermacht verfolgt wurden. Allerdings hatte er sich inzwischen von den Mitgliedern des 1974 gegründeten Anwaltskollektivs getrennt. Diese Veränderung führten seine Freunde auf seine Ehefrau zurück, die – zehn Jahre jünger als Gustav – an Karriere, Erfolg und gutem Verdienst interessiert war.

Während die 68er ihre Kritik am _Konsumterror_ benützten, um sich von den Eltern des Wirtschaftswunders zu lösen, nützen ihre Kinder die Konsumwelt als Vehikel, um sich von ihren Eltern zu unterscheiden. Das folgende Zitat stammt aus der Abschlussarbeit einer 1967 geborenen Architektin über die Veränderungen des städtischen Raums. Sie schildert ihr Lebensgefühl während der Pubertät: „Mit meinem Taschengeld ging ich in die Münchner Fußgängerzone. Das hatte sich quasi als Ritual in der ersten Phase meiner Selbständigkeit, also alleine in die Stadt zu fahren, etabliert. Ich begann am Marienplatz, suchte immer die gleichen Läden auf. Waren es am Anfang noch Spielwaren und Bastelläden, wurden die später ersetzt durch Schuhgeschäfte, Kaufhäuser und Plattenläden. Der Abschluss, und das änderte sich nie, war McDonalds am Stachus. Ein völlig verbotener Ort. Zuhause gab es dann am Abend Vollkornspagetti oder ein ähnlich gesundes Essen. Da konnte ich nur lachen, diente der *Fastfood*-Ausflug doch meiner Unabhängigkeit. *Shopping is creating.*"[53]

Männerängste

Seelische und soziale Gründe wirken zusammen, wenn gegenwärtig in Deutschland mehr junge Männer im elterlichen Haushalt leben als in jeder Generation zuvor. Sie bleiben im „Hotel Mama", weil sie keinen sicheren Job haben, noch studieren, arbeitslos sind. Die Hälfte der jungen deutschen Männer im Alter von 24 Jahren wohnt bei den Eltern; ihre Zahl steigt ständig. Junge Frauen sind den Männern in ihrer Bereitschaft überlegen, für einen Arbeitsplatz den Wohnort zu wechseln. Das hängt wohl auch damit zusammen, dass in Krieg- und Nachkriegszeit die männlichen Wertstrukturen sehr viel stärker gelitten haben als die weiblichen.

In manchen Kleinstädten in den neuen Bundesländern begünstigt ein hoher Überschuss an jungen Männern Alkoholismus und Rechtsradikalität. Beides sind Formen der Zuflucht für ein geschwächtes männliches Selbstgefühl und – nebenbei bemerkt – ein Argument gegen Biologisten, die Männern eine genetische Neigung nachsagen, sich neue Jagdgründe zu erschließen. Im Gegenteil: Während sich die Männchen in ihren Höhlen verstecken, ziehen die Weibchen hinaus in eine Ferne, die das starke Geschlecht der aufbruchslustigen Jäger mehr schreckt als sie. Seit der Wende sind aus den neuen Bundesländern viele Arbeitskräfte in den Westen gewandert. Aber nur 37 Prozent davon waren Männer.

Junge Frauen ziehen aus eigenem Impuls aus dem Elternhaus. Sie fühlen sich bei der Mutter eingeengt und möchten sich selbst ausprobieren. Die Jungen hingegen bleiben, bis die Eltern ihnen eine Trennung nahelegen oder die Freundin sie zum Auszug auffordert. Ich lernte einmal eine entnervte, alleinerziehende Mutter von drei Söhnen kennen. Diese waren zwischen 1969 und 1976 geboren. Der Vater zog 1985 zu einer jüngeren Frau und gründete mit ihr eine neue Familie. Die Mutter arbeitete als Sekretärin und hatte ihre liebe Not mit den inzwischen erwachsenen Söhnen, von denen keiner ausziehen wollte. Schließlich mietete sie für sich ein Apartment und überließ den Nesthockern die geräumige Altbauwohnung für eine Studenten-WG.

Frauen sind es gewohnt, sich mit emotionalen Bindungen zu versorgen und diese auch an einem neuen Ort aufzubauen. Männer hängen an dem, was sie haben, an der Mama, an der Disko, in die sie seit Jahren gehen, am Sportverein. Es kommt ihnen nicht in den Kopf, wegzugehen. Sie spüren keine Ängste vor einer Trennung, das würde nicht in ihr Selbstbild passen. Sie behaupten, sie könnten ihre Freunde nicht im Stich lassen. Die Generationendynamik hat die Not verschärft, in die das einst starke Geschlecht geraten ist. Um Kränkungen zu verarbeiten, die zu verleugnen das Patriarchat den Männern lange Zeit gute Dienste leistete, müssten die Männer trauern können, Humor entwickeln, den Vorsprung vieler Frauen an emotionaler Intelligenz erkennen und ertragen. Aber dazu fehlt ihnen die innere Freiheit, auch weil sie keine Väter haben, die ihnen dabei helfen könnten.

Nationalsozialismus und Faschismus hatten durchaus *auch* die Funktion, das brüchig gewordene, von der nach dem ersten Weltkrieg erstarkten Frauenemanzipation bedrohte männliche Selbstgefühl aufzublähen und mit gewalttätigen Zügen zu verstärken. Nach dem Zusammenbruch dieser Überkompensation standen die deutschen Männer erbärmlich genug da. Sie retteten sich in die Restauration Adenauers und versuchten oft, die während der Kriegs- und Nachkriegsjahre selbständig gewordenen Frauen in das Heim und an den Herd zurück zu zwingen. Die 68er-Bewegung machte beiden Geschlechtern die Emanzipationsdefizite durch ihre Abwehr der rigiden Geschlechterbilder ihrer Eltern bewusst. Unter den Kindern der 68er finden sich in beiden Geschlechtern Entwertungsfantasien. Doch scheinen die männlichen Selbstbilder stärker von den einsetzenden phobischen Entwicklungen bedroht als die weiblichen.

Null Bock auf das erwachsene Leben

Keine Lust, Null Bock steht für die Abwehr der phobischen Haltung. So wird aus der Vermeidung ein souveräner Akt. Ich habe eben keine Lust auf Schule, auf eine regelmäßige Arbeit, eine feste Beziehung, auf Verpflichtungen, auf alles, was einengt. So werden die Ängste vor dem eigenen Ich und vor der eigenen Kritik versteckt. Wer *keinen Bock* hat, doofe Leute für langweilige Gespräche zu treffen, muss sich nicht eingestehen, dass er sich wieder einmal aus Angst, eine Stelle nicht zu bekommen, gar nicht darauf beworben hat.

Die überschätzte Generation erlebte in vielen Bereichen (Werterleben, Lebenszuversicht, Emotionalität, Spontaneität), dass ihre traumatisierten, eingeengten und noch mit den Idealen der Härte[54] identifizierten Eltern ihre Vorbildrolle nicht ausfüllen konnten. Die aufopfernde materielle Versorgung vermochte diese Lücken nicht zu schließen. Die

68er kompensierten den entstandenen Mangel durch Entwertung der Eltern, verbunden mit Selbstüberschätzung und Idealisierung von Emotionalität, Zärtlichkeit und Nähe. Den eigenen Kindern gibt diese überschätzte Generation der Bundesrepublik möglichst viele Freiheiten. Sie diskutiert und bewertet nachträglich, statt Grenzen zu setzen. Die Eltern stellten sich auf die Seite der Kinder, wenn es Probleme mit anderen Kindern oder mit Lehrern gab. Sie gaben ihren Kindern mit sanftem Druck ihre eigene Kultur, nicht die Ruinen und das Brachland, zwischen denen sie selbst gespielt hatte. So wurde Peter Pan, der im Nimmerland ewig Kind bleiben kann[55], zum Mythos der entwerteten Generation.

Die Eltern verstanden ihre Kinder als Utopie einer besseren Gesellschaft. So waren die Herangewachsenen schlecht darauf vorbereitet, sich außerhalb dieser auf die Familienschonwelt begrenzten Utopie zurechtzufinden. Häufiger als früher kehren Jugendliche nach dem Fehlstart in die Autonomie ins Elternhaus zurück. Es fällt ihnen schwer, die bisher wie ein Naturrecht hingenommene Teilhabe an der elterlichen Überschätzung zu korrigieren. Sie zweifeln außerhalb der Familie an ihrem Wert und möchten von den Eltern Tipps, wie sie selbstständig werden können. Die Eltern wiederum durchschauen die Paradoxie dieser Situation nicht und geben sich ernstliche Mühe, auf diese Weise endlich zu erfinden, wie man den Kuchen gleichzeitig behalten und essen kann.

Die so entstehende ängstliche Selbstentwertung wird manchmal von der Suche nach besseren Eltern unterbrochen, mit denen sich die Utopie in neuen Formen wiederherstellen lässt.

Ein Beispiel: Die 24jährige Michaela hat nach einigen gescheiterten Versuchen endlich ihren Traumstudienplatz an einer Kunstakademie erobert. Ihre Eltern waren schon immer von ihrer künstlerischen Begabung überzeugt, sie priesen jede Kinderzeichnung als geniale Leistung. Im Vergleich mit anderen Studenten bemerkt Michaela bald, dass ihr Talent keineswegs ausreicht, um andere so zu überstrahlen, wie sie es zu Hause immer hörte. Sie müsste hart arbeiten, um befriedigende Noten zu haben. In dieser Situation verliebt sie sich in ihren Kursleiter und kommt mit einer Depression in Behandlung, weil es sie schrecklich quält, wenn er andere anlächelt. Sie hat nicht den Mut, ihm ihre Liebe zu gestehen. Sie gibt sich keine Chance, ihn zu erobern, und glaubt nicht mehr, dass er sie darin unterstützen kann, Künstlerin zu werden, wenn er sich nicht endlich auch in sie verliebt.

Während in diesem Fall die narzisstische Kompensation eines imaginären Verlustes der idealisierenden Eltern deutlich ist und relativ rasch in eine Psychotherapie mündete, zeigt sich in dem zweiten Beispiel, wie eine solche Dynamik auch Dritte schädigen kann:

Die 32-jährige Karin ist die Tochter eines geschiedenen Apothekers, dessen Ex-Ehefrau auf Gomera lebt. Ihr Vater hält große Stücke auf ihre künstlerische Begabung und fördert diese nach Kräften, auch weil er wegen des Zerbrechens seiner Ehe Schuldgefühle hat. Nach vielen Studienanfängen und -abbrüchen ist immer noch keine Chance in Sicht, dass Karin eine für sie befriedigende Beziehung findet und etwas von ihrer Konzeptkunst verkaufen kann. Der Vater ist aber doch erleichtert, dass Karin ihre Essstörung überwunden hat. Ein Lichtblick scheint ihm auch die Beziehung zu Margret zu sein. Margret ist im Alter von Karins Mutter und Inhaberin einer kleinen Galerie. Sie kann dank ihres persönlichen Charmes und ihrer guten Kontakte vor Ort die Arbeiten verschiedener Künstler und Kunsthandwerker verkaufen. Daneben macht sie Puppen, die sie einem festen Kundenkreis anbietet. Karin ist von Margret und ihrem Geschäft begeistert, beginnt selbst, Puppen zu formen und erlebt zum ersten Mal, dass etwas von ihren Arbeiten auch Käufer findet.

Nach einem Jahr dieser Zusammenarbeit erzählt Margret Karin, dass sie das Geschäft verkaufen muss. Sie hat mit ihrem Ehemann, einem Architekten, ein Häuschen in der Toskana erworben. Ihr Partner geht in Rente. Sie will mit ihm dort leben und vielleicht noch ein wenig basteln, aber nicht mehr jeden Tag im Laden stehen. Sie sucht einen Käufer oder eine Käuferin für das Geschäft mit Inventar und Ware. Karin ist traurig – der Laden hat ihr gut gefallen, sie war oft dort, hat mitgebastelt, auch ein wenig verkauft; jetzt soll alles in fremde Hände? Dann kommt ihr ein Gedanke: Warum den Laden nicht selbst übernehmen?

Auch Margret ist von dieser Idee angetan; es ist doch schöner, die Galerie an jemanden zu verkaufen, zu dem sie passt und der sie schon kennt. Karin erzählt ihrem Vater von diesem Plan. Endlich hat sie etwas gefunden, das ihr Freude macht, wo sie eine Existenz aufbauen, eigene Kunst  verkaufen kann. Der Vater ist erleichtert, dass seine Tochter eine berufliche Zukunft für sich sieht und stellt die Anzahlung zur Verfügung. Den Rest soll Karin von ihren Umsätzen in Raten zurückzahlen.

Sobald Margret in die Toskana aufgebrochen ist, verliert Karin die Freude an dem Geschäft. Alle Kunden fragen nach Margret: Wo sie ist, wann sie wieder kommt. Sobald sie hören, dass Karin die Nachfolgerin ist, verlassen sie nach einiger Zeit den Laden. „Da ist jetzt eine Neue", sagt ein langjähriger Kunde beim Nachhauseweg zu seiner Frau. „Die tut ja so, als sei es eine Gnade, von ihr bedient zu werden. Und so, als hätten alle einen billigen Geschmack außer ihr selbst. Und es ist dir sicher auch aufgefallen: alle Preise hat sie erhöht!" Karin kann nach zwei Monaten die Galerie nicht

mehr ertragen. Margret hat sie betrogen, hat ihr weisge-
macht, sie könne dort weitermachen, wo sie aufgehört habe,
aber sie hat alle Kunden auf sich fixiert und gegen sie auf-
gehetzt. Karin bittet den Papa um Hilfe.

Der Apotheker versucht den Schaden zu verkleinern. Er
fordert über einen tüchtigen Anwalt die Anzahlung zurück.
Karin sei ungenügend informiert worden. Es bestehe der Verdacht auf Betrug. Margret kann sich nicht vorstellen, dass sie
für eine so klare Sache einen Anwalt braucht. Sie hat das Geschäft ohne schriftlichen Vertrag gemacht, per Handschlag.
Und sie hat das Geld schon für eine neue Werkstatt in der
Toskana ausgegeben. Es kommt zum Prozess. Das Gericht
entscheidet, dass der Handel rückgängig gemacht werden
muss. Margret ist enttäuscht und so deprimiert, dass sie ein
halbes Jahr kaum arbeiten kann. Das Ehepaar muss sich ver-
schulden und versuchen, die inzwischen heruntergewirt-
schaftete Galerie doch noch zu verkaufen, denn auch Marget
hat die Freude an ihrem Geschäft verloren.

Karin übertrug auf Margret symbiotische Erwartungen.
Mit ihr verschmolzen konnte sie einen scheinbaren Rei-
fungsschritt leisten, der sich ins Nichts auflöste, sobald Margret nicht mehr neben ihr die Kunden bediente und Karins
Beziehungsstörung kompensierte. Unter dem Druck der Einsicht, dass ihr die Galerie ohne Margret keinen Halt gab,
nahm Karin Zuflucht zu einer Entwertung der anfänglich so
verehrten Freundin. Sie gewann den Vater als Vollstrecker
des in ihrem beschädigten Selbstgefühl wurzelnden Urteils.

In der Einleitung habe ich das Erstaunen einer Mutter
beschrieben, als auf der Feier zum 25-jährigen Gründungstag
des ersten Kinderladens in der Stadt die Kinder sehr viel
förmlicher gekleidet waren als ihre Eltern. Wer die Lebens-
geschichten der entwerteten Generation studiert, findet immer wieder Schlüsselszenen, in denen sie vor ihren eigenen

Emotionen erschrecken und Zuflucht bei den Konventionen suchen, gegen die ihre Eltern rebelliert haben. Diese Konventionen erleben sie bald als Halt oder Trost, dann wieder als Bedrückung und Beweis, dass sie zu feige sind, sich wirklich eigene Ziele zuzutrauen.

Eine 1970 geborene Analysandin wundert sich im Nachhinein, dass sie sich als 15-Jährige von ihrem Freund im Ehebett der Eltern entjungfern ließ, als diese am Wochenende verreist waren. Sie trennte sich später von diesem Partner, weil ihr sein Drogenkonsum und sein Schulversagen nicht passten.

Jetzt, mit dreißig und beruflich sehr erfolgreich, erlebt sie sich weitaus ängstlicher und kontrollierter als damals. Sie würde nie wieder riskieren, was sie sich damals zugetraut hat, als sie noch zu Hause lebte und gegen ihre Mutter protestierte. Sie sei jetzt ein hoffnungsloser *Kontrolletti*, Spaß am Leben, mal über die Stränge schlagen, das sei etwas für andere – übrigens eher etwas für ihre Mutter als für sie! Auf einem Volksfest, das man ohnehin nur betrunken ertrage, habe sie den Abend vor ihrem Mineralwasser verbracht, um nachher ihre Eltern und ihren Freund mit dem Auto nach Hause zu kutschieren. Die Mutter sei beschwipst gewesen und habe einen unanständigen Witz nach dem anderen gerissen; das war ihr unendlich peinlich.

Eine zweite Analysandin hatte ihre erste und für lange Jahre einzige sexuelle Beziehung, als sie noch zu Hause wohnte. Sie trennte sich von dem chronisch untreuen Freund, zog zum Studium in eine andere Stadt und ging über fünfzehn Jahre lang keine neue erotische Beziehung ein. Sie machte Karriere, lebte aber nach wie vor bescheiden in den Möbeln, die ihr ihre Eltern überlassen hatten. Erst in der Analyse wunderte sie sich darüber, dass sie keinen Esstisch besaß und nie Gäste in ihre Wohnung einlud. Die Frei-

heit, zu der die 68er aus ihren muffigen und engen Eltern-
häusern aufbrachen, um endlich sich selbst und andere zu
bewegen, wird für junge Menschen aus symbiotisch organisierten Familien zur bedrückenden Gefahr.

Dazu noch zwei Beispiele: Der 1968 geborene Alexander
ist ein Einserschüler, sehr zum Stolz seiner Mutter, die sei-
netwegen ihren Beruf aufgegeben hat und ihn nach Kräften
fördert. Mit einem Stipendium des Maximilianeums studiert
er Jura und erreicht ein ausgezeichnetes Ergebnis. Seine
Note wird in Bayern „Notarsnote" genannt, weil sie es ermöglicht, eines der finanziell sehr einträglichen Notariate zu
übernehmen. Alexander beginnt seine Arbeit bei einem
Notar – und wird nach einigen Monaten wegen einer heftigen Depression arbeitsunfähig. In seiner Therapie behauptet
er zuerst, sein Zusammenbruch hänge mit der beruflichen
Verantwortung zusammen; er traue sich einfach nicht zu,
keine Fehler zu machen, und könne die finanzielle Verantwortung für die Folgen nicht tragen. Später gesteht er auch
heftige Sexualängste.

Der 1970 geborene Peter ist ebenfalls ein Einserschüler
und ein guter Sportler. Seine Eltern umsorgen ihn muster-
gültig; nur auf die Zyniker im Bekanntenkreis wirken sie be-
tulich. Peter wirkt etwas verschlossen, er meidet Kontakt zu
Mädchen, angeblich weil er sonst nicht genug Zeit für seine
Arbeit und Hobbies hat. An einem Freitag kurz vor dem Abitur kommt er nicht aus der Schule nach Hause. – Die Eltern
finden ihn schließlich erhängt auf dem Dachboden. Der hin-
zugezogene Psychiater tröstet die fassungslose Familie: Bei
Peter sei plötzlich eine akute schizophrene Psychose aus-
gebrochen.

Es wäre verfehlt, solche Einzelfälle allein der Thematik
der jeweiligen Generationen zuzuschreiben. Ich nenne sie
hier, um eine Dynamik zu verdeutlichen, die für einen Wan-

del in den Grundproblemen junger Menschen steht. In Supervisionsgruppen bin ich schon einige Male Therapeuten begegnet, die mit Kindern der 68er Generation arbeiten und sagen: „Leider kann ich ja die Fallschirmtherapie nicht machen!" Oder: „Wenn es doch die Flugzeugtherapie gäbe!" Befragt, was mit diesen befremdlichen Therapierichtungen gemeint sei, sagen die betreffenden Therapeuten mit einem Achselzucken: „Ich bin überzeugt: Wenn ich diese anorektische Patientin über dem Dschungel mit Fallschirm und Überlebensrucksack abwerfen würde – sie würde sich prächtig durchschlagen und bald wieder anfangen zu essen!" „Oder sie in einem Slum in Kalkutta aussetzen!", steuert eine Kollegin bei.

Gelobt sei, was hart macht ist ein Nietzsche-Zitat aus *Menschliches, Allzumenschliches,* das in der NS-Zeit sehr oft verwendet wurde. Die Helfer erkennen die Verstrickung zwischen Eltern, die beweisen müssen, dass sie gute Eltern sind, und Kindern, die gerne beweisen würden, dass sie es auch gut meinen, aber dadurch in neurotische Konflikte geraten. Sie suchen nach Wegen, die Nabelschnüre zu zerreißen und diesen Kindern das zurückzugeben, was den Kindern der Nachkriegszeit wie selbstverständlich zur Verfügung stand: Eltern, die sich mehr für das eigene Überleben interessierten als dafür, ob ihre Kinder glücklich sind oder nicht – und eine wüste, leere Umwelt, in der eigene Entwürfe möglich sind.

Der Sturz aus dem Flugzeug in Wildnis oder Armut ist Fiktion, eines der vielen sinnlosen Rezepte, mit denen eine Generation die nächste gängeln möchte. Aber er drückt auch aus, an welche inneren Grenzen Therapeuten geraten, wenn sie den Auftrag annehmen, durch eine noch bessere Förderung, Zuwendung und Einfühlung die Kinder von Eltern selbstständiger zu machen, die ihrerseits ständig auf der Suche nach einem noch besseren Therapeuten oder einer noch hilfreicheren Klinik für ihr Kind sind, das *so viel erreichen könnte und so wenig Bock darauf hat.*

IV. Unterschiede und Gemeinsamkeiten: Drei Generationen im Vergleich

Das Verhältnis zu den Großeltern

Ein wesentlicher Unterschied zwischen der Nachkriegsgeneration und den nach 1960 Geborenen liegt im Verhältnis zu den Großeltern. Für die Kriegs- und Nachkriegsgeneration waren die Großeltern ein wichtiger Halt. Sie ersetzten oft die gefallenen Väter. Ihre Wurzeln reichten in die Zeit vor dem Nationalsozialismus. Den Kindern der 68er standen als Großeltern nur die beschädigten und traumatisierten Soldaten, die einstigen Hitlerjungen und BdM-Mädchen zur Verfügung. Diese waren häufig noch zusätzlich durch Auseinandersetzungen mit ihren eigenen Kindern geschwächt.

Hier der Bericht eines 1975 Geborenen: „Der Vater meines Vaters ist bei Stalingrad gefallen; meine Großmutter väterlicherseits war bei meiner Geburt schon tot. Mit den Eltern meiner Mutter habe ich nie ein persönliches Wort gesprochen. Sie waren gar nicht wie richtige Menschen, sondern gingen ganz in ihren Rollen auf: Der Herr Forstmeister hier, die Frau Forstmeister dort. Ein Dienstmädchen und einen Gärtner hatten sie auch. Meine Mutter hat ihre Mutter gehasst. Sie sollte immer bis zwei Uhr hungern, weil dann der Vater zum Essen kam. Sie hielt es nicht aus so lange, aber die Mutter gab ihr nichts. Zwischen dem Elternhaus und dem Forstamt lag ein Friedhof. Sie legte dort ein Depot an und verpflegte sich selbst, aber eine Friedhofsbesucherin verriet das Kind, und es wurde bestraft. Sie hat diese Nazimutter gehasst, weil sie so kalt war. Irgendwann hat sie mir erzählt, dass ihre Mutter ihr noch 1962 in einem Brief geschrieben hatte, Deutschland brauche einen neuen Führer.

Meine Mutter warf meinem Vater immer vor, er habe ihr Leben zerstört, er habe seine Karriere auf ihren Schultern gemacht, habe sie gehindert, eine große Musikerin zu werden, habe von ihr verlangt, sich für die Kinder zu opfern und ihm den Rücken frei zu halten. Dabei hat sie nur nach einer Ausrede gesucht, nach jemandem, dem sie die Schuld geben konnte, sie hätte ja leicht noch studieren können, als mein Bruder und ich in die Schule gingen. Aber das wollte sie nicht, sie hat lieber in ihren antifaschistischen Gruppen agitiert und uns als Egoisten beschimpft."

Solche Äußerungen dokumentieren die symbiotische Bindung der Eltern in der ersten Nachkriegsgeneration, durch die im Kind häufig beide Elterngestalten entwertet werden. Der Eindruck, an der Realität zu scheitern, wird durch die unerfüllbar hohen, als Ersatz für die verlorenen Werte der Großeltern aufgebauten Ideale der 68er fast zwangsläufig inszeniert.

Die deutsche Mutter

In Deutschland werden gegenwärtig weniger Kinder geboren als in vielen gesellschaftlich und wirtschaftlich vergleichbaren Staaten.[56] Wirtschaftliche Gründe werden am häufigsten genannt, wenn über die schwindende Fortpflanzungsbereitschaft in Deutschland und Italien (die beide unter dem europäischen Durchschnitt liegen) diskutiert wird. Demnach ist der Mangel an einer angemessenen Unterstützung junger Familien für den Geburtenschwund verantwortlich. Gegen dieses Argument ist nichts einzuwenden, solange es nicht vorgibt, die Problematik vollständig auszuleuchten. Wer politisch handeln will, wird vorwiegend hier ansetzen. Er mag es sogar ausdauernder tun, wenn ihm klar ist, dass er damit andere, schwerer zu beseitigende Gründe für den Geburtenmangel nicht beeinflussen wird.

Diese liegen in der schon erwähnten Bedürftigkeit nach äußerem Halt, der die Deutschen seit dem Zusammenbruch der NS-Regierung begleitet. Wer gerade noch mit sich selbst zurechtkommt, gerade genug verdient, um für sich selbst zu sorgen, wer seine Lebenspläne den überall verkündeten Normen der Flexibilität und Mobilität unterwerfen soll, der kann gar nicht anders, als sich vor Abhängigkeit und Verantwortung für andere zu fürchten. Ein Kind würde ein prekäres Gleichgewicht gefährden. Angesichts verbreiteter Arbeitslosigkeit könnte es für junge Eltern auch in Deutschland attraktiv sein, sich eine Weile aus dem Karrierestress zurückzuziehen und Kinder zu versorgen, wenn sie dieser Vision genug abgewinnen könnten, um die mit ihrer Autonomie verknüpften Ängste zu überwinden. Aber das tun sie nicht. Sie schieben den Entschluss vor sich her. Sie zögern. Sie suchen nach besseren Bedingungen. „Ich hätte schon gerne Kinder. Aber ich weiß nicht, ob meine Beziehung jetzt wirklich so gut ist. Dann wäre ich für immer festgelegt. Mein Partner kann sich nicht entscheiden. Er schiebt alles mir zu. Aber ein Kind braucht doch zwei Eltern. Zurzeit lebe ich in einem Zustand beruflicher Unsicherheit, da kann ich mir nicht auch noch Gedanken um ein Kind machen." Solche Äußerungen fallen in Paarberatungen.

Frauen neigen mehr zu der Frage, ob der Partner auch *wirklich* ein Kind will und ob er verspricht, ein guter Vater zu werden. Sie stellen ihn auf den Prüfstand und testen: „Wenn wir ein Kind haben, dann musst du aber auf dein Motorrad verzichten, dann kannst du nicht mehr jedes zweite

Wochenende ..." Wehrt sich der Partner trotzig gegen diesen Test, wird das Projekt auf Eis gelegt. Männer sehen angesichts des Kinderwunsches ihrer Lebensgefährtin plötzlich wie eine Fata Morgana hinter ihrer bisher durchaus attraktiven Partnerin die Traumfrau auftauchen, nach der sie schon immer gesucht haben. Wenn sie jetzt zusammen ein Kind haben, dann heißt das, definitiv darauf zu verzichten, vielleicht doch noch einmal diese Traumfrau zu erobern, dann sind sie festgelegt, an der Kette, in der Pflicht. So gefährdet allein der Gedanke an ein Kind die Fantasie von einem Idealpartner, der eine absolute Sicherheit garantieren würde.

Was macht gerade die deutschen Männer und die deutschen Frauen derart bedürftig nach einem makellosen Gegenüber, was macht sie so ängstlich, so perfektionistisch in ihren Forderungen? Sie klammern sich aneinander, als ob es keinen Halt in ihnen gäbe, der Zuversicht verleiht. In der Fantasie, unbedingt einen idealisierten Partner zu benötigen, um eine Schwangerschaft zu riskieren, erkenne ich eine späte Reaktion gegen die Ideologie des Dritten Reiches, in der das *idealisierte deutsche Volk* diesen Halt bot. Die deutsche Mutter, so argumentierte damals Johanna Haarer in ihren Büchern, sei die einzige, die die vom Aussterben bedrohte Nation retten könne. Das äußerte sie in ausdrücklicher Distanz zu dem Ansinnen, dass Väter oder Männer in dieser Produktion eine nennenswerte Rolle zu spielen hätten.

Johanna Haarer wurde als Johanna Barsch 1900 in Tetschen in der heutigen Tschechei geboren. Sie starb 1988 in München. Sie studierte Medizin und gab nach der Ehe mit einem Kollegen, dem Arzt Otto Haarer, diesen Beruf auf. Sie gebar während der NS-Herrschaft fünf Kinder und wurde die populärste Autorin von Ratgebern über Mutterschaft in Deutschland, daneben eine führende Vertreterin der NS-Ideologie auf diesem Gebiet. 1945 wurde sie verhaftet und verbrachte ein Jahr in amerikanischen Internierungslagern. Während Johanna Haarers Haft beging ihr Ehemann Selbstmord. Nach der Entlassung setzte sie ihre schriftstellerische Tätigkeit fort und suchte nach neuen Aufgaben. Sie schrieb beispielsweise Deutschlehrbücher für Ausländer und eine Strickfibel. Sie reinigte ihre Bücher von der NS-Terminologie; so wurde aus „Die deutsche Mutter und ihr erstes Kind" einfach „Die Mutter und ihr erstes Kind", bis in die 60er-Jahre einer der beliebtesten Ratgeber für Frauen.

1965 stellte mir meine damalige Verlobte und spätere Ehefrau Silke von Vietinghoff[57] ihre beste Freundin vor, eine Tochter Johanna Haarers. Damals war ich 24 Jahre alt, stand vor dem Diplom in Psychologie und hörte neugierig zu, wenn die Mutter meiner Verlobten und Johanna Haarer sich austauschten. Frigga von Vietinghoff-Scheel war die Tochter eines baltischen Barons und hatte sich schon früh mit einem Nazi verheiratet, der in der NS-Zeit Kunstprofessor wurde, eine Mesalliance, die in einer Katastrophe endete. Ihr zweiter Mann, der Vater meiner unehelich geborenen Verlobten (die aus diesem Grund im *Gotha* als *nichtadelige Namensträgerin* aufgeführt war), diente in der SS-Leibstandarte. Er verunglückte 1936 tödlich. Meine spätere Schwiegermutter arbeitete daraufhin als Sekretärin in der Gestapo-Zentrale, begleitete ihre Eltern in die Evakuierung aus dem bedrohten Berlin nach Thüringen und landete schließlich in München, wo sie eine Anstellung als Lektorin bei der Illustrierten *Revue* bekam. Sie war besonders stolz darauf, dass sie den Abdruck eines Fortsetzungsromans durchgesetzt hatte, in dem eine Mutter den vom Gericht freigesprochenen Mörder ihrer Tochter auf offener Straße erschoss. Frigga erzählte den Ursprungsmythos der *deutschen Mutter* ganz ohne NS-Ideologie. Johanna Haarer habe während ihrer ersten Schwangerschaft nach einem Text über ihre neue Rolle gesucht. In dem einzigen Buch, das sie finden konnte, beschrieb ein Gynäkologe die Geburt und fasste die ihr folgende Aufgabe der Mutter in den Satz: „Dann übergebe man das Kind einer Amme!" Da beschloss die schwangere Ärztin, Autorin zu werden.[58]

Als 1967 unsere Tochter Ina-Maria geboren wurde, schenkte uns Frau Haarer ein von ihr persönlich aus Baumwollgarn gestricktes, luftiges und sehr strapazierfähigen Strampelhöschen, das sozusagen mitwuchs und noch von der Vierjährigen getragen wurde. Ich lebte damals in Italien und schrieb für das Ärztemagazin *Selecta* 1969 eine Titelgeschichte über antiautoritäre Erziehung. Das Titelbild habe ich selbst fotografiert: meine zweijährige Älteste in Haarers Strampelanzug, eine Krone aus Goldpapier auf dem Kopf, mit gebieterischer Geste auf der Schwelle des Hauses. Die Ironie war nicht beabsichtigt und ist mir damals auch gar nicht aufgefallen: der Widerspruch zwischen Johanna Haarers Gestrick und dem antiautoritären Gestus.

Als ich 1969 diese Titelgeschichte über antiautoritäre Erziehung schrieb und mein Foto einer Zweijährigen mit einer Krone aus Goldpapier und einer gebieterischen Geste vom Verlag als Titelbild angenommen wurde, war ich in dem Haus über der Ebene des Mugello weit weg von den 68ern und doch von ihnen mitgeprägt. Es war die selbstbewusste Geste, eine unglaubwürdige Welt elterlicher Werte durch eine eigene Schöpfung zu ersetzen, ein Phantasma, das an keiner Stelle der kritischen Prüfung standhielt und doch unsere Stimmungen prägte. Die mit meiner Frau befreundete Haarer-Tochter hatte uns mit ihrem Ehemann wiederholt besucht. Ich erklärte mich mit meinen 28 Jahren und meinem angelesenen Wissen über seelische Erkrankungen und Familiendynamik bereit, zu viert in eine Art Selbstbefreiungsgruppe einzusteigen, in der es darum ging, die Töchter von dem Einfluss ihrer Mütter zu befreien. Ich war überzeugt, dass eine gründliche Auseinandersetzung mit den Müttern die Töchter „heilen" würde. Ich glaubte das drei Sommer lang. Aber einige weitere Jahre später waren beide Ehen geschieden, und ich hatte meine erste Lektion über die Gefahren der Selbstüberschätzung gelernt.

Haarers Bücher sind eine Fundgrube für all jene, die die Widersprüche verstehen möchten, mit denen deutsche Mütter zu kämpfen hatten und haben. Es ist krass, welchem Wechsel an Werten sie zwischen 1940 und 1970 ausgesetzt wurden. Während der NS-Zeit wurde das weibliche Selbstgefühl in destruktiver Weise manipuliert. Die Folgen werden erst in der zweiten und dritten Generation fassbar.

Die Belastungen der 68er-Mütter hängen mit den Erfahrungen zusammen, die ihnen ihre eigenen Mütter bereitet haben. Nach den Empfehlungen Johanna Haarers wurden sie von diesen nach der Maxime erzogen, dass man Kinder sieht, aber nicht hört, dass es richtig ist, sie zu beschämen, sie kalt zu stellen, allein zu lassen, denn das macht hart und gefügig. Die 68er Mutter brauchte daher die Nähe zu ihrem Kind. Sie wollte von ihm darin bestätigt werden, dass sie eine gute Mutter ist. Sie wollte keine Führung übernehmen, wo das unbeliebt macht; sie wollte eigentlich gar nicht Mutter sein, sondern große Schwester – vielleicht lieber keine *große* Schwester, sondern eine *gleiche* Schwester, eine Zwillingsschwester des Kindes, die dem Kind eben die Sicherheit und Wärme gibt, die sie vorher von diesem ausgeliehen hat, ein symbiotisches, kommunizierendes, sich stabilisierendes System. Und wie Zwillinge redeten sich Mutter und Tochter mit Vornamen an, tauschten in der Pubertät die Kleider, verwechselten Beziehung mit Abhängigkeit, Trennung mit Verlust, Grenze mit Destruktion.

Eine von Depressionen und Ängsten belastete Frau hat mir einmal erzählt, wie sie sich als Kind jeden Tag davor fürchtete und schämte, aus der Schule nach Hause zu kommen. Sie hatte bemerkt, dass die Mutter es nicht vertrug, wenn sie das tat, was sie am liebsten getan hätte: für sich zu behalten, was im Unterricht und in den Pausen geschehen war. So hatte sie sich daran gewöhnt, der Mutter Lügen aufzutischen, in denen die Tochter sich so darstellte, wie sie glaubte, dass die Mutter sich ihre Tochter wünschte. Sie schämte sich, aber die Mutter war zufrieden.

Eine junge Patientin erzählt: „Ich habe mir immer vorgestellt, ich bräuchte so eine italienische *Mamma*, die zu Hause sitzt, rundlich ist, die gut kochen kann und nichts von mir will, außer dass ich mich hinsetze, die sagt, wie schön ich bin, und wie schön es ist, dass ich da bin, und dass ich es schon schaffen werde, und ob ich Spaghetti essen will oder Makkaroni. Und meine Mutter? Die ist mager und hektisch und stellt tausend Fragen, nach dem Studium, nach meinem Freund, sie erzählt von ihren Reisen und wie viele Sorgen sie sich macht, weil so viele Leute arbeitslos sind und ich so etwas Brotloses studiere wie Kunstgeschichte. Und dann denke ich, ich muss mich jetzt auch noch um sie kümmern und um ihre Ängste, und ich habe doch schon selbst genug!"

Die 1969 geborene Analysandin berichtet, wie sie als Kleinkind mit den Großeltern und Eltern Urlaubstage in einem Hotel in Spanien verbrachte. Zusammen mit ihrer ein Jahr älteren Schwester rannte sie durch die große Halle und schrie vor Freude, weil sie auf dem spiegelglatten Boden rutschen konnte. Die Mutter duldete dieses Verhalten. Die Großeltern aber wiesen die Mutter streng zurecht, das gehöre sich nicht. Die Mutter reagierte wie ein gescholtenes Kind und brach in Tränen aus. „Das habe ich nicht vergessen. Ich glaube immer, dass ich mich nicht wirklich auf sie verlassen kann, weil sie in Krisen selbst Hilfe braucht", fasst die Tochter ihre Gefühle zusammen. Dieser Bericht illustriert den Zusammenprall zwischen einer Mutter aus der traumatisierten Generation und einer 68er-Mutter. Er dokumentiert auch die Schwäche, die sich hinter dem Vorhaben der 68er-Eltern verbarg, alles ganz anders und viel besser zu machen: Das brachte die Gefahr mit sich, dass die Grenzen zwischen Eltern und Kindern verloren gingen und die Kinder keinen Halt an ihren Eltern fanden.

Johanna Haarer sah im Baby den natürlichen Feind der Mutter. Durch strikte Kontrolle musste ihrer Ansicht nach verhindert werden, dass es Macht über sie gewinnt – wenn du nur einmal nachgibst, *dann, liebe Mutter, bist du verloren.* Zu dieser Erziehung gehörte Stillen nach strengstem Stundenplan, alleinlassen, schreien lassen. „Schwierig wird in dieser Hinsicht der Stand der Mutter, wenn eine Frau der älteren Generation in die Kinderpflege ein Wort mit dreinzureden hat – Großmütter, Tanten und Kinderfrauen vom alten, guten Schlag", sagt Haarer etwa.[59] „Sie ... können kein Kind schreien hören, ohne sich sofort darauf zu stürzen. Sie sind stets von Neuem empört über die ‚moderne, herzlose Mutter.'" Wenn die Kinder der Eltern, die Johanna Haarer als pädagogische Leitfigur aufgerichtet hatten, 1970 Jean Liedloffs Eloge auf die gewährende Liebe der Primitiven lasen oder Alexander S. Neills *Theorie und Praxis der antiautoritären Erziehung* millionenfach kauften, wurde der Widerspruch zwischen (rational vermitteltem) Ideal und emotionaler Möglichkeit in der Erziehungspraxis virulent.

Für Haarer ist die Abwehr der Nähe zum Kind nicht nur wegen der Überlastung der Mütter mit Haushalt und den völkisch erwünschten zahlreichen anderen Kindern legitim, sondern pädagogisch erforderlich. Geht man auf die kindlichen Bedürfnisse ein, begeht man einen schweren Fehler, schädigt das Kind. Nie soll sich die Mutter ohne Anlass mit dem Säugling abgeben, das Kind wird von der Mutter getrennt untergebracht und nur zu Pflegezwecken *hervorgeholt*. Lässt man das Kind gewähren, so wird es die Mutter beunruhigen und übermäßige Forderungen stellen. Die Mutter verschwendet Zeit und Kraft. Die von Haarer empfohlenen Maßnahmen sollen der Mutter ungestörte Ruhe gewähren: acht Stunden Stillpause in der Nacht, frühe Sauberkeitserziehung, keine Getränke beim Abendessen.

Elternliebe ist ambivalent. Unsichere Eltern neiden dem Kind seinen unbefangenen Egoismus, seine klare Triebhaftigkeit. Unbewusst möchten sie sich am Kind rächen. Diese beschämenden Gewalt- und Racheimpulse gegenüber dem Kind werden von Haarer nicht nur erlaubt, sondern als „richtige" Pädagogik idealisiert.[60] Aus dem Text der *deutschen Mutter* gewinnt man den Eindruck, dass Haarer nicht nur Strafen pädagogisch rationalisiert, sondern das Leiden eines Kindes nicht ungern sieht.[61] Amüsiert erzählt Haarer etwa folgende Anekdote: „Sie hatte getrotzt, war von mir zurechtgewiesen worden und wollte nicht aufhören zu weinen. Als ich sie schließlich fragte: ‚Warum weinst du denn eigentlich noch?', stieß das schluchzende Persönchen die Antwort hervor: ‚Weil ich keine Mutter mehr hab'!'"[62] Deutlicher lässt es sich kaum sagen: die NS-Mutter brauchte ihr Kind nicht und zögerte nicht, es mit Hilfe aller Schrecken der Einsamkeit zur Konformität zu zwingen.

Die Mutter in der darauffolgenden Generation hingegen konnte ihr Kind nicht loslassen, weil es ihr die Sicherheit geben sollte, eine gute Mutter zu sein. Die durch eine pädagogische Autorität in ihren Abstands- und Ruhebedürfnissen anerkannte Mutter kann sich in ihren Freiräumen dem Kind zuwenden. Die von grandiosen Vorstellungen über die Förderung eines *neuen Menschen* bestimmten Eltern hingegen wissen sich oft nicht anders zu helfen, als ihr Kind so zu manipulieren, dass es ihre grandiosen Vorstellungen stützt. Die traumatisierten wie die thymotischen Eltern haben versucht, die nächste Generation dazu zu bringen, ihr brüchiges Selbstgefühl zu festigen. Und in beiden Generationen kam es dazu, dass die Eltern etwas ganz anders bekamen als das, was sie haben wollten: Die traumatisierten Eltern sehnten sich nach *ganz normalen Kindern,* die eine möglichst sichere berufliche Laufbahn einschlagen, bald heiraten und eine mustergültige Ehe führen. Sie bekamen Studenten, die von freier Liebe redeten und etwas ganz Besonderes sein wollten – Revolutionäre, Aussteiger, Künstler, ganz bestimmt keine Beamten!

Während es den Jugendlichen der Nachkriegszeit leicht fiel, ihre Eltern zu entwerten und abzuschütteln, gelang es den phobischen Jugendlichen oft nicht, den Weg aus einer ambivalenten Elternbeziehung zu finden. Sie blieben an die Eltern gebunden, beklagten deren bizarre, unerfüllbare Forderungen und blieben doch emotional und ökonomisch von ihnen abhängig. Diese Dynamik spiegelt sich auch in einer sozialen Laborsituation, die im Folgenden näher betrachtet werden soll.

Vom Psychoboom zum Qualifikationserwerb

Die 68er in Deutschland verstanden sich als Teil einer internationalen antikolonialistischen Bewegung. Sie kritisierten den bürokratischen Sozialismus ebenso wie den ausbeuterischen Kapitalismus. Daher wurde auch 1968 der Versuch einer Synthese von Tiefenpsychologie und Marxismus durch Wilhelm Reich neu belebt. Reich hat konservative Politik und Sexualunterdrückung in eins gesetzt. Somit war für ihn sexuelle Befreiung auch revolutionär. Das Pamphlet des Reich-Schülers Alexander Neill über *Theorie und Praxis der antiautoritären Erziehung* wurde in Millionenauflage gekauft. Die von Reich begründete Methode der bioenergetischen Therapie boomte. Niemand störte sich an ihrer pseudophysikalischen Begründung. Es gab Gruppen, die in pausenlosen Sitzungen von 24, ja 48 Stunden die echten Gefühle zwischen den Menschen an die Oberfläche zwingen wollten. In Gruppenzentren in Kalifornien oder Indien wurden Selbsterfahrungen mit bunten Bildern beworben, die wohliges Erschauern weckten, weil sie von Gruppensex kaum zu unterscheiden waren. Wer dort teilgenommen hatte und das thymotische Prinzip begriff, kehrte in die Bundesrepublik zurück und gründete ein Institut für Bioenergetik, Gestalttherapie, Encounter.

Sexuelle Beziehungen zwischen Gruppenmitgliedern, sogar zwischen Gruppenleitern und Gruppenmitgliedern schienen zwischen 1965 und 1975 gewagt-fortschrittlich. Experten warnten vielleicht vor Übertreibungen; niemand aber sprach mit jener Selbstverständlichkeit von sexuellem Missbrauch wie dreißig Jahre später. Angesichts der Hoffnungen auf Erlösung, die man in die sexuelle Freiheit setzte, verwundert das nicht. Schließlich reden auch Missionare nicht von religiösem Missbrauch, sondern von frommem Eifer.

Der *Psychoboom* sollte den Mangel an Wertstrukturen ausgleichen, der die Dynamik der Nachkriegsfamilien prägte. Es war eine Zeit hektischer emotionaler Experimente. Ich will diese Veränderungen jetzt an einem Bereich verdeutlichen, den ich genauer kenne als die Studentenbewegung schlechthin. Er ist aber mit dieser lose verbunden. Es handelt sich um die Bewegung der Gruppenselbsterfahrungen als bald therapeutisch, bald politisch, bald pädagogisch verorteter Versuch, die Auseinandersetzung mit dem menschlichen Gefühlsleben als Ansatzpunkt für gesellschaftliche Veränderungen zu begreifen.

Den Wandel vom thymotischen zum phobischen Umgang kann folgende Skizze verdeutlichen. Im Jahr 2006 schlug ich einer Selbsterfahrungsgruppe von Ausbildungsteilnehmern an einem psychoanalytischen Institut in München vor, an einem Wochenende zwei Tage jeweils sechs Stunden mit der Gruppe zu arbeiten. 1976 hätten die Teilnehmer diesen Vorschlag einhellig begrüßt. Sie hätten erwartet, dass so die Gruppe *intensiver* würde, was ein nicht hinterfragter Wert war.

2006 ist nur ein kleiner Teil der Gruppe spontan von dem Vorschlag angetan. Es stellt sich heraus, dass es auch diesen Teilnehmern *nicht* um Intensität, sondern um die Chance geht, auf diese Weise *schneller voran* (zu der von der Ausbildungsordnung vorgeschriebenen Stundenzahl) zu kommen. Die anderen Mitglieder fragen sich in Schattierungen von genervt bis ängstlich, ob das zumutbar sei. So lange in einer Gruppe, da könne doch alles Mögliche passieren!

Ich kenne eine ganze Reihe von Trainern, die seit rund dreißig Jahren aktiv sind. Wenn wir über die Veränderungen des Gruppenklimas ins Gespräch kommen, dominieren ähnliche Eindrücke. Die Gruppenmitglieder sind anlehnungsbedürftiger und autoritätsabhängiger. Aggressionen in der Gruppe, emotional vorgetragene Kritik und kämpferische Auseinandersetzungen sind selten geworden. Ängste werden offen, Ärger, gar Wut indirekt geäußert. Hier leisten die heute fast universellen Fragebögen zur *Evaluation* gute Dienste.

Der typische Träger eines Autoritätskonfliktes von 1975 griff den Leiter an, beschimpfte ihn als verkopft, gefühllos, autoritär. Der typische Protestler von 2007 beklagt sich, dass der Leiter seine Erwartungen nicht erfüllt, seine Deutungen nicht verständlich genug vorbringt. Er findet es *zu streng*, wenn ihm Sitzungen nicht schriftlich bestätigt werden, an denen er aus einem wichtigen Grund nicht teilnehmen konnte – will der Leiter etwa seinen Ausbildungsabschluss gefährden?

Der Mythos der Selbsterfahrungsgruppe hat sich verändert. Vor dreißig Jahren war sie Signal eines Aufbruchs, in dem es darum ging, Gefühle ernst zu nehmen und an der eigenen Persönlichkeit zu arbeiten. Gleichzeitig waren die Teilnehmer überzeugt, dass die Ausbilder solidarisch an ihrer Seite standen. Ärzte und Psychologen, die solche Selbsterfahrungsgruppen im Rahmen ihrer Weiterbildung zum Psychotherapeuten absolvierten, erhielten 1975 in der letzten Sitzung ein Blatt Papier, auf dem ihre Teilnahme bestätigt wurde. Das genügte, um die Kontrollorgane, z. B. die Ärztekammer oder ein privates Ausbildungsinstitut, zu überzeugen, dass der oder die Betroffene die vorgeschriebene Selbsterfahrung hinter sich gebracht hatte. Bei der Gruppe, die ich im September 2005 begonnen hatte, überraschte mich im Februar 2006 eine Neuerung: Jeder Teilnehmer sollte für jede Sitzung ein Klebeetikett mit einem elektronisch lesbaren Strichcode mitbringen, unter dem er bei der Ärztekammer registriert ist, die seine Qualifikationen prüft. Jede einzelne Sitzung sollte dokumentiert, durch Unterschrift bestätigt und mit dem Aufkleber versehen werden.

Diese Entwicklung zeigt eine Art institutionalisierter Phobie. Auf dem langen Marsch durch die Institutionen haben sich Kontroll- und Sicherungsimpulse angesammelt. Sie beschweren die Wanderer wie Lehm an ihren Schuhsohlen. Controlling, Zertifizierung, Evaluierung, Qualitätsmanagement geben vor, die Arbeit neu zu erfinden. Ängste sollen durch soziale Kontrolle abgewehrt werden.[63] Institutionen, die früher Freiräume offenhielten, streben heute danach, eine soziale Architektur zu errichten, die Anpassung in allen Einzelheiten überwacht. Es gilt, knappe Ressourcen zu verteilen. Wer in die Gruppe der *Weitergebildeten* aufgenommen werden will, muss lückenlos nachweisen, dass er alle Anforderungen erfüllt hat. Der Schwerpunkt verlagert sich vom Wissens- zum Bestätigungserwerb.

Es ist schwer zu entscheiden, ob das defensive, kontrollierende Gruppenklima durch das Wuchern des bürokratischen Rahmens geweckt oder nur verstärkt wurde. Vermutlich sind beide Merkmale Symptome eines untergründigen kulturellen Wandels. Die Mitglieder der Selbsterfahrungsgruppe im Jahr 2005 sind zurückhaltender, ängstlicher, sie bemühen sich, nicht aufzufallen, sie haben keine Freude an der Selbstdarstellung, sie neutralisieren sich, als sei es gefährlich, sich für das Schicksal eines anderen zu interessieren. Sie fürchten sich vor Ausgrenzung, vor einer falschen Entscheidung, die einen schlecht dastehen lässt. Wer kritisiert wird, kämpft nicht offen um seine Position in der Gruppe. Er oder sie beklagt sich telefonisch beim Leiter über *Mobbing*; es kostet Überzeugungsarbeit, solche Probleme in die Gruppe zurückzuverlegen und sie dort zu diskutieren.

Mobbing und Missbrauch

Der Anruf beim Leiter, um eine in der Gruppe geäußerte Kritik als Mobbing zu denunzieren, wäre in der 68er-Generation nicht denkbar gewesen. Auseinandersetzungen wurden direkt geführt, alles andere galt als Feigheit. In der darauffolgenden Generation ist die Klage über Mobbing sehr verbreitet. Sie beginnt, Auseinandersetzungen in der Arbeitswelt zu prägen. Die Klage über eigenes Verletztsein ist salonfähig geworden, ein Zeichen, dass die Gesellschaft nicht mehr von dem Erlebnismodus der traumatisierten Generation bestimmt wird. Wo Letzterer überwiegt, wird nicht gejammert, sondern das Problem angepackt. In einem Betrieb, in dem die meisten Mitarbeiter Krieg, Gefangenschaft, Vertreibung überlebt haben, wird sich niemand über Mobbing beschweren. Man hätte das Gefühl, sich lächerlich zu machen, ist es doch normal, über weit schlimmere Traumatisierungen zu schweigen.

So gesehen ist das Aufkommen der Klagen, gemobbt zu werden, ein Zeichen dafür, dass die traumatisierte Generation zurückgetreten ist. Aber warum wurden in den Gruppen der 70er-Jahre heftigste Kränkungen ohne Zuhilfenahme solcher Klagsamkeit ausagiert, während heute jede größere Organisation Mobbing-Beauftragte hat? Es mag eine Rolle spielen, dass die Kriegskinder viel von der Härte der traumatisierten Generation übernommen haben.

Wo Mütter ihre hungrigen Kinder schreien lassen, haben Mobbingklagen keine Chance. Wo es aber Teil der Beziehungskultur geworden ist, *on demand* zu stillen, denken auch Erwachsene, dass Kollegen oder Vorgesetzte verpflichtet sind, sich in ihre Bedürfnisse einzufühlen. Während Mobbing die wachsende *allgemeine* Kränkbarkeit (genauer: die schwindende Macht der Kränkungsverdrängung) auf den Begriff bringt, belegt die Zunahme von Vorwürfen sexuellen Missbrauchs den Zusammenbruch der Auffassung von Sexualität in der antiautoritären Bewegung.

Der Missbrauchsdiskurs ist eine Antithese zur *Sexualpolitik* von 1930, die in Raubdrucken der Werke von Wilhelm Reich neu belebt wurde. Nach Reichs Befreiungsideologie ist die Sexualität eine Kraft, die gegen erstarrte autoritäre Strukturen eingesetzt werden muss. Angesichts der Aufgabe, den schädlichen Charakterpanzer aufzubrechen, nahmen die *Sexualpolitiker* wie Reich Verletzungen in Kauf. Seine *Charakteranalyse* ist voll von haarsträubenden Beispielen. So hieb er einmal einen Patienten, der masochistische Fantasien äußer-

174

te, kräftig auf den Hintern, um diesem zu beweisen, dass realer Schmerz weniger Spaß macht als fantasierter.

Wilhelm Reichs Frau Annie Reich war eine seiner Ex-Analysandinnen. Das war kein Einzelfall. Hätten die Psychotherapeuten der Pionierzeiten die heute sehr strikten Regeln gegen sexuelle Ausbeutung in therapeutischen Abhängigkeitsbeziehungen untereinander angewendet, wären viele Prominente mit einem Berufsverbot belegt worden. Das thymotische *anything goes* der 68er hat gegenwärtig in den Standesorganisationen einer ängstlichen Vermeidung Platz gemacht, die politisch korrektes Verhalten zur unhinterfragten Tugend macht.

Ein Beispiel: Ein Therapeut aus der 68er-Generation leitet eine Gruppe, an der eine 34-jährige Lehrerin teilnimmt, die bisher noch keine sexuelle Beziehung hatte. Zuvor war sie bei diesem Therapeuten in Einzelbehandlung. Sie gewann zwar Einsichten über ihre Kindheit, konnte aber ihr Vermeidungsverhalten nicht verändern. Daher schlug ihr der Therapeut die Teilnahme an einer Gruppe vor, die sie selbst bezahlen sollte. Sie willigte ein.

Der Therapeut konfrontierte sie während einer Gruppensitzung energisch mit ihren Vermeidungen. *Er vergriff sich im Ton*, sagte die Patientin später gegenüber dem Ethikausschuss des Verbandes, dem der Therapeut angehörte. Er habe sie in vulgärer Sprache aufgefordert, doch endlich Geschlechtsverkehr zu haben. Das sei verbaler sexueller Missbrauch!

Der Therapeut erinnerte sich daran, einmal gesagt zu haben, *ohne zu vögeln könnte niemand schwanger werden*. Er habe es für seine berufliche Aufgabe gehalten, der gehemmten Kranken möglichst nachdrücklich und eindeutig klarzumachen, dass sie aktiver gegen ihre Vermeidungen angehen müsse. Die Patientin habe wiederholt ausweichend berichtet, sie wünsche sich Kinder, habe aber immer *Pech* mit ihren Männerbeziehungen, während sie nach Ansicht des Therapeuten in Wahrheit die Männer durch ihre sexuelle Vermeidungshaltung von sich fernhalte.

Die gekränkte Patientin brach die Gruppenteilnahme ab und zahlte die Rechnung über die bisher absolvierten Stunden nicht. Der Therapeut leitete ein Mahnverfahren ein; die Antwort der Patientin waren Anzeigen bei der Kassenärztlichen Vereinigung (weil er die Gruppentherapie privat abgerechnet habe) und beim Ethikausschuss des Therapieverbandes.

Während die Kassenärztliche Vereinigung ein Verfahren gar nicht erst eröffnete, beschäftigten sich die Kolleginnen und Kollegen des bezichtigten Therapeuten in dem Ethikausschuss ausführlich mit dem Fall. Sie versuchten, ihn zu veranlassen, sich bei der Klientin für seine Ausdrucksweise zu entschuldigen. Er habe sich rechtlich nichts zuschulden kommen lassen, aber den Rahmen der beruflichen Rücksichtnahme verlassen; er sei verbal missbräuchlich vorgegangen.

Der Therapeut ärgerte sich über diese von ihm als unkollegial empfundene Parteinahme für die Klientin. Er fand im Institut bei den Angehörigen seiner Generation Rückhalt. Der Ausschuss wurde vom Vorstand kritisiert, er sei nicht unparteiisch gewesen und habe Zeugenaussagen nicht zugelassen. Ergebnis des Verfahrens: Der Therapeut fühlt sich nach wie vor unkollegial an den Pranger gestellt. Die klagende Patientin fühlt sich unverstanden und ungerächt. Die Mitglieder im Ethikausschuss verloren die Freude an ihrem Ehrenamt.

Ein weiteres Beispiel über die Unterschiede zwischen den Generationen stammt aus einer Psychotherapie-Supervision, in der eine Therapeutin aus der thymotischen Generation Schwierigkeiten mit einer Patientin aus der phobischen Generation hat: Frau C. füllt Therapiestunde nach Therapiestunde mit Berichten über die seelischen Misshandlungen, die ihre Eltern ihr angedeihen ließen. Sie kommt darüber kaum dazu, über ihre Schulden und den chronischen Streit am Arbeitsplatz zu sprechen. Auch erwähnt sie nur am Rande, dass sie in einer Eigentumswohnung lebt, welche ihr die Eltern zur Verfügung gestellt haben. Ihre gegenwärtige Behandlung ist die zweite. In der ersten scheint sie gelernt zu haben, ihre Gefühlssituation in einer Sprache von Kindheitstraumen und immer neuen Einsichten in deren Fortwirken zu formulieren. Sie verweilt in klagender Wut dabei, wie nachlässig ihre Mutter gewesen sei. So habe sie die Tochter doch tatsächlich am Strand mit Sonnenöl eingerieben, wo doch jeder wisse, dass dann der Sand auf der Haut klebe.

Die Therapeutin wurde als Kind niemals von einer fürsorglichen Mutter gegen die Sonne geschützt, sondern allenfalls geschlagen, wenn sie mit einem Sonnenbrand nach Hause kam. Sie reagiert zunehmend gereizt auf die Schilderungen der Patientin über ihre seelischen Verletzungen. *Ich kann ihr nicht mehr zuhören!*

Den Umgang der 68er mit der *Sexualpolitik* illustriert auch die Szene, in der Studentinnen eine Vorlesung des Philosophen und Sozialpsychologen Theodor Wiesengrund Adorno durch ihr Auftreten mit barem Busen sprengen. Adorno reagierte schockiert und hilflos. Anders als in unserer sensibilisierten Gegenwart nahm ihn aber niemand gegen diese Form der sexuellen Belästigung in Schutz.[64]

Nicht weniger tragisch sind die Missverständnisse zwischen den Generationen, wenn Eltern der 68er-Zeit von Einwänden ihrer Kinder gegen Absichten überrascht werden, sie von der Last sexualfeindlicher Prägungen zu befreien. Auf einer Tagung kam ich mit einem evangelischen Geistlichen ins Gespräch. Er wirkte sehr deprimiert, behauptete aber, er wolle von mir vor allem wissen, ob seine Tochter krank sei und wie er ihr helfen könne. Seine Älteste, Jahrgang 1969, habe ihm durch eine Anwältin einen Brief schreiben lassen. Darin werde ein Kontaktverbot ausgesprochen, weil er sie als Kind sexuell missbraucht habe. Leider sei die Tat verjährt, sonst würde sie ihn anzeigen. „Wir haben doch nur zusammen gebadet, das taten doch alle, sonst ist wirklich nichts gewesen, ich verstehe sie nicht, wie kann sie das nur tun!" Er wirkte glaubwürdig. Aber vielleicht war doch mehr geschehen? Es ist in solchen Situationen nicht leicht, die Unschuldsvermutung zugunsten eines nicht überführten Täters aufrechtzuerhalten. Das erste Opfer in jedem Krieg, auch in dem innerhalb von Familien, ist die Wahrheit.

Die 68er schöpften ihre Selbstdarstellung aus Impulsen gegen das Establishment. In den Selbsterfahrungsgruppen führte das zu einer charakteristischen Rebellion gegen die Autorität. In den frühen Theorien der Selbsterfahrungsgruppe, beispielsweise bei Wilfred Bion, wird dieser Kampf gegen die Autorität wie ein Naturphänomen beschrieben. Es gab in den 70er-Jahren Gruppen, die geschlossen den Raum verließen, weil sie die Leitung *autoritär* fanden. Heute klagen die Gruppen darüber, dass die *Autorität nicht gut genug für sie sorgt*.

Vor 1990 kann ich mich an keine Gruppe erinnern, die in der ersten Sitzung klären wollte, ob Getränke vorrätig seien.[65] 2006 sagte ein Mitglied in der ersten Sitzung vorwurfsvoll, es habe von einer anderen Gruppe am Institut gehört, in der es Plätzchen und Tee gäbe. In der nächsten Sitzung erklärte eben diese Teilnehmerin, sie habe sich jetzt bei ihrem Lehranalytiker erkundigt und von diesem erfahren, dass der Leiter korrekt handle, wenn er keine Plätzchen serviere. Es sei ein Fehler, das zu tun, ein Abstinenzverstoß. Seither habe sie Frieden mit dem Leiter geschlossen. Später öffnete sie ihre mitgebrachte Thermosflasche und labte sich.

Die Vornamen-Eltern

Neuerung der 68er und Symptom ihrer symbiotischen Tendenzen zugleich sind die *Vornamen-Eltern*. Man wollte nicht mit großem Abstand zu den Kindern Vater oder Mutter, aber auch nicht verniedlichend Mami oder Papi genannt werden; man wollte *Partner der Kinder* sein und deshalb von ihnen beim Vornamen genannt werden. Vornameneltern sind eine Reaktionsbildung gegen die *deutsche Mutter*, gegen die bekämpfte absolute Autorität von Eltern, die nach dem Motto handelten: „Solange du deine Füße unter meinen Tisch stellst, tust du, was ich sage!" Für die Nachkriegsgeneration war es mit Scham verbunden, sich an ihre kindlichen Gefühle und Abhängigkeiten zu erinnern, es war mit Angst verbunden, wahrzunehmen, dass sie jetzt selbst Vater oder Mutter geworden waren und daraus kein Weg mehr zurück in ihr früheres Kindsein führte. Die eigenen Kinder in die Kameradschaft des Aufbruchs einzubeziehen tröstete über diese Verluste hinweg und vermied die Scham.

Klare Grenzen zwischen Eltern und Kindern zwingen Eltern ebenso in die Autonomie wie Kinder. Da niemand gerne autonom ist, sobald die Autonomie Mühe kostet, werden Menschen ohne einen gewissen Druck nicht selbständig.[66] Verwischte, unscharfe Grenzen erschweren die Ablösung. Es ist oft nicht mehr möglich, die durch unterschiedliche Interessen bedingten Aggressionen zu verarbeiten. In den emotionalisierten Beziehungen zwischen thymotischen Eltern und phobischen Kindern bleibt Letzteren oft nur der völlige Rückzug als Ausweg. Wenn Familienmitgliedern nichts anderes mehr einfällt, als *nicht mehr miteinander zu sprechen*, ist die einstige Symbiose in ihr Gegenteil umgeschlagen.

Ein Beispiel: Die 39-Jährige kommt aufgewühlt in ihre Analysestunde. Sie hat mit ihrer Mutter telefoniert, die von ihr verlangt, sie solle sie besuchen, obwohl sie 600 Kilometer weit entfernt wohnt. Es ginge darum, Erbschaftssteuern zu sparen. Anlass dazu ist ein Haus, das die Eltern bewohnen und das die Tochter erben soll. Die Tochter, beruflich sehr eingespannt, versucht herauszufinden, ob der Besuch zwischen zwei Arbeitswochen wirklich notwendig ist oder ob es nicht reichen würde, über einen gefaxten Vertragsentwurf vorab zu telefonieren. Die Mutter beginnt sofort, ihr Vorhaltungen zu machen. Die Eltern würden sich die Hauskosten vom Mund absparen. Sie würden das Gebäude über ihre Kräfte hinaus pflegen, um ihr ein schönes Erbe zu verschaffen. Die Gartenarbeit verursache ihr, der Mutter, Kreuzschmerzen. Der Vater sei neulich beim Reinigen der Dachrinne fast von der Leiter gefallen. Das alles geschähe für ihr letztes Kind, und jetzt diese Nachfrage! „Es ist eine schreckliche, eine verrückte Familie, die ich da habe. Elfi denkt nur an sich. Sie will immer gut dastehen, die Beste sein, braucht Bewunderung, verträgt keine Kritik, nicht einmal einen Zweifel. Sie weiß es immer am besten. Sie dreht es, wie sie es haben will, tut so, als ob ich gar nichts beigetragen hätte und sie sich krumm schuftet, um ihrer Tochter ein Haus zu schenken, während diese sich auf die faule Haut legt." „Wer ist Elfi?", frage ich. „Elfi ist meine Mutter, Elfriede. Ich musste sie immer Elfi nennen. Diese Frau hat immer nur gejammert und behauptet, sie sei total überlastet mit Haushalt und Kindern. Sie hat nichts gemacht, außer groß von Amnesty International zu reden. Ich gehe jeden Tag zur Arbeit, und sie tut, als ob sie es wäre, die mich aushält."

In dieser Skizze wird ein Stück des Dilemmas der unerwünschten Nähe zwischen Eltern und Kindern deutlich. Es gibt keine Struktur; jeder moralisiert gegen jeden, denn jeder *meint es gut*, möchte sein persönliches Wertesystem zur Familiennorm erheben. Da formalisierte Konfliktlösungen fehlen und das Ideal der harmonischen Liebe durch heftigste Aggressionen und Fantasien von völligem Beziehungsverlust bewacht wird, sind in den Vornamenfamilien die Mitglieder extrem aufeinander angewiesen. Die Rolle des Vaters ist in ihrer Neutralität dabei ebenfalls charakteristisch für den Symbiosekonflikt: Er kann der Mutter nicht Einhalt gebieten und lässt sie in der Regel toben, bis sie sich erschöpft hat, Schuldgefühle über ihre Ausbrüche entwickelt und jetzt auf seinen Trost angewiesen ist. So hat er wenig Mühe, die Rolle des guten Vaters zu behalten, muss aber hinnehmen, dass seine Kinder ihn für einen Waschlappen halten.

In einer späteren Phase der Analyse, als sie sich schon sehr viel besser von ihrer Mutter distanzieren konnte und kurz vor der eigenen Heirat stand, wurde der Patientin deutlich, wie wenig es ihr gelungen war, sich von den Vorstellungen der Mutter abzugrenzen. „Wenn meine Mutter sagt: Ihr habt mich um mein Leben betrogen, dann glaube ich ihr das. Ich denke nicht, dass sie noch viel mehr gelitten hätte, wäre sie kinderlos geblieben. Ich denke auch nicht, dass sie von meinem Bruder spricht, der uns alle im Stich gelassen hat. Nein, sie redet nur zu mir. Ich erinnere mich, wie wir einmal in Jüterbog waren, wo so ein Spruch am Stadttor[67] steht, irgendwie von bösen Kindern, und sie sagte, ja, genau so ist es. Da habe ich mich richtig schuldig gefühlt. Es ist ganz schwer, gegen das Gefühl anzukommen, dass sie recht hat."

Die 68er Eltern bemerkten die symbiotischen Bedürfnisse ihrer Kinder so lange nicht, wie sich diese an sie richteten. Sie nahmen sie als Zeichen der ersehnten Nähe zwischen Eltern und Kindern, die eigene, traumatische Erfahrungen mit dem Unverständnis und dem latenten Sadismus der NS-Erziehung aufheben sollten.

Gustav Müller fand es nicht auffällig, dass seine Tochter über *alles* mit ihm redete, weil er diese Nähe in der Beziehung zu seinen Eltern nie erlebt hatte. Aber es störte ihn, dass Marlene auf dieselbe Weise mit ihrem Freund telefonierte und weinend zu ihm eilte, wenn dessen Handy abgeschaltet war.

Das Mobiltelefon passt zu der symbiotischen Fixierung, welche die autoritären Familienstrukturen abgelöst hat. Es ist die erste Beziehungsprothese der Kulturgeschichte: Es sichert Nähe und Abstand, Bindung und Autonomie in einem. Man kann offenlassen, später klären, welches Rendezvous, welche Party jetzt die interessantere ist. Allerdings entstehen auch neue Ängste und Zwänge. Der strenggläubige Muslim droht, seine Tochter zu verstoßen, wenn sie ihr Handy ausschaltet, über das er von Ankara aus durch Anrufe zu jeder Tag- und Nachtzeit über ihre Jungfräulichkeit wacht. Sie arbeitet als Sekretärin in Deutschland, macht eine Therapie, von der er nichts weiß und muss viel Charme aufbieten, um ihre Liebhaber zu überzeugen, die erzwungene Täuschung nicht auffliegen zu lassen.

Aus dem Bericht von Gustav Müller über seine Tochter ist deutlich geworden, dass die symbiotische Beziehung beide Eltern mit ihrem Kind verbindet. Aber es gibt auch den Fall, dass sich während des Heranwachsens der Kinder die Elterngeneration spaltet. Sie zerfällt dann in einen Teil, der die Nähe zu den Kindern verliert und sich schließlich verstört wieder an den Werten der traumatisierten Generation orientiert, und in einen Teil, der die Symbiose aufrechterhält und die Autonomiedefizite der phobischen Generation kompensiert.

So kommt ein 60-jähriger Kaufmann, der in einem Konzern eine Abteilung leitet, in eine Beratungssitzung. Er müsse oft weinen, sei fast arbeitsunfähig, wie gelähmt. Er ist vor einem Jahr ausgezogen und hat seine Frau mit den drei volljährigen Kindern verlassen, weil er das Zusammenleben einfach nicht mehr erträgt. Er habe gedacht, dass der Familie sein Entschluss, eine kleine Wohnung zu nehmen, die Augen öffnen würde. Aber es habe nur dazu geführt, dass er noch mehr der Böse, der Buhmann sei. Er hofft, dass seine Partnerin in einer Paartherapie einsieht, wie wenig Respekt sie vor seinen Leistungen als Mann und Vater hat. Dann könnte er auch ihr zuliebe die Geliebte verlassen. Diese war auch ein Grund gewesen, auszuziehen, beileibe aber nicht der wichtigste.

Die Ehefrau beschreibt die Ehe als ganz normal. Sie liebe ihren Mann immer noch, aber sie verstehe nicht, was mit ihm geschehen sei. Er sei immer depressiver geworden. Sie habe das auf den Ärger im Beruf zurückgeführt, in dem er nicht weiter aufgestiegen sei und Probleme mit den smarten jungen Kollegen habe, die inzwischen auf seiner Hierarchiestufe und darüber arbeiten würden. Vor allem habe er sich ganz von den Kindern zurückgezogen. Er werfe ihr vor, sie sei mit dem Geld zu großzügig, habe viel zu viel Verständnis. Er sei strikt dagegen, wenn sie würde eine Strafe für Schwarzfahren auslege und einen Anwalt besorge, weil der Sohn mit mehreren Gramm Haschisch erwischt worden sei.

Der Ehemann berichtet, wie hart seine eigene Kindheit und Jugend gewesen sei. Er klagt, wie wenig seine Werte bei den Kindern zählen, seit sie in die Pubertät gekommen sind. Er habe alles für die Kinder getan. Statt ihn zu unterstützen und seine Vorstellungen umzusetzen, habe seine Frau den Kindern über das vereinbarte Taschengeld hinaus etwas zugesteckt, habe von ihm verlangt, doch froh zu sein, dass sie nur kiffen würden und keine harten Drogen nehmen.

Die Ehefrau unterbricht ihn mit einem lautstarken Monolog. Sie macht klar, dass er selbst schuld ist, wenn die Kinder seine Vorstellungen nicht achten. Er setzt sie unter Druck, von ihm hören sie kein gutes Wort, nur Vorwürfe. Wenn er die Familie verlässt und sich in seine Wohnung zurückzieht, wenn er behauptet, depressiv zu sein und keinen Streit mehr zu ertragen, muss er doch einsehen, dass die Kinder nicht hinter ihm herlaufen!

Im Hintergrund wird deutlich, wie symbiotisch diese Familie funktioniert hat, bis die Söhne heranwuchsen. Die Mutter lobt wiederholt, wie gut der Vater gewesen sei, als die Kinder klein waren, wie viel Spielzeug er ihnen gebastelt und welch wunderbare Sandburgen er im Urlaub für sie gebaut habe. Seine Veränderung sei für sie alle unverständlich. Der Vater erzählt, wie er mit seiner Verlobten auf einer Brücke stand und dachte: „Wenn ich einmal eine Familie habe, dann streiten wir uns nie!" Er habe das wirklich geglaubt. Er habe alles für seine Frau und die Kinder getan, habe sein ganzes Geld zur Verfügung gestellt und nie etwas für sich verlangt.

Die Kinder gingen ins Gymnasium und haben das Abitur nicht bestanden – „durch Faulheit und Kiffen" (der Vater), „wegen einer Legasthenie und einer Aufmerksamkeitsstörung" (die Mutter). Der Vater sagt, sie machen es sich bequem im Hotel Mama; „sie geben sich redlich Mühe und sind auf einem guten Weg", sagt die Mutter.

Der Ehemann findet, seine Familie sei ein Fass ohne Boden, eine Schlamperei ohne Ende. Er würde sein Fahrrad reparieren und die Ersatzteile auf dem Flohmarkt besorgen; die Söhne dagegen bekämen jedes Jahr ein nagelneues Superbike, weil sie das alte kaputt gefahren haben und zu faul sind, es selbst zu richten. Er habe seine Stereoanlage vom Sperrmüll geholt und wieder in Schuss gebracht; für die Herren Söhne aber täte es nur der neueste iPod. – und das alles von seinem Geld! Immer sei er großzügig gewesen, habe ihr die Finanzen überlassen, aber das solle doch nicht vergessen werden, dass das alles an seinem Gehalt hängt!

In der Enttäuschung durch seine einst idealisierte Partnerin hat hier der Ehemann die Werte der Kriegsgeneration belebt – Sparsamkeit, Härte, ständige Wachsamkeit gegenüber Gefahren. Die Ehefrau hingegen identifiziert sich mit den Nöten der Kinder und überträgt die symbiotische Nähe, die einst zu ihrem Mann bestand, auf diese. Der Vater will die Anpassung seiner Kinder erzwingen und bringt kein Verständnis dafür auf, dass sie in einer ganz anderen Arbeitswelt leben als er in den 60er-Jahren. Die Mutter hingegen lebt in der Verschmelzung mit den Kindern ein Stück ihrer eigenen thymotischen Rebellion.

Die Halbwaisen

In der deutschen Nachkriegsfamilie war der heroisch verstorbene Soldatenvater Kristallisationskern für ein männliches Selbstgefühl, das grandiose Züge hatte, aber von weiblicher Bestätigung abhängig und auf symbiotische Beziehungen angewiesen war. Daher scheint bei den vaterlos Aufgewachsenen die Dynamik der überschätzten Generation besonders ausgeprägt zu sein. Sie konnten als schuldlose ödipale Sieger (schließlich hatte *der Feind* den Vater getötet) die Mutter in Besitz nehmen und wurden manchmal schon als Kinder überschätzt („Du bist der einzige Mann in der Familie!").

Wo ein Elternteil fehlt, fehlt auch ein Teil der sozialen Möglichkeiten und des Beziehungsnetzes. So waren Halbwaisen mit ihren Familien oft von den wirtschaftlichen Expansionen der Nachkriegszeit ausgeschlossen. Sie blieben arm, auf die Rente oder den Verdienst der Mutter angewiesen. Manche berichten, dass sie sahen, wie ihre Altersgenossen unter ihren Vätern litten, und es daher praktisch fanden, keinen Vater zu haben. Aber sie fühlten sich auch unterlegen, wenn andere Familien viel früher ein Auto oder einen Fernseher hatten und in den Urlaub reisen konnten.

Der Versuch der Mütter, die Kränkungen und Traumatisierungen der NS-Katastrophe zu kompensieren, spitzte sich in der Erziehung der Halbwaisen dramatisch zu. Daraus entstand ein Geschlecht von Söhnen ohne Väter, genährt von den narzisstischen Fantasien ihrer Mütter, angewiesen auf die Bestätigung durch ihre Partnerinnen und Kinder, zu großen Gesten und dramatischen Aufbrüchen fähig, aber auch labil, wenig belastbar, immer auf dem langen Weg zu sich selbst, durch ihre hohe Kränkbarkeit oft handlungsunfähig und manchmal rachsüchtig.[68]

Ein typisches Beispiel für eine Halbwaisenbiografie ist die Geschichte von Dirk, der – 1943 geboren – seinen Vater nie kennengelernt hat. Er lebte lange in einem Zimmer mit seiner Mutter und zwei Geschwistern. Er hing sehr an seiner Mutter und löste sich erst spät von ihr. Als Schlüsselszene dieser Ablösung schilderte er, wie sie während der Arbeit an einem Aufsatz in der letzten Gymnasialklasse versuchte, seinen Text zu verbessern. Dirk wies ihr nach, dass sie vom Thema weniger verstand als er; daraufhin zog sie sich gekränkt zurück.

Während die Studiums hatte Dirk ein heimliches Verhältnis mit der Mutter eines Kommilitonen, das er als überfordernd, aber auch grandios erlebte; sie war reich, er machte mit ihr Wochenendausflüge in ihrem Sportwagen, fühlte sich bald groß und männlich, dann wieder abhängig und erniedrigt, wenn sie ihn spüren ließ, dass er nur ein kleiner Student war. Um sich von ihr zu lösen, begann er ein Verhältnis mit einer Studentin. Als sie schwanger wurde, heiratete er sie. Mit viel organisatorischem Aufwand konnten beide ihr Medizinstudium abschließen. Dirk wurde der jüngste Facharzt, der jüngste habilitierte Oberarzt und dann Chefarzt am Klinikum. Seine Ehe aber scheiterte: Er hatte seine Frau davon überzeugt, zu Hause bei den Kindern zu

bleiben. Sie begann zu trinken; Dirk hatte flüchtige Verhältnisse mit Patientinnen und Mitarbeiterinnen, fühlte sich
aber immer leerer.

Als er eine Therapie begann, war Dirk beruflich unangefochten, beschrieb seinen Zustand aber als reines Funktionieren. Er sei wie ein Automat, empfinde nichts, ärgere sich
über die Vorwürfe seiner Frau, könne sich aber nicht wehren;
es sei überhaupt lächerlich, selbst seine Sekretärin mache
ihm Angst, wenn sie schlecht gelaunt sei. Sein Sohn sei ein
Versager, habe schon mehrere Male die Studienrichtung ge-
wechselt; die einzige Person, der er sich nahe fühle, sei seine
Tochter.

Als Halbwaise aufgewachsene Männer wie Dirk sind beruflich wenig eingeschüchtert und oft sehr erfolgreich. Beziehungen zu Frauen erleben sie symbiotisch; darauf weist auch
Dirks Angst vor der schlechten Laune seiner Sekretärin hin.
Während er sich in seinem Beruf als Neurochirurg die kom-
pliziertesten Operationen zutraut, gelingt es ihm nicht, sich
von der Stimmung einer Mitarbeiterin abzugrenzen und ihr
notfalls zu sagen, was er von ihr erwartet. Diese innere Situation belegt die Fortdauer der symbiotischen Bindung an die
Mutter. Es ist Dirk nicht möglich, mit Frauen anders als idea-
lisierend umzugehen: Sie sind für ihn entweder Engel oder
Teufel; es gibt keine Position, in der sich beide Qualitäten sta-
bil verbinden. Die „böse" Sekretärin verdüstert sein Erleben
ebenso wie die „böse" Ehefrau, gegen die er eine „gute" Geliebte braucht.

Viele vaterlos aufgewachsene Männer verhalten sich in
ihren Ehen unterwürfig. Sie wiederholen unbewusst die Beziehung zur Mutter. Wenn ihre Partnerin zu viel Druck ausübt und ihre Bedürfnisse nicht erfüllt, protestieren sie nicht
und streiten sich nicht. Sie suchen sich ohne weitere Auseinandersetzungen eine andere Frau. Sobald sie diese gefun-

den haben, sind sie stark genug, der bisherigen Partnerin die Beziehung aufzukündigen.

Die Söhne der Halbwaisen erleben einen Vater, der seine männliche Rolle nur dann gut ausfüllen kann, wenn er in ihr bestätigt wird. Solange der Sohn sich so verhält, wie der Vater es erwartet, kann der Vater liebevoll sein. Aber er ist nicht in der Lage, Konflikte mit dem Sohn durchzustehen und die Beziehung zu ihm aufrechtzuerhalten, wenn er kritisiert wird. Das führt wiederum bei den Söhnen zu narzisstischen Defiziten, vor allem zu einer deprimierenden Unfähigkeit, sich an eigenen Gefühlen zu orientieren und autonome Entscheidungen zu treffen. Sie laufen Gefahr, die symbiotische Beziehung zu kopieren, die der Vater zu seiner Mutter hatte; ihnen fehlt aber die Freiheit, den entstehenden Leerraum mit thymotischen Fantasien zu füllen.

Dirks 1970 geborener Sohn wusste nicht, was er studieren sollte. Er litt unter seinem Versagen, eine feste Freundin zu finden. Die jungen Frauen, die sich für ihn interessierten, fand er unattraktiv. Fragen nach seinen Zukunftsplänen kränkten ihn so, dass er Beziehungen abbrach. Andere Frauen, die ihm gefielen, wagte er nicht anzusprechen, weil er überzeugt war, dass eine wirklich attraktive Frau ihn ablehnen müsse. Schließlich tat er etwas, das viel von seiner Not und seiner Anspruchlichkeit ausdrückte: Er mietete sich ein Zimmer in einem Hochhaushotel und nahm eine Flasche Wein mit, die seiner Schwester gehörte – einen sehr teuren Bordeaux, den sie als Geschenk vom Vater erhalten und liebevoll gehütet hatte. Dort leerte er die Flasche mit der Absicht, danach aus dem Fenster zu springen. Betrunken rief er dann die Mutter an und erzählte ihr von seinem Plan.

Während die Halbwaisen den Mangel an einer Identifikation mit einem realen männlichen Vorbild durch die Fantasie kompensieren konnten, der Held der Mutter (und später der Geliebten) zu sein, erleben die phobisch bestimmten Söhne einen Vater, der in keiner Weise ein Mann ist, wie sie selbst einer werden möchten. So werden die Söhne ödipale Sieger, doch führt ihr Sieg zu einer Niederlage in ihrer Entwicklung zur Autonomie. Dirks Sohn hatte den Vater bei der Mutter aus dem Feld geschlagen. Aber ihre Liebe und Bewunderung hielt ihn auf einem kindlichen Niveau fest. Es hat eine eigene Tragik zu beobachten, wie Eltern ihren Kindern den Mangel, den Hunger, den Druck ersparen wollen, der sie selbst in ihren Karrieren vorangetrieben hat, aber nicht ertragen können, wenn sie dann auch keine Karriere machen, die mit der ihren vergleichbar wäre.

„Mein Gott, in meinem Alter hattest du schon zwei Kinder und warst fünf Jahre berufstätig", sagt der Dreißigjährige, der mitten in seinem Zweitstudium steckt, zu seinem Vater. So bleiben die narzisstischen Defizite der überschätzten Generation latent, während sie bei der entwerteten Generation an die Oberfläche drängen. Die Halbwaisen-Väter konnten ihre strukturelle Unsicherheit dank der ihrer Generation immanenten Selbstüberschätzung kompensieren. Sie taten ihr Bestes für ihre Söhne, sie vermittelten ihnen, Anlehnung zu suchen und auf diese Weise ihre Mängel an Selbstidealisierung auszugleichen.

Diese Söhne treten uns unentschieden, stets an sich zweifelnd, eingeschüchtert, von sozialen Ängsten geplagt entgegen. Sie wissen genau, was sie *nicht* wollen, was nicht erstrebenswert ist. Aber sie können oft nicht einmal den ersten Schritt zu dem tun, was sie erstrebenswert finden. Sie behaupten oft, sie hätten „nicht die richtigen Gefühle", würden beispielsweise eine mögliche Partnerin nicht „richtig lieben", könnten sich deshalb entweder gar nicht für sie entscheiden oder müssten, der Ehrlichkeit halber, sie ständig mit ihren Unsicherheiten und ihrer Überzeugung, sie „sei nicht die

Richtige" belasten. Sie leben in der bangen Wahl, sich selbst oder die Partnerin anzulügen, eine Liebe zu heucheln, die nicht da ist, oder alleine zu sein, und sie beneiden andere Männer, die sich „richtig verlieben" können.

Die Halbwaisen-Väter stellten sich gar nicht die Frage, ob sie eine Partnerin, bei der sie Sicherheit gefunden hatten, „richtig liebten". Sie hielten an ihr fest und waren überzeugt, sie würden eine normale Ehe führen. Die Halbwaisen-Söhne hingegen sehnen sich nicht nach einer Zuflucht, einem warmen Nest, sondern fürchten sich vor einer Falle. Genauer gesagt: Sie entwerten sich in ihrer Sehnsucht nach Sicherheit, weil sie sich sogleich als Versager fühlen, wenn sie über ihrer Suche nach Erfüllung versäumen, selbst das Richtige zu finden. Sie glauben, dieses Richtige sei etwas in der Außenwelt. Sie können nur mit Mühe, nach schmerzlichen Enttäuschungen – und manchmal nie – zu der Einsicht finden, dass das „richtige" Gefühl nicht dadurch entsteht, dass sie die vorhandenen Gefühle entwerten und anzweifeln.

Die thymotische Generation konnte unvollkommene und vorläufige Projekte idealisieren. Nach dem Motto: Weil ich es will, ist es etwas ganz Besonderes, half sie sich in Liebe und Beruf über Entwertungsängste hinweg. Die phobische Generation gerät nicht selten in die Falle des „ganz oder gar nicht". Entweder muss alles passen, oder das Ganze ist die Mühe nicht wert. Das wirkt besonders paradox, wenn es um Erlebnisweisen geht, die 1968 „befreit" wurden. So hat im folgenden Beispiel der Sohn eines Halbwaisen dessen Form sexueller Freiheit phobisch verarbeitet.

Der 37-jährige Christoph kommt mit seiner Ehefrau Heike zur Analyse. Die beiden sind seit acht Jahren liiert, seit sechs Jahren verheiratet und haben noch nie Sexualverkehr gehabt. Da sie gerne Kinder möchten, suchen sie Hilfe; bisher wollte Christoph von Therapie nichts wissen, denn sein von ihm verachteter Vater mit einem Halbwaisen-Hintergrund hatte sich immer damit gebrüstet, dass er einer der ersten regelmäßigen Besucher von Encounter-Gruppen in Poona war. Er schwärmte von befreitem Sex. Christophs Kindheit war durch die Affären seines Vaters belastet, von denen ihm seine Mutter tränenreich erzählte. Endlich trennten sich die Eltern. Christoph schrieb seinem Vater die Schuld an dem Zusammenbruch der Familie zu. Er verehrte seine Mutter, die ihren Alkoholismus durch die Eskapaden des Vaters rechtfertigte. Er hatte seit Jahren kein persönliches Wort mit seinem Vater gesprochen, obwohl beide in der gleichen Kleinstadt wohnen und sich gelegentlich auf der Straße sehen.

Obwohl Christoph inzwischen Partner in einer erfolgreichen Softwarefirma ist, stellt er sich gerne vor, dass sein Vater von ihm denkt, er sei LKW-Fahrer bei einem Baustoffhandel. Das war ein Ferienjob, der letzte, von dem sein Vater noch wusste. Gegenwärtig ist er mit dem Besitzer befreundet und hilft aus, wenn ein anderer Fahrer ausfällt. Er ist stolz darauf, dass er immer noch einen schweren LKW auf den Zentimeter genau lenken kann. Er betreibt Kraftsport, ist Trainer geworden und hat einmal einen Titel im Bodybuilding gewonnen.

Christoph hatte in jeder Frauenfreundschaft anfangs Potenzprobleme. Diese seien nach einiger Zeit verschwunden, wenn er mit der Partnerin vertraut geworden sei und bemerkt habe, dass sie sich *das* wirklich von ihm wünsche. Aber er habe keine dieser Frauen wirklich geliebt; ihre Ansprüche seien ihm eher lästig gewesen. Heike hingegen liebe er. Sie sei etwas ganz Besonderes. Deshalb habe er gedacht, der Sex mit ihr müsse auch etwas Besonderes sein. Sie ermutige ihn aber nicht, es scheine ihr lieber zu sein, wenn er sie nicht berühre, er würde sich häufiger wünschen zu kuscheln, daraus könnte sich doch etwas entwickeln.

Heike hat einen Mann wie Christoph noch nie erlebt. Er ist so liebevoll und aufmerksam, ganz anders als ihr letzter Freund, der eigentlich immer Sex wollte und sich erst dann beruhigte, wenn sie nachgegeben hatte, auch wenn sie keine Lust hatte. Sie wollte warten, bis Christoph so weit ist. Er war sehr beschäftigt und abends müde. So stellte sie sich auf den gemeinsamen Urlaub ein, aber auch dann sei nichts passiert. Als Christoph ihr einen Heiratsantrag machte, war sie wieder beeindruckt: Er wollte also bis zur Hochzeitsnacht warten – merkwürdig, er wirkte doch gar nicht so religiös. Aber auch auf der Hochzeitsreise wartete Christoph auf sie und sie auf ihn, so geschah gar nichts, und so ist es die Jahre über geblieben. Gegenwärtig ahnt Heike etwas wie einen Druck, Christoph doch aus seiner Reserve zu locken. Er wirft ihr auch manchmal vor, sie sei zu passiv, nimmt das aber gleich wieder zurück, sie habe eben viel um die Ohren, und er ja auch, er verstehe das. Heike kann sich nicht vorstellen, Christoph zu verführen, bei dem Gedanken vergeht ihr jede Lust. Sie sagt das nicht so direkt, meint eher, es falle ihr schwer, körperliche Nähe zu suchen, ohne zu verstehen, was mit Christoph los sei.

Ein ähnliches Dilemma, das durch die symbiotische Unterwürfigkeit eines Partners aus der phobisch geprägten Generation entstanden ist, zeigt auch der nächste Fall.

Der 36-jährige Maximilian hat seine Frau Irma über das Internet kennengelernt und sich bald sehr gut mit ihr verstanden. Er konnte ihr nicht erzählen, dass er nach einer gescheiterten Beziehung während seines ersten Semesters nur noch gelegentlichen Sex mit Prostituierten hatte, weil er nach der Trennung von dieser ersten Freundin unter Angstzuständen gelitten hatte.

Irma sei sehr konservativ, habe keinen Sex vor der Ehe gewollt, erzählt er. So hätten sie ihre Freizeit zusammen verbracht, seien in den Urlaub gefahren, ins Fitnessstudio gegangen, alles gemeinsam, aber ohne Sex. Schließlich hätten sie geheiratet. Der erste Verkehr sei für seine Frau sehr enttäuschend gewesen, weil Maximilian zu schnell kam. Nach dem zweiten Mal habe sie eine Entzündung bekommen und ihm die Schuld daran gegeben, er sei dann zum Urologen gegangen, der aber nichts gefunden habe. Dann hätten sie noch einen dritten Versuch unternommen, spontan im Badezimmer, im Stehen. Ihm hätte das gefallen, aber Irma hätte gesagt, sie wünsche sich einen erfahreneren, geschickteren Liebhaber. Er sei unsicher geworden und könne nun keinen weiteren Versuch mehr unternehmen.

Maximilian findet seine Kindheit tadellos, den Vater habe er kaum gesehen, das sei aber nicht schlimm gewesen, wenn man bedenke, was andere für Ärger mit ihren Vätern gehabt hätten. Auch seine Großväter habe er nicht gekannt; seine Mutter wurde unehelich geboren, der Vater des Vaters war im Krieg gefallen. Als Pubertierender hatte er sich gefürchtet, sich einen Playboy oder ein anderes Magazin als Vorlage für Selbstbefriedigung zu besorgen; er zog aber die Unterwäsche seiner Mutter an, das erregte ihn. Jetzt macht er sich große Sorgen, dass seine Frau ihn verlässt, weil sie in der Ehe unbefriedigt bleibe. Manchmal denkt er, es könnte auch zum Teil an ihr liegen, dass sie solche Probleme hätten. Sie weist das aber von sich.

Sie habe ja auch recht, dass er wenig Erfahrung mit Frauen habe, ausgenommen die Prostituierten, aber davon darf er ja nichts erzählen. Mit denen fand er es aber ganz schön. Er wünscht sich eine Familie, auch Kinder – die sind seiner Frau aber nicht so wichtig. Er hat sich überlegt, ob er ihr einen Vibrator schenken soll, und fragt den Therapeuten, was er davon halte.

Die letzte Frage an den Therapeuten scheint von makaberer Signalqualität. Der Vibrator entlastet Maximilian von seinen Ängsten, nicht die richtige Sexualtechnik auszuüben. Als künstlicher Phallus, als potente Konstruktion und als käufliches Gut bietet er sich als Ersatz für den fehlenden Austausch von erotischer Wertschätzung an. Er bindet Ängste vor einer Auseinandersetzung, ohne die Maximilian und Irma ihre narzisstischen Befürchtungen, als erotische Versager dazustehen, nicht bewältigen können.

Vom Wunschdenken zum Angstdenken

Wenn jemand psychologische Erkenntnisse auf ein wirtschaftliches, soziales oder medizinisches Problem anwendet, setzt er sich häufig dem Vorwurf aus, zu *psychologisieren*. Dahinter steckt der Verdacht, es werde mit psychologischen Begriffen ideologisch argumentiert. Dieser Vorwurf wird von der überschätzten Generation mit einem charakteristischen Einwand gekontert: Gerade in dieser Abwehr würde deutlich, dass die psychologische Deutung zutreffe: die aufgewühlten Emotionen würden diese Abwehr erzwingen. So demonstriere der Widerstand gegen das psychologische Vorgehen dessen Berechtigung. Das erinnert an die Fabel vom Löwen, der mit dem Esel jagt und die Beute in zwei sehr ungleiche Hälften teilt. Als sich der Esel beklagt, schlägt der Löwe vor, eine Münze zu werfen: „Bei Kopf gewinne ich, bei Zahl verlierst du."

So beklagt etwa die Psychoanalytikerin Thea Bauriedl: Wenn ein Psychoanalytiker „in irgendwelchen Verhandlungen, in wissenschaftlichen Diskussionen oder auch im Kollegenkreis ein bestimmtes Verhalten auf die Konfliktlage der sich verhaltenden Personen" bezieht, dann „trifft ihn oft der Vorwurf des Psychologisierens. Dieser Vorwurf und die hinter im stehende Angst machen deutlich, wie bedrohlich intrapsychisch und interpsychisch das Erkennen von Konflikten als Grundlage des Verhaltens ist."[69]

Die *Anwendung* psychoanalytischer Modelle ohne die unerlässliche Achtung vor den Anforderungen der psychoanalytischen *Methode* bleibt problematisch. Psychologisch gedeutet sollte nur dort werden, wo es ein im Einverständnis hergestellter Rahmen erlaubt. Sonst entstehen nicht klärbare Machtverhältnisse. Thea Bauriedl mag betonen, sie verstehe die Psychoanalyse als Möglichkeit, Herr-Knecht-Verhältnisse durch die Erkenntnis der eigenen Beteiligung aufzulösen. *Wer aber Machtverhältnisse auflösen kann, handhabt ein sehr machtvolles Instrument.*

Vergleichen wir die öffentliche Rolle der Psychologie in den 60er- und 70er-Jahren mit der gegenwärtigen Situation, spiegelt sich die Ablösung einer überschätzten durch eine vermeidende Generation. Verschwunden ist die Geste des Aufbruchs, der durchgreifenden Reform, die ein Problem definitiv löst, die Neurosen und Psychosen heilt bzw. erst gar nicht entstehen lässt, indem die Ausgrenzung abweichenden Verhaltens abgeschafft wird. Nicht nur in den viel gelesenen Texten von Alexander Mitscherlich über „Krankheit als Konflikt", auch in zahllosen Sachbüchern wurde eine Wende in der Medizin propagiert, in der die seelischen Ursachen von Leiden wie Asthma, Magengeschwüren oder chronischer Darmentzündungen vertreten und Psychotherapie als die Methode zur Heilung gepriesen wurde. Auch in der Welt der Helferberufe wurden Bollwerke der traditionellen Psychiatrie und Organmedizin von der antiautoritären Bewegung energisch angegriffen.

Heute ist davon nicht mehr oft die Rede. Die Opfer von Leiden, die als psychosomatisch gelten, schließen sich zu Selbsthilfegruppen zusammen und wehren sich gegen Versuche, Aufmerksamkeitsprobleme oder chronische Müdigkeit mit emotionalen Konflikten zu verbinden.[70] Sie betonen die Rolle genetischer Einflüsse, klagen Amalgamplomben und andere Umweltgifte an. Sich ein psychosomatisches Leiden zuzuschreiben, wird nicht als Chance, sondern als Überforderung erlebt. „Ich weiß schon, es ist psychosomatisch", klagen Betroffene, wenn sie den moralischen Druck einer konfliktzentrierten Auseinandersetzung mit ihrem Krankheitszustand vorwegnehmen.[71]

Sozialpsychiatrie und Dynamische Psychiatrie wurden von den 68ern nach Westdeutschland getragen. Sie orientierten sich an amerikanischen, zum Teil auch italienischen Vorbildern und wandten sich gegen die Auffassung, Schizophrenie und manisch-depressive Psychosen seien „Erbkrankheiten". Ergebnisse der genetischen Zwillingsforschung, die das zu belegen schienen, wurden zerpflückt. Gestörte Familien, gar eine auf Unterdrückung des „wahren Selbst" beruhende, mit widersprüchlichen, nicht authentischen Kommunikationsformen erziehende Gesellschaft wurden als Ursachen benannt.

In Italien hatte Franco Basaglia die Demokratische Psychiatrie begründet, welche die Möglichkeit der Auflösung der Großanstalten entwickelte und in der *Sozialpsychiatrie* in der Bundesrepublik aufgegriffen wurde. Basaglia leitete von 1961 bis 1971 die Anstalt in Gorizia (Görz). Er zeigte dort, dass es möglich war, Einrichtungen abzuschaffen, die Menschen außerhalb der Norm negieren und sie zwingen, „sich der Geschichtlichkeit der Institution anzuschließen"[72]. Basaglia verglich die psychiatrischen Institutionen mit der Geste, das Messer am Griff zu halten, sodass die Kranken nur nach der Klinge greifen können. Irrenärzte würden durch technische Akte der Verwaltung, Klassifizierung und Unterdrückung Kranke zu jenen „Anstaltsartefakten" machen, die dann die psychiatrische Ideologie als Ausdruck des krankhaften Prozesses beschreibt. Dieser Zustand des Patienten ist jedoch allein das Ergebnis seiner Zerstörung durch eine Institution, welche die Gesunden vor den Irren schützen soll. Primär ist der Geisteskranke ein Mensch ohne Verhandlungsstärke, ohne sozioökonomischen Standort.[73]

Sozialpsychiatrie und Politisierungen von Psychologie und Psychotherapie waren wichtige Reformmodelle der 70er-Jahre. Sie prägten auch den ersten großen *alternativen Gesundheitstag* 1980 in Berlin. Die Reformbewegungen gingen weit über die stark naturwissenschaftlich geprägte und von Freud her auch eher liberal als sozialistisch eingestellte Psychoanalyse hinaus. In der Antipsychiatrie wurde die medizinische Psychiatrie wie ein Handschuh gewendet. Demnach erkennen Psychiater nicht reale Krankheiten und bereiten durch deren korrekte Diagnose eine wirksame Behandlung vor, sondern sie machen sozial schwache, wenig durchsetzungsfähige Personen durch ihre Etikettierungen zu Kranken, um sie wegzusperren oder ihr Gehirn durch pseudomedizinische Aktivitäten wie Elektroschocks und Lobotomie[74] zu zerstören.

Die Psychiatriereform entwickelte sich in den europäischen Ländern unterschiedlich. Reformeifer und Reformoptimismus setzten sich aber mehrheitlich nicht durch. Es gelang nur selten, Gemeinden zu bewegen, mehr abweichendes Verhalten zuzulassen und so die Unterschiede zwischen den „Verrückten" und den „Normalen" aufzulösen. Nur in Italien fand eine Reformpsychiatrie (für begrenzte Zeit) politischen Rückhalt. Vielfach entwickelte sich eine Bewegung, die ausgezogen war, die medizinische Behandlung der Psychosen grundsätzlich in Frage zu stellen, zu einer Sparte der Sozialarbeit unter ärztlicher Aufsicht.

An die Stelle des Protestes gegen die Etikettierung abweichenden Verhaltens als „krank" trat eine Anpassung an reformierte Diagnosesysteme. Die Vorstellung der 68er, das emanzipatorische Potenzial der Unterdrückten (also der in Heime abgeschobenen Jugendlichen, der in Gefängnisse eingesperrten Delinquenten, der Psychiatriepatienten) für eine Veränderung der Gesellschaft fruchtbar zu machen, ist heute völlig verstummt. Kaum jemand kritisiert noch Stigmatisierung und Etikettierung, seit Verteilungskämpfe den Gesundheitsmarkt beherrschen.

Allerdings legen heute auch die hartnäckigen Vertreter der biologischen Psychiatrie, die zusammen mit der Pharmaindustrie die Diskussion beherrschen, Wert auf die Feststellung, dass Soziotherapie und Psychotherapie wichtige ergänzende („flankierende") Maßnahmen ihrer Behandlungen mit Psychopharmaka seien. Die Gegner einer Reform sind nicht nur mächtiger geworden, sondern auch schwerer erkennbar.

V. Die Wende zur Angst

Das neue Erfolgsdenken

Wenn in einer Publikation in den 70er-Jahren ein im weitesten Sinn seelischer Missstand beklagt wurde – etwa kindliche Verhaltensstörungen, gescheiterte Ehen, sexuelle Untreue, Ärger am Arbeitsplatz, ein nicht bestandenes Examen, ein abgebrochenes Studium –, dann waren die bevorzugten Modelle einer Erklärung kritische Diskurse über die (bürgerliche) Gesellschaft: Besitz- und Leistungsdenken gefährde die Liebesbeziehungen zwischen den Geschlechtern, das Patriarchat habe die Männer ebenso wie die Frauen deformiert, schwarze Pädagogik das Selbstbewusstsein der Schüler und Studenten untergraben. Es galt, wie Rudi Dutschke forderte, den „kapitalistischen Menschen" durch einen „neuen Menschen" zu ersetzen.[75]

Diese Reden hatten eine thymotische Qualität: Sie verwarfen das Bestehende und konstruierten eine bessere Zukunft. Der Mensch war gut und hätte sich harmonisch entwickelt, wenn nur die sozialen Strukturen gerechter und einsichtiger gewesen wären. Nicht der *Mangel* an Anpassungsfähigkeit, sondern ein *Übermaß* an *Anpassungsforderungen* wurde als Problemquelle identifiziert. Wer den Menschen die Hoffnung auf bessere Chancen in einer besseren Gesellschaft nahm und genetische Erklärungsmodelle forcierte, war ein Rassist, ein verkappter Nazi. Gestörte Kinder und Erwachsene waren von entweder bösen oder unwissenden Eltern nicht genügend gefördert und *verstanden* worden. Gute Therapeuten und soziale Reformen würden die gegenwärtigen Störungen heilen und künftigen vorbeugen. Das abweichende Verhalten war keine Krankheit, eher ein wertvoller Signalgeber, um noch nicht erkannte gesellschaftliche Missstände aufzudecken.

Den Wandel von einer thymotischen zu einer phobischen Interpretation dieser Missstände kennzeichnet der Ersatz des populären Modells *Gesellschaft* durch das populäre Modell *Gehirn*. Verbreitet ist heute eine rhetorische Geste, wonach ein psychologisches oder soziales Phänomen insofern *wirklich* erforscht worden sei, als sich mit ihm verbundene Erscheinungen auch als Veränderungen in einem Gehirnscan dokumentieren ließen. Ob Einfühlung oder Verlogenheit, Depressionen oder kindliche Konzentrationsschwäche, sexuelle Untreue oder Schizophrenie, Alkoholismus oder Zwangsneurosen – überall zitieren Berichterstatter den Hinweis auf genetische Ursachen und beteiligte Zentren im Gehirn.

Wissenschaftlich gesichert ist keines der beiden Modelle. Sie stehen für einen Paradigmenwechsel. Ging es in der thymotischen Auffassung darum, die von der Gesellschaft aufgenötigten Schäden durch Reformen zu beheben, werden in der phobischen Sichtweise das Wirtschaftssystem und die mit ihm verknüpften Leistungs- und Anpassungsnormen absolut gesetzt: Es gibt keinen Schuldigen außer dem Zufall und keine Hoffnung außer der Weiterentwicklung der Stammzelltherapie, der biochemischen Substitution oder des *Genetic Engineering*.

Wie ich bereits im Vergleich der Selbsterfahrungskulturen von 1975 und 2005 beschrieben habe, *rüttelt* das Individuum nicht mehr an den Strukturen wie einst Gerhard Schröder am Zaungitter des Kanzleramts. Es *fürchtet* sich vor den Strukturen und will ihnen gerecht werden. Ein Defizit an eigener

Anpassungsfähigkeit lässt sich in seiner kränkenden und entwertenden Qualität mildern, wenn der Einzelne nicht aus bösem Willen oder mangelnder Bereitschaft versagt, sondern aus
genetisch bedingter Schwäche. So soll das an Aufmerksam-
keitsstörungen leidende Kind Medikamente schlucken und
die von ihrem Ehemann betrogene Frau akzeptieren, dass
Männer ihre Gene weit streuen wollen und Frauen nach einem Sicherheit spendenden Alphamännchen suchen.

Wo in den Massenmedien von Ängsten und Depressionen die Rede ist, wird nur noch wenig über soziale und kulturelle Faktoren oder über Einflüsse der Familiendynamik und
der Erziehung geschrieben. Vielmehr ist die Rede von erb-
lichen Dispositionen und einer Behandlung durch Psychopharmaka und Verhaltenstherapie. Mithilfe intellektuell dürf-
tiger, im apparativen Aufwand eindrucksvoller Experimente
(beispielsweise über *Spiegelneuronen*, die *beweisen*, dass der
Mensch *in der Tat* ein zur Einfühlung fähiges Gehirn hat) werden längst bekannte Gemeinplätze zu Einsichten neuester
Forschung aufgebauscht. Das Ergebnis der zusammengetragenen Experimente über die Funktionsweise des Gehirns
ist – Überraschung! –, dass Menschen Liebe, Einfühlung und
Bestätigung benötigen, um gesund zu bleiben.[76]

Der Schritt von der thymotischen zur phobischen Um-
gangsform lässt sich auch in Erwachsenenbildung und Unternehmensberatung nachweisen. Die überschätzte Generation begründete die Bewegungen der Encountergruppen, des
Sensitivitätstrainings und der gruppendynamischen Organi-
sationsentwicklung. Führungskräfte und Teams wurden in
ihrer Fassadenhaftigkeit, emotionalen Starre und in ihrem
autoritären Führungsstil sichtbar gemacht und auf anstren-
gende Wege der Selbstbefreiung, der Auseinandersetzung
mit blinden Flecken der eigenen Persönlichkeit gezwungen.
Heute dominieren Methoden den Markt, die sich *ressourcen-*

orientiert nennen. Sie legen auf die Emanzipation von sozialen Fassaden keinen Wert, im Gegenteil: diese werden versorgt und gestärkt. Das zentrale Motiv ist die Funktionsverbesserung. An die Stelle von Encounter und Selbsterfahrung treten Supervision und Coaching. Die in ihrem Wert verunsicherten und verängstigten Subjekte benötigen Möglichkeiten der Anlehnung. Den Wandel von der thymotischen zur phobischen Bildungskultur demonstriert der Boom von Qualitätsmanagement und Evaluation.

In der Schulung von Kadern der Studentenbewegung wurden Klagen über Strenge und Unzugänglichkeit des Lehrmeisters als bürgerliche Wehleidigkeit denunziert. Wer zu neuen Ufern aufbricht, darf nicht über nasse Füße jammern. Eine Theorie, die man vom ersten Satz an versteht, kann nicht viel wert sein. Zum rechten Bewusstsein zu kommen, das angesagte kritische Denken zu erfassen, kostet Mühe und wird durch gnadenlose Kritik unzureichender Versuche befördert. Wer die Dialektik des Seminarleiters nicht begreift, soll sich schämen und wenigstens den Mund halten.

In der phobischen Bildungskultur werden am Abend des Fortbildungstages Fragebögen verteilt. Der Kurs wird evaluiert. Nicht die Belehrten, sondern die Lehrer bekommen Noten. Die Dozenten erhalten Rückmeldungen, ob es auch angenehm genug war, von ihnen zu lernen, ob sie gut genug vorbereitet waren und ihre Schützlinge nicht durch einen Mangel an Anschaulichkeit, durch Praxisferne, Theorielastigkeit oder einen Mangel an geschickt eingesetzten, unterhaltsamen Medien überfordert haben.

Diese Rituale stehen für die in einer phobischen Kultur ebenso unentbehrlichen wie verbreiteten Versuche, Aggressionen zu binden. Am Ende verschluckt ein Stückchen mehr Bequemlichkeit den Revolutionsbegriff.[77] Thymotische Unternehmer wagen etwas und riskieren es auch, unbeliebt zu sein. Phobische Manager sichern sich ab und versuchen, schmerzhafte Maßnahmen an Externe zu delegieren. In einem thymotischen Unternehmen wird das Ganze in Schwung gebracht; in einem phobischen sucht man nach Spaltungs- und Fusionsmöglichkeiten, um Unerfreuliches wegzuorganisieren (*outsourcing*).

In der von Vermeidungstendenzen geprägten Unternehmensberatung wird nicht der Einäugige König bei den Blinden, sondern der Blinde König bei den Einäugigen – zumindest für die kurze Zeit, in der er berät, begutachtet und die Organisation transformiert. Danach erklärt man ihn zum Sündenbock für Entlassungen, die ohne dieses Ausweichmanöver vom Unternehmen begründet werden müssten.

Neue Formen der Angstabwehr

Während der Abschiedsvorlesung des Sozialpsychologen Heiner Keupp am 15. Juli 2008 ist die Aula der Ludwig-Maximilians-Universität in München voll besetzt; immer wieder Beifall, am Ende Standing Ovations. Die Rede selbst ist ein Abgesang auf die deutsche Universität und die Bewegung der 68er, die Keupp mit vielen Anekdoten würzt. 1968 sei eine Form gegenseitiger Neurosentherapie gewesen, die ihm als schüchternem, unerfahrenem Studenten den Weg geebnet habe, frei zu sprechen und für mehr Mitbestimmung und Demokratie zu kämpfen. Dieser Kampf habe seine Karriere als Universitätslehrer geprägt. Er gehe jetzt erleichtert in den Ruhestand, denn eine Universität, die von Exzellenzinitiativen und der Jagd nach Drittmitteln geprägt sei und sich selbst immer mehr verschule, sei seine Universität nicht mehr. Er sei froh, gehen zu können, ehe die Bachelor-Studiengänge den früher in fünf Jahren kaum zu bewältigenden

Stoff in drei Jahre zwängen. Die Lehrenden hätten nur noch ihre Karriere und ihre Veröffentlichungen in normierten Zeitschriften im Auge, die Studenten ihre Credit Points. Niemand sorge sich um die sozial Schwächeren und kämpfe für die Universität als Freiraum von wirtschaftlichen Interessen; im Gegenteil: Es sei Mode geworden, sich als Universitätslehrer daran zu messen, wie viel Umsatz man durch Aufträge aus der Wirtschaft erziele.

In dem großen Saal sitzen neben den Schülern und Freunden zahlreiche Kollegen des Redners, die seit Jahren genau das durchsetzen und praktizieren, was er beklagt. Sie spenden einträchtig Beifall; die Stimmung ist trotz der vorgetragenen Widersprüche gut – es ist eben ein Event, der gefeiert werden will. Kritiker der Rede gibt es gewiss, aber sie bleiben stumm. Sie fürchten sich offensichtlich, laut zu werden, als Spielverderber dazustehen. Es gibt keinen Nachwuchs im Sektor Protestbewegung, Sparte Feierstörung.

Die Preisgabe der Demokratisierung an den Hochschulen, die Verkürzung der Gymnasial- und Studienzeiten, die Intensivierung der Konkurrenz innerhalb der Institutionen zeigt, wie viel mächtiger die Ängste geworden sind, auf der Strecke zu bleiben, den Kürzeren zu ziehen. Die thymotische Position der 68er gegenüber „der Gesellschaft" hing damit zusammen, dass es genug zu verteilen gab. Die phobische Haltung ergibt sich aus der Konkurrenz um knappe Ressourcen. Emotionale Strukturen und ökonomische Realitäten spielen in der Konsumgesellschaft zusammen. Die Verarmungsängste hängen mit gestiegenen Erwartungen zusammen, aber auch mit einem System, das als unentrinnbar und unveränderlich erlebt wird.

Die in den Aktionsgruppen von 1967 entstandene Nähe war laut Keupp ein Therapeutikum, um soziale Ängste zu überwinden und sich in der Gesellschaft zu engagieren. Bei diesem Treffen der psychosozialen 68er-Szene im Jahr 2008 wird diese Nähe noch einmal fassbar. Sie richtet sich jedoch nicht mehr nach außen. Sie stützt und bindet die Teilnehmer, die sich an ihre Gemeinsamkeiten erinnern. In den Erinnerungen und Anekdoten wird die Vergangenheit noch einmal lebendig.

Diese kollektive Stimmung greift ein Element auf, das auch die Familien der 68er prägte: Die Partner fühlen sich durch ihre Nähe beflügelt und schöpfen aus ihr den Mut, entfernte Ziele zu erreichen oder andere zu übertrumpfen. Adriano Celentano, dessen Stimme so viele Partys der 68er-Generation prägte, hat diesen Affekt hinausposaunt:

Siamo la coppia più bella del mondo
E ci dispiace per gli altri, che sono tristi!
(Wir sind das schönste Paar der Welt,
tut uns leid für die anderen, diese traurigen Figuren!)

Die Paare der 68er Generation haben Kinder begrüßt, auch wenn sie nicht so recht für diese sorgen konnten und ihre Liebesbeziehung vielleicht in einen Rosenkrieg mündete. Ihre Kinder hingegen trauen sich in ihren Beziehungen kein fremdes Element zu, ehe nicht alle Einzelheiten gesichert sind. Phobisch gebundene Eltern fürchten, dass ihr Kind der Ausbund aller erdenklichen Probleme und Krankheiten sein könnte.

In der überschätzten Generation gewann Thymos[78] als Idealisierung des eigenen Anders- und Besserseins hohe Bedeutung in der Auseinandersetzung mit den überangepassten Eltern. Umgekehrt klagt die eher von Phobos geprägte Generation darüber, dass sie keine hohen Ziele aufbauen kann, dass es ihr nicht gelingt, ihre Interessen zu verfolgen und sich an einem Hobby längere Zeit zu freuen.

„Mein Vater und meine Mutter haben eigentlich ihre großen Interessen ihr Leben lang bis heute bewahrt. Ich finde das beneidenswert. Mein Vater sammelt alte Zeitungen und interessiert sich für die Geschichte Sachsens. Er organisiert Literaturreisen nach Leipzig und Dresden. Meine Mutter hat schon immer Geige gespielt und gibt heute noch Unterricht. Außerdem engagiert sich sie bei Amnesty International und kämpft für die Freiheit Tibets.

Ich habe schon als Kind immer versucht, etwas Ähnliches zu finden. Ich habe Briefmarken gesammelt und Klarinettenunterricht genommen, wählte Geschichte als Leistungskurs. Aber nichts ist zur Passion geworden. Heute fesselt mich nichts mehr davon. Ich wollte es eigentlich immer nur gut haben, zufrieden sein, aber das fällt mir am schwersten. Wenn sich meine Mutter verausgabt hat bei einem ihrer Termine, dann fühlt sie sich richtig gut und zufrieden. Mich aber überfällt mitten im Urlaub der Gedanke, dass ich heute den ganzen Tag noch nicht an die Menschen gedacht habe, die unschuldig im Gefängnis sitzen!"

Dieses Beispiel aus der Analyse eines 1969 geborenen Patienten zeigt seine Reaktion auf die Ideale der Eltern. Weil diese fordernd auftraten, entwickelte der Sohn eine Protest-Identifikation. Er wollte sein Leben vor allem genießen. Aber er fühlte sich bedroht und ungeschützt.

Seine beruflichen Leistungen sind ausgezeichnet, er hat noch nie eine Stelle verloren. Aber er fürchtet sich ständig, einen Fehler zu machen, denn jeder Fehler ist unverzeihlich und muss ihn den Job kosten. Wenn er Auto fährt und einen Polizeiwagen sieht, bricht ihm der Schweiß aus: Er hat sicher etwas falsch gemacht und wird gleich gestoppt und bestraft.

In der oben zitierten Rede von Heiner Keupp fließt beides zusammen: Die einstige Freude am Aufbruch und die gegenwärtigen Ängste vor der Globalisierung. Der erfolgreiche und geehrte Universitätslehrer zieht sich zurück. Die auf ihn zukommenden gesellschaftlichen Veränderungen erlebt er als bedrohlich und will nichts mit ihnen zu tun haben. Bereits darin wird deutlich, wie viel stärker Phobos das Klima prägt – wie sollen sich denn jene einstellen, die nicht mit einer Beamtenpension den Ruhestand antreten können?

Diese Ängste werden verständlicher, wenn wir uns verdeutlichen, dass der Bundesrepublik 1989 eine trotz allen Schwierigkeiten sehr beruhigende Zweiteilung verloren ging. Die überhöhten und deshalb auch psychologisch so gefährlichen Versprechungen im Zusammenhang mit der Wiedervereinigung („blühende Landschaften") dienten schon damals auch der Abwehr von Ängsten darüber, wie mit diesen neuen Verwirrungen umzugehen sei.

Es war mühevoll, so viel Fremdes und Neues zu integrieren. Ich erinnere mich an einen befreundeten EU-Diplomaten, der mir einmal im Vertrauen gestand, mit Italienern und Franzosen sei er viel vertrauter als mit den Deutschen in Leipzig oder Dresden. Mit der Wiedervereinigung gingen Übersichtlichkeit und Feindbilder verloren. Nach und nach wurde überdeutlich, wie hohl die Rede von einer geistig-moralischen Wende gewesen war, mit der sich die Regierung unter Bundeskanzler Kohl eingeführt hatte. Paradoxerweise war es nicht die darauf folgende rotgrüne Koalition, die das ganze Ausmaß der Korruption in der Kohl-Regierung aufdeckte, sondern die jüngere Generation der konservativen Parteien unter der Führung von Angela Merkel.

Die von Kohl beschworene „Gnade der späten Geburt" hatte Abstand von der traumatisierten Generation versprochen. Dieses Versprechen, hinter dem wohl in erster Linie ein Gespür für Macht und ein Talent zum Opportunismus zu vermuten ist, wurde jedoch nicht eingehalten. Die Wiedervereinigung war keine Leistung der Bundesrepublik, sondern ein glücklicher Zufall; sie war der Regierung Kohl sozusagen in den Schoß gefallen. Erarbeitet hatte sie eine mutige Minderheit in der DDR, die ihre politische Rolle bald wieder verlor.

Das Ende der Regierung Kohl schuf, ähnlich der Wiedervereinigungseuphorie, für kurze Zeit eine Stimmung des Aufbruchs. Bald aber wurden die Schwächen der überschätzten Generation deutlich, die jetzt an die Macht gekommen war. Angemessene Kränkungsverarbeitung und vernünftiger Umgang mit unterschiedlichen Auffassungen vertragen sich schlecht mit dem charismatischen Anspruch der Thymotiker. Ein Unglücksfall, von dem sich die linken Parteien bis heute nicht erholt haben, ist die Unfähigkeit der damals mächtigsten Männer der SPD gewesen, Kapitalismuskritik und Realpolitik zu versöhnen. Selbstüberschätzung und jäher Zusammenbruch charakterisierten die Führungskämpfe in der SPD.

Inzwischen vertritt der Ex-Kanzler Gerhard Schröder internationale Energieinteressen; sein Ex-Finanzminister Oskar Lafontaine ist Chef einer Linkspartei, die bisher politisch nicht viel mehr erreicht hat, als die SPD in eine Art allergischer Reaktion gegen ihre eigene marxistische Tradition zu treiben. Solche Entwicklungen festigen nicht gerade das Vertrauen der Jugend in die Integrationskraft und den vorausschauenden Blick der Politiker.

So schwindet gegenwärtig das Interesse an Parteimitgliedschaften, die Wahlbeteiligung der Jugend ist gering, es mangelt den Bürgern an Vertrauen in Mächtige und Medien. Den Eliten gelingt es nicht mehr, transparent zu machen, welche Fragen entschieden werden müssen, wenn sich die Lebensqualität erhalten soll. Sie geraten vielmehr in den Verdacht, ihren Informationsvorsprung zu nutzen, um auf Kosten der Mehrheit Vorteile für sich zu gewinnen. Auch darin spiegelt sich ein Wechsel von einer thymotischen Haltung gegenüber der Politik hin zu einer phobischen.

Die Entwertung der überschätzten Generation

Die Ideale der antiautoritären Erziehung waren von der Absicht geprägt, Kinder zu freien, durchsetzungsfähigen, triebstarken und mutigen Erwachsenen zu erziehen. In einer Umwelt, die nicht mehr traditionell geprägt war, d. h. in der Werte und Lebensentwürfe der Eltern- und Kindergeneration eben nicht mehr die gleichen waren, konnten Eltern das Erwachsenwerden ihrer Kinder aber nur noch unterstützen und nicht mehr prägen.

Um diesen Mangel an Vorbildern und Werten auszugleichen, verstärkte die Nachkriegsgeneration Bindungen an die Altersgenossen (Motto: *trau keinem über dreißig!*). Kleine Gruppen sollten als Zellen das Wachstum eines neuen sozialen Organismus einleiten.

Später übertrugen sich die Bedürfnisse nach Halt auf die Sexualpartner und dann auf die Kinder. Es war bedrohlich, sich nicht vom Partner oder von den Kindern *verstanden zu fühlen*. Diese mehr oder weniger vorwurfsvoll geäußerte Not, sich *nicht verstanden* zu fühlen, ist ein Zeichen symbiotischer Bedürftigkeit, denn Einsamkeit ist ein Preis der Autonomie. Die Forderung, in Partnerschaft und Familie *verstanden* werden zu müssen, signalisiert ebenso wie die Vornameneltern eine diffuse Bedürftigkeit und einen Mangel an innerem Halt. Sie richtet sich auf die Symbiose zwischen Erwachsenen und zwischen den Eltern und ihren erwachsenen Kindern: Nähe wird eingeklagt.

Das zwischen 1970 und 1980 in Deutschland sehr populäre *Gestaltgebet* von Fritz Perls lässt sich als Reaktion auf diese Bedürfnisse verstehen:

Ich lebe mein Leben, und du lebst dein Leben.

*Ich bin nicht auf dieser Welt, um deinen Erwartungen zu
entsprechen –
und du bist nicht auf dieser Welt, um meinen Erwartungen
zu entsprechen.
ICH BIN ich und DU BIST du –
und wenn wir uns zufällig treffen und finden,
dann ist das schön, wenn nicht, dann ist auch das gut so.*

Es sind, wie Lessing sagte, nicht alle frei, die ihrer Ketten
spotten, und es sind nicht alle autonom, die das Gestaltgebot
aufsagen. Die Abweisung von Erwartungen, die Proklamati-
on, nicht des anderen Kindermädchen zu sein, das berühmte
Lied von Bob Dylan *It ain't me, babe*[79], sie alle signalisieren
das symbiotische Klima und dessen Abwehr.

Kinder wurden als Symbiosepartner wahrgenommen
und überfordert. In den Berichten der entwerteten Generation über ihre Kindheit ist es eher die Regel als die Ausnahme,
dass ein Elternteil sich bei einem Kind darüber beklagt, dass
der andere Elternteil nicht seinen Erwartungen entspricht.
Die Kinder, Sprecher einer besseren Zukunft, mussten Kritik
an Partner und Ehe entgegennehmen, als seien sie kom-
petent genug, ein Urteil zu fällen, stark genug, Abhilfe zu
schaffen, zumindest aber mussten sie den klagenden Elternteil freisprechen. – An diesem lag es ja nicht, wenn nicht alles so war, wie es hätte sein müssen.

Diese Eltern wirkten auf die Kinder abhängig und ver-
wundbar. Daher gab es für die kindlichen Aggressionsäuße-
rungen wenig Raum. Die Eltern setzten keine mit Sanktio-
nen bewehrten Grenzen. Sie reagierten verletzt oder gar
wehleidig und vorwurfsvoll, zogen sich zurück oder klagten
die zuerst überschätzten Kinder als undankbare Versager an.

Die Kinder wiederum neigen dazu, ihren Eltern die eigene Unselbständigkeit anzukreiden und bemerken oft erst im Zug ihrer Loslösung, wie viel sie von den entwerteten Vätern und Müttern übernommen haben. Wenn ein Kind heranwächst, wird es sich *gleichzeitig* mit den Werten der Eltern identifizieren *und* diese bekämpfen. Diese Doppelgesichtigkeit der unbewussten Strukturfindung entkräftet Allgemeinplätze, wie zum Beispiel „Der Apfel fällt nicht weit vom Stamm".

Der 1970 geborene Leonhard kämpft mit heftigsten Vorwürfen und Wutausbrüchen gegen seine Mutter, die ihn nach seinen Berichten entwertet, manipuliert und missbraucht hat. Sie habe seine Fähigkeit, sich als Mann zu behaupten und sexuelle Beziehungen aufzunehmen, für immer geschwächt, ihn durch ihr bizarres Liebesleben verunsichert und als Trostspender in ihren Ehekonflikten mit unberechenbaren Forderungen verwirrt. In einer späteren Phase der Analyse wird deutlich, wie vielfältig er sich hinter dieser Entwertung doch mit dieser Mutter identifiziert hat. Er erinnert sich jetzt daran, dass er sich während seiner Jugend zu Hause oft wohl fühlte, die liberale Atmosphäre genoss, gut integriert war. Die „bösen" Bilder der Mutter, die heftigen Kämpfe und Krisen mit den Eltern dominieren erst, als er zu Beginn seines Studiums alleine zurechtkommen soll. Sie waren sozusagen ein Mittel, seine Sehnsüchte zu bekämpfen, in den Schoß der Familie zurückzukehren und das Autonomieprojekt aufzugeben. Zu einer solchen „Teufelin" durfte er nie und nimmer zurück!

Angespannt und rastlos hatte er weder Lust zu lernen noch konnte er seine Freizeit genießen. „Eigentlich war ich genau wie meine Mutter geworden", sagte er, nachdem diese Entwicklung in seiner Analyse bearbeitet worden war. „Sie hat sich immer beklagt, dass der Haushalt sie so fertig macht, dabei hatte sie wirklich nicht viel zu tun. Aber sie hat die Hausarbeit gehasst, weil sie sich dann nicht wichtig fühlen konnte. So war sie immer unruhig dabei, wollte alles nur schnell erledigen, hat dann aus Schuldgefühlen wieder ganz aufwendig gekocht und uns eine Szene gemacht, wenn wir es nicht gewürdigt haben oder es ihr in der Eile missraten war. Sie konnte sich nicht ausruhen, auf ihrem Schreibtisch türmten sich die Flugblätter und die Fotokopien für eine Aktion der *Humanistischen Union* nach der anderen.

Der Vater hat dann am Abend nach seiner Arbeit schnell die Küche aufgeräumt und sich mit der Zeitung auf das Sofa gesetzt. Wenn sie das gesehen hat, ist sie in die Küche geschossen und hat alles kontrolliert, ob er es auch wirklich nach ihrem Standard erledigt hat. Dann hat sie ihn angeschrien, er sei ein Chauvinist, weil er die Ecken nicht geputzt hätte und dass sie alles allein machen müsse. Er hat sich dann gewehrt, es sei ihr nicht recht zu machen, oder ist einfach gegangen.

Heute kann ich sehen, dass ich diese Unruhe mitgenommen habe und es leichter hatte, wenn die Mutter da war. Sie hat sich ja auch wirklich um alles gekümmert und sich immer Sorgen gemacht. Sie hat mir diesen Teil sozusagen abgenommen. Jetzt bin ich selbst so. Wenn ich nach Hause komme, fällt es mir schwer, mich zu beruhigen und mir etwas Gutes zu tun, mich zu entspannen. Ich kann mir nur vorsagen, dass ich für heute meine Arbeit ordentlich gemacht habe und ein Recht auf Ruhe habe. Ich schaue selbst in alle Ecken, ob es nichts zu kritisieren gibt, werde hektisch und fange an aufzuräumen oder zu putzen. Anfangs konnte ich mich kaum hinsetzen und einfach etwas lesen oder fernsehen. Inzwischen ist das etwas besser geworden, ich ahne jetzt, woher es kommt."

212

Solche Szenen zeigen, wie viel von den Strukturverlusten der NS-Eltern in der überschätzten Generation fortbestand und dadurch ihre Genussfähigkeit beeinträchtigte. Während Leonhards Mutter ihre Rastlosigkeit thymotisch verarbeitete, sie bedeutungsvoll fand und sich in wichtiger Mission fühlte, wenn sie die Familie im Dienst ihrer emanzipatorischen Ideale tyrannisierte, empfindet Leonhard seine Unruhe als lästig, als Versagen vor seinem Ideal, ein cooler Typ zu sein, der das Leben genießt und nichts anbrennen lässt.

Das 68er-Bashing – eine Generation wird zum Sündenbock

„Ob sinkende Geburtenraten, orientierungslose Jugendliche, schrankenloser Hedonismus, feministische Zerstörung der Mutterschaft, ob antriebslose Arbeitslose, Computerspiele, Konsumwahn, Werteverfall, Pisa-Katastrophe und Budgetdefizit – die 68er sind irgendwie an allem schuld."[80]

Bizarre Züge nimmt diese Geste in der Polemik von Bettina Röhl gegen die 68er im Allgemeinen und ihre Mutter Ulrike Meinhof im Besonderen an. Sie illustriert in der Aggression der entwerteten Generation ein Mosaik von hasserfülltem Kampf und heimlicher Identifizierung angesichts einer nach wie vor ins schier Dämonische überhöhten und überschätzten Mafia, in der RAF und antiautoritäre Bewegung in eins gesetzt sind. Bettina Röhl erklärt die 68er zu einer alles beherrschenden Krake, die von Marx und Freud bis zur Esoterik alles einsetzt, um ihre gegenwärtig totale Macht über die Öffentlichkeit zu erhalten. „Es war ein Leichtes für sie, mit ihrem eigenen Sektenkult in Gestalt ihrer geistig überlegenen Süffisanz und mit ihrem selbst empfundenen Anspruch der Weltbelehrung und geistigen Welterneuerung, der größenwahnsinnige Züge trägt, alle Anfeindungen und Herausforderungen seit 35 Jahren bis heute mühelos zu kontern und zu überdauern. Die Ende der Achtziger zum Massenphänomen gewordene Esoterik haben die 68er quasi anschließend an ihre alte Drogen- und ein wenig Baghwanerfahrung schnell geentert und ihrem System längst einverleibt. Die Esoterik ist eines der Einfallstore der 68er in das Managerwesen der Wirtschaft geworden, wo Placebo und Autohypnose, selbstverständlich an knallharten Erfolgszahlen gemessen, Standartgedanken (sic!) geworden sind. Viele sogenannte Leiter von Managerkursen für Top-Leute werden von ergrauten esoterischen 68ern und Nachwuchs-68ern geleitet, die die Power hemmungsloser Durchsetzung und die Konditionierung des Ichs des Individuums angeblich in betriebswirtschaftlichen Nutzen umwandeln helfen."[81] Die 68er lösen hier gleichzeitig die konservative Ordnung auf und vervollständigen sie auf perfide Weise, sie trainieren den Manager, der die Werktätigen ausnützt, so gut wie den Kommunisten, sie predigen die Revolution und erfinden die Ich-AG, sie lassen sich vom Staat durchfüttern und erzeugen gesellschaftlichen Konsens durch Meinungsterror.

„Seitdem 68 in Staat und Medien die Herrschaft übernommen hat, was unter Helmut Kohl sukzessive passierte, spielen die immer zahlreicher werdenden Verlierer keine Rolle mehr. Die schießt man aus dem Sozialsystem raus mit dem eleganten Begriff der Ich-AG. Wie gut, dass 68 immer gleich auch die Kritik mitliefert, die zur eigenen Machtanreicherung gehört, und das Wort ‚Ich-AG' schnell zum Unwort des Jahres kürt."[82] Röhl als unerschrockene Kämpferin gegen eine Lawine aus Kohl, Managern, Medien, die allesamt von den 68ern beherrscht werden: Man meint hinter einer fulminanten rhetorischen Ablehnung einen Schatten zu sehen – allein gegen eine Welt von Feinden.

Eine ähnliche Überschätzung der 68er wie Bettina Röhl stammt von einem Schweizer PR-Fachmann. Daniel Regli schreibt nicht anders als Röhl der überschätzten Generation geradezu magische Fähigkeiten zu, alle Bereiche der Gesellschaft zu infiltrieren. In diesem Zusammenhang ernennt er den Mythos vom *langen Marsch* zur Realität; er passt in die Verschwörungstheorie. Der „lange Marsch durch die Institutionen" griff als Metapher nach dem langen Marsch Maos während der chinesischen Revolution. Der Vergleich steht für eine defensive Fantasie, welche die Auflösung der Bewegung zu rationalisieren versucht. *Dieser* lange Marsch sicherte keinen Zusammenhalt, festigte keine Kader, begründete keine Ideologie – im Gegenteil. Er löste die zersplitterten Gruppen in Individuen auf, die – von Erinnerungen an ihre bewegte Zeit begleitet – mehr oder weniger in bürgerliche Karrieren fanden.

Regli macht die 68er für alle Bitternisse der Moderne verantwortlich. Er klittert Geschichte: „Studenten und Hippies haben 1968 eine Ernte eingefahren, die von der neulinken Frankfurter Schule (Horkheimer, Adorno, Marcuse, Fromm) gesät wurde. Sich stützend auf Marx und Freud hatte die Neue Linke seit den 1930er-Jahren an einer neomarxistischen Revolution gearbeitet. Mit hehren Worten versprachen sie den Menschen der westlichen Welt die totale Selbstverwirklichung. Unterstützt von einflussreichen Intellektuellen (Hesse, Sartre, de Beauvoir, C. G. Jung) lockten sie die Völker ins Paradies der liberalen Werte. Und sie kamen, die Massen. Verzückt tappten sie in die Falle. Tausende. Millionen."[83] Am meisten amüsiert hat mich bei der Recherche in Reglis Texten, dass er offensichtlich überzeugt ist, an der Konsumgesellschaft seien die „neoliberalen" (sic!) 68er „schuld". Dabei waren sie die engagiertesten Konsumkritiker nach Diogenes und Thoreau.

Reglis Pamphlet wurde gleich nach seinem Erscheinen von Christa Meves begrüßt, die seit den 50er-Jahren eine moralisierende Form von „Kindertherapie" vertritt, derzufolge berufstätige Mütter und liberale Werte Hauptursachen kindlicher Verhaltensstörungen sind. Meves spricht vom „Ungeist des Egalitätstraumes", der „weiterhin in Millionen von europäischen Köpfen glimmt, ohne dass die Mehrheit begreift, dass es sich dabei um eine für alle schädliche Ideologie des Neides handelt. Die Fehleinschätzung über das, was für uns heilsam ist oder was uns schadet, hat stattdessen als Mediendiktatur zumindest die deutsche Öffentlichkeit voll besetzt. Diesem dunkelroten Filz müsste in später Stunde hartnäckig und klarsichtig begegnet werden!"[84]

Warum dieser plötzlich modische Hass auf die längst in den vielfältigsten Neuorientierungen, auch im Karrierestreben ihrer Protagonisten und Gefolgsleute aufgelöste Bewegung? Die Betrachtung von Vorurteilen lehrt, dass sich der rassistische Hass *verschärfte*, als sich die Juden assimilierten, ihre Ghettos verließen und begannen, sich an die liberalen Werten einer fortschrittlichen deutschen Gesellschaft anzugleichen. Der „erkennbare" Jude mit Schläfenlocken und Kaftan wurde 1834 von einem betrunkenen Christen angerempelt. Der „unerkennbare", assimilierte Geschäftsmann wurde 1934 verfolgt, seiner Rechte beraubt und schließlich ermordet. Ähnlich sind für Regli und Meves die Studenten in Parka und Zottelhaar widerwärtig, aber harmlos, verglichen mit den im Brioni-Anzug getarnten, von Helmut Kohl oder Wladimir Putin unterstützten 68ern.

Die 68er sind seit der Jahrtausendwende zum Sündenbock für die moralischen und geistigen Risiken der Globalisierung geworden. Diese traf die Bundesrepublik auch deshalb wie ein Schock, weil sie durch die Wiedervereinigung abgelenkt und geschwächt war. Globalisierung heißt psychologisch gesehen, dass eine nationale Übersichtlichkeit zerfällt und das Individuum sich mit Strukturen auseinandersetzen soll, die es nicht mehr fassen kann. In der Bundesrepublik waren es die konservativen Parteien, welche die Konsumgesellschaft vorantrieben. Ein Beispiel ist die Einführung des Privatfernsehens. Aber die Exzesse von Pornografie und Gewalt in den Medien werden den 68ern in die Schuhe geschoben. War vor 1989 die thymotische Bewegung noch als Schrittmacher der Liberalisierung anerkannt worden, wurde sie nach der Wiedervereinigung immer öfter für die negativen Seiten des gesellschaftlichen Fortschritts verantwortlich gemacht, für ein schlechtes Schulsystem, Leistungsversagen und dissoziale Neigungen der Jugend, für sinkende Arbeits- und Ehemoral.

Das wiedervereinigte Deutschland entwickelte eine Art Überempfindlichkeit gegen den Sozialismus. Der Marxismus von 1968 war absorbiert worden; die erneute Zufuhr dieses „Reizstoffes" in den Jahren nach 1989 löste einen Abwehrschock aus. „Als Folge des Epochenwandels von 1989/90 erfuhren alle Strömungen des Jahrhunderts, die kommunistische, sozialistische oder ganz allgemein linke Zielsetzungen verfolgten, eine dramatische Abwertung."[85] Obwohl die Protestbewegung den Staatssozialismus des Ostblocks abgelehnt hatte, wurde den 68ern mangelnde Einheitseuphorie als historisches Versagen angekreidet. Sie galten als Miesepeter, die an Träumen eines menschlichen Sozialismus festhielten und den Bürgern der Ex-DDR Bananen und Opels missgönnten.

In der Debatte um Joschka Fischers und Jürgen Trittins Vergangenheit verengte sich der mediale Blick auf die Gewaltfrage. Das liegt vor allem an dem immensen Interesse für Terrorismus in jeder Form, das seit dem Anschlag auf die *Twin Towers* 2001 die Medien beherrscht. Hier gilt die terroristische Gewalt nicht mehr als Zerfallsprodukt der Protestbewegung, sondern als der Kern des Denkens der 68er. „Die Stadtguerilla ... stammt aus dem Zentrum der antiautoritären Bewegung."[86]

Der Terror in der Bundesrepublik

In dem Hollywood-Film *Ararat* mit Charles Aznavour und Arsinée Khanjian gibt es eine Szene, in der sich ein Schauspieler türkischer Abstammung und ein junger Armenier begegnen. Dieser ist der Sohn eines Terroristen. Sein Vater kam während des Versuchs um, einen türkischen Diplomaten zu erschießen. Seine Mutter Ani berät den Regisseur, der die Leiden der Armenier möglichst pathetisch darstellen will; ihrem Sohn aber hat sie genauere Informationen über seinen Vater vorenthalten.

Der Schauspieler türkischer Abstammung ist verlegen und erbittert, weil er einen grausamen Soldaten darstellen muss, der unschuldige armenische Flüchtlinge massakriert. In dem Film werden die Türken als Monster dargestellt, die sich daran erfreuen, armenische Frauen nackt vor sich tanzen zu lassen, sie mit Benzin zu übergießen und anzuzünden. Hat der Regisseur ihm diese Rolle gegeben, weil er wusste, dass er türkischer Abstammung ist? Nach seinen Informationen war 1915 in Armenien Krieg gewesen. Der Regisseur bittet den jungen Armenier, dem Schauspieler eine Flasche Champagner zu besorgen, um ihn zu beruhigen. Die beiden stellen fest, dass ihr Wissen um die Ereignisse in Armenien unterschiedlicher nicht sein könnte. Der Sohn türkischer Eltern hat die offizielle Version seiner Regierung übernommen, dass bei dieser Umsiedlung nicht 1,5 Millionen Armenier ums Leben gekommen sind, sondern höchstens 10.000, die in einem Bürgerkrieg fielen. Der Sohn armenischer Eltern beharrt auf dem Völkermord an mehr als einer Million unschuldiger Frauen und Kinder, die vom türkischen Staat hätten beschützt werden müssen.

Irgendwann sagt der Amerikaner türkischer zu dem Amerikaner armenischer Abstammung: Das sind doch alte Geschichten, sie werden sich nie klären lassen, wir sind beide in Amerika geboren, warum können wir nicht zusammen diese Flasche leeren? Erbittert setzt der gebürtige Armenier dagegen: Als man Hitler sagte, der Mord an den Juden werde zur ewigen Schande für Deutschland, habe dieser entgegnet: „Wer spricht heute noch von dem Mord an den Armeniern?"

Franz Werfel hat in seinem Roman *Die vierzig Tage des Musa Dagh* davon gesprochen. Als die MGM-Studios ihn verfilmen wollten, drohte die Türkei, künftig keine MGM-Produktionen mehr in die Türkei zu importieren. Auch *Ararat* sorgte dort noch 2002 für wütende Reaktionen. Offiziell wurde der Film aber nicht verboten.

Ich beschreibe solche Szenen, weil sie in einem Kontext, zu dem wir Abstand halten können, das Dilemma wiederholen, das die Bundesrepublik nach wie vor mit ihrer terroristisch geprägten Zeit hat. Die Auseinandersetzungen um den Genozid an den Armeniern verraten, wie schwer es ist, historische Distanz zu halten, wenn es um die Verarbeitung traumatischer Ereignisse geht. Ein solches Trauma war nach der ausufernden mörderischen Katastrophe der NS-Zeit auch jene winzige Splittergruppe der 68er, die zum bewaffneten Kampf aufrief und behauptete, die Bundesrepublik sei ein faschistischer Staat. Dem westdeutschen Staat gelang es nicht immer, die einzig sinnvolle Strategie zu festigen, Terroristen wie gewöhnliche Kriminelle und nicht wie Staatsfeinde zu behandeln, aber im großen Ganzen hat die Bundesrepublik diese Belastungsprobe bestanden.

Die Regierung begegnete dem Versuch, sie durch öffentlichen Druck zu einer Regression in NS-Methoden zu bewegen, unentschieden und oft verlegen. Sie rang um Formen und Inhalte, machte Fehler und übertrieb sicherlich bei vielem, aber gerade in dieser Unsicherheit, im Tasten nach Gerechtigkeit, hat sich der junge Rechtsstaat bewährt.

Wenn Debatten mit verletzender Härte, ausufernden Metaphern und rücksichtslosem Kampf gegen abweichende Meinungen geführt werden, sind es durchweg Debatten über traumatisierende Ereignisse wie Gewalt, Entrechtung, Vernichtung. Im Zug der Debatten um die Begnadigung bzw. vorzeitige Haftentlassung von RAF-Terroristen wurden zuletzt 2007 ähnliche Reaktionen deutlich. Sie zeigten die aggressiven Spannungen zwischen der überschätzten und der entwerteten Generation ebenso wie die Bereitschaft, sich kollektiv mit Opfern zu identifizieren. Immer wieder begegnete man der Formel *keine Gnade für Gnadenlose*, die doch beträchtliche Defizite im Verständnis des Begriffs der Gnade aufweist. Gnade ist ein *Gegenpol* zum alttestamentlichen Talion (Auge um Auge, Zahn um Zahn); in den Medien aber soll sie funktionieren wie ein Werkzeug der Rache.

Wer die Rhetorik der RAF verfolgt, findet Identifikationen mit den Opfern des Faschismus. Die Terroristen verstehen sich als Kämpfer gegen ein System, das Auschwitz ermöglicht hat. Für die entwertete Generation wurde der deutsche Terrorismus ebenso wie beispielsweise die SS-Vergangenheit, die Günther Grass lange verschwieg, eine Möglichkeit, mit der überschätzten Generation abzurechnen.

„Diejenigen, die unter dem fünfzackigen Stern und der Maschinenpistole als ‚Rote Armee Fraktion' antraten, waren alles andere als fehlgeleitete Idealisten. Sie waren Desperados. Ihnen ging es – ganz im Gegensatz zu ihren Deklarationen – nicht um irgendein politisches Konzept, über das sie gar nicht verfügten, ihnen ging es im Kern um die Befriedigung eines narzisstischen Bedürfnisses." [87]

Nur wer *narzisstisch* unpsychologisch als *schlechten Charakter* auffassen will, kann einen solchen Gegensatz zwischen narzisstischen Bedürfnissen und politischem Programm formulieren. Narzisstisch sind dann immer die Motive der anderen. Die eigenen wurzeln in der Sache. Es gibt aber keinen *Gegensatz* von narzisstischen und politischen Motiven, sondern es handelt sich dabei um eine *Ergänzungsreihe*. Um „gute" Politik zu machen, müssen primitive narzisstische Mechanismen (Spaltung, Idealisierung und Entwertung) überwacht und reifere Formen entwickelt werden. Zwischen 1933 und 1945 war in Deutschland der Unterschied zwischen politischem Programm und primitivem narzisstischem Bedürfnis aufgehoben. Indem die Terroristen der RAF meinten, gegen ein faschistisches System zu kämpfen, identifizierten sie sich mit solchen Verwischungen.

Aus dem thymotischen Motiv, auch im Schlechten noch einen fehlgeleiteten guten Impuls zu entdecken, welches die Auseinandersetzung mit der RAF bis in die 90er-Jahre bestimmte, ist nach 2001 eine phobische Dynamik geworden: Terror ist derart böse und verwerflich, dass es sich nicht mehr lohnt, Verständnismöglichkeiten für Terroristen zu erschließen.

Menschliche Beweggründe sind komplexer, als es eine Beschreibung von *vorgegebenen* und *eigentlichen* Motiven erfassen kann. Die komplexe Motivation der Extremisten auf pure Mordlust zu reduzieren, ist ein geistiger Rückschritt, der bei sonst differenziert argumentierenden Autoren verwundert. Er spricht für die Macht der sogenannten Spiegelphänomene: Im Kampf gegen den Terror laufen Polizei und Justiz häufig Gefahr, selbst terroristisch vorzugehen. Dies wiederum liefert den Terroristen Argumente: der Rechtsstaat versagt in seiner Rechtsstaatlichkeit. Terrorismus ist regressiv legitimierte Gewalt, intellektuelle Gewalt, inszenierte Gewalt, „Theater", wie es Brian M. Jenkins in seiner berühmt gewordenen Arbeit 1974 formuliert hat.[88] Und da es nicht möglich ist, den Massenerfolg dieser Theatralik ungeschehen zu machen, bleibt manchen Autoren kein anderer Ausweg, als die Motive der Darsteller in den schwärzesten Farben zu malen.

Was einen Terroristen von Menschen mit radikalen oder extremen Überzeugungen unterscheidet, ist seine Bereitschaft, Menschen zu töten, die nicht unmittelbar für die von ihm für unerträglich gehaltene Situation verantwortlich sind. Subjektiv erlebt der Terrorist seine Bereitschaft, mit der Waffe in der Hand und unter Einsatz seines Lebens für seine Ideale zu kämpfen, als progressiv, nicht als regressiv. Er geht weiter, er ist stärker, radikaler, überzeugender als „normale" Vertreter seiner politischen oder religiösen Überzeugung. Ein Schritt zum Verständnis des Terrorismus ist vollzogen, wenn deutlich geworden ist, dass es sich um eine Pseudoprogression handelt, die eine Regression verbirgt.

Der Terrorist *muss handeln, um die Frage nach dem Sinn seiner Aktion nicht aufkommen zu lassen,* um den zerstörerischen Bruch mit allen scheinbar von ihm geheiligten Werten nicht zu erkennen. Gewalt ist deshalb so faszinierend, weil sie schnell ist und betäubt. Sie signalisiert die Abwehr der phobischen Wende innerhalb einer Generationendynamik. *Solange thymotische Haltungen tragen, ist Terror kein Thema.* Erst wenn sie zusammenzubrechen drohen, muss die Entwertung mit allen Mitteln abgewehrt werden. Sobald sich eine phobische Position stabilisiert hat, ist auch die Gefahr solcher Entgleisungen überwunden. Eine Terrorgefahr, die aus der deutschen Geschichte hervorgeht, ist gegenwärtig nicht in Sicht.

Dieses psychologische Modell ist für den aktuellen islamistischen Terror ebenso gültig wie für den Terror der RAF: Solange eine gläubige Haltung gefestigt ist oder Angst und Einfühlung die eigene Sicherheit bewachen, kann die terroristische Entgleisung vermieden werden. Erst wenn ein fanatischer Glaube sinnlos zu werden droht, wächst die Gefahr, ihn mit allen Mitteln beweisen zu müssen und das Opfer des eigenen Lebens nicht mehr zu scheuen.

Künftige Generationen

Die Kinder der phobischen Generation werden erleben, dass auch in Deutschland die Konsumgesellschaft in ihrer gegenwärtigen Form zusammenbricht. Schon gegenwärtig wird deutlich, wie schwierig es ist, sich die Klimaveränderungen und die Erschöpfung der Energiereserven zu vergegenwärtigen. Wir wissen seit zwanzig Jahren von den Grenzen des Wachstums und vergessen doch immer wieder, dass es sie gibt.

In Zukunft werden wir den Mut, eine neue Gesellschaft, eine andere Kultur zu denken, ebenso benötigen wie die Sorgfalt im Umgang mit begrenzten Ressourcen und mit den drohenden Verteilungskämpfen. Es geht also darum, den mittleren Weg zwischen den beiden Polen zu finden, die mit dem Gegensatzpaar thymotisch und phobisch beschrieben wurden. Die Frage scheint offen, ob Aufklärung und ökologische Vernunft eine global denkende Menschheit zu einem Verzicht auf einen bis zum Gesetzesbruch und der Preisgabe der Zivilgesellschaft gesteigerten Egoismus von Nationen bewegen können.

Wenn wir uns den Fantasien der Schriftsteller und Filmemacher zuwenden, finden wir dort sehr häufig Endzeitbilder terroristischer Gewalt, in denen *Mad Max* den letzten Tanklastwagen voller Benzin gegen wahnsinnige Piraten verteidigt oder Astronauten eine radioaktiv verseuchte Erde hinter sich lassen. Man kann hoffen, dass diese düsteren Prognosen deshalb überwiegen, weil solche Szenarien spannender sind und sich besser vermarkten lassen als eine friedlich zwischen Windmühlen und Solaranlagen lebende, ihre Grenzen respektierende und solidarische Menschheit.

Industriegesellschaften sind gegenwärtig instabil, weil sie ein Mehrfaches der erneuerbaren Rohstoffe und Energien konsumieren. Nicht der Sozialismus, sondern die drohende Umweltkatastrophe wird den Weg des Kapitalismus in eine neue Richtung lenken. Die globalisierte Entwicklung ist unübersichtlich, schnell, elektronisch vernetzt. Sie führt zu tiefen Spaltungen, sowohl zwischen den entwickelten und den zurückbleibenden Ländern wie zwischen Individuen, die mithalten können, und jenen, die in Not geraten und resignieren.

Betroffen sind auch die Familien. Ihr Zusammenhalt ist eine unverwüstliche Konstante – wo der Staat nicht funktioniert, vielleicht noch mehr als anderswo. Aber es gibt Hinweise, dass die Unterschiede zwischen den Generationen mehr und mehr verschwinden und an ihre Stelle Bündnisse zwischen Individuen und Gruppen treten. Der Generationsbegriff zerfranst an den Rändern. Durch den Wechsel der Moden und die elektronischen Vernetzungen bilden sich in der Jugend so viele Subkulturen, dass es keine abgrenzbare Kultur mehr gibt, die sich als Oberbegriff beschreiben ließe. Insofern würde die Prognose lauten, dass uns die in der phobischen Generation beschriebenen symbiotischen Wünsche ebenso begleiten werden wie ihre Abwehr durch die Angst vor Verantwortung. Eine über einzelne Begeisterungen im Sinn der *Eventkultur* hinausgehende Rückkehr zu thymotischen Erlebnisformen und den entsprechenden Gruppenbildungen ist nicht in Sicht. Vielleicht sind die 68er in den deutschen Erinnerungen deshalb so wichtig, weil sie als thymotische Generation ein Szenario schufen und verallgemeinerten, das heute in einzelne Events zerfallen ist.

In der globalisierten Welt wachsen menschliche Ängste. Angst ist die biologische Reaktion auf Unübersichtlichkeit bzw. Reizüberflutung, die uns zu nahe rückt. Auch wenn die Eltern ihre Ängste durch Anpassung abwehren können, gelingt es ihnen oft nicht mehr, ihren Kindern mit jener Mischung aus Zuversicht und Grenzsetzung zu begegnen, die das Ich darin fördert, sich angesichts seiner Angstbereitschaft zu kräftigen. Während eine naive Dialektik erwarten würde, dass phobische Eltern thymotische Kinder aufziehen, ist die Realität komplizierter. Die ängstliche Fürsorge führt freilich dazu, dass die Kinder im Elternhaus triebhaft und expansiv auftreten. Die Folge sind kräftezehrende Debatten und Modediagnosen wie die „Aufmerksamkeitsstörung". Aber die Kinder stabilisieren ihre Autonomie nicht, sondern fürchten sich vor der Realität. Sie werden verführt, sich in elektronisch gestützten, von ihnen kontrollierten Fantasiewelten eine Pseudoautonomie zu organisieren.

Eremiten der Elektronik

Es sind meistens die erstgeborenen Söhne der gut situierten Mittelschicht, aber auch jüngere Geschwister können betroffen sein. Die Eltern sind erfolgreich in ihren Berufen: Lehrer, Ärzte, leitende Angestellte. Die Kinder sind begabt, wechseln selbstverständlich auf das Gymnasium, schaffen oft auch noch das Abitur, beginnen sogar ein Studium. Aber dann verändert sich ihr Verhalten, manchmal schleichend, manchmal plötzlich.

Sie gehen nicht mehr aus dem Haus. Sie sind nicht aus dem Bett zu bekommen, haben Kopfschmerzen, konnten angeblich die Nacht nicht schlafen. Sie gehen nicht mehr in die Schule oder zur Universität. Aber sie vermeiden auch die Freizeitangebote. Sie sind am liebsten zu Hause, bleiben in ihrem Zimmer, sehen fern, surfen im Internet. Sie nehmen nicht an den Familienmahlzeiten teil, gehen lieber nachts an den Kühlschrank und backen eine Fertigpizza in der Mikrowelle. Sie verlieren den Anschluss zu ihrer Schulklasse oder ihrem Semester, versäumen Prüfungen, finden den Anschluss nicht mehr, wollen nicht wieder einsteigen. Sie wollen vor allem eines: in Ruhe gelassen werden, sich zurückziehen dürfen, ihr eremitisches Leben selbst bestimmen. Wie andere Süchtige versprechen auch Rückzugssüchtige alles, um ungestörte Isolation zu bekommen. Nächste Woche werden sie wieder in die Schule gehen, im Herbst werden sie sich in einem Internat vorstellen, jetzt lohnt es sich doch nicht mehr; sie werden eine Klinik aufsuchen, sobald es ihnen etwas besser geht, sie werden den nächsten Termin beim Therapeuten bestimmt nicht wieder verschlafen.

Der Therapeut kennt solche Patienten vorwiegend aus den Berichten geplagter Eltern, die diesen Zustand ihrer Kinder nicht mehr ertragen können. In milderen Fällen sind die Betroffenen auch bereit, eine ambulante Behandlung aufzusuchen. Diese scheitert jedoch oft an der Unzuverlässigkeit der Patienten, die mit mannigfachen Ausreden Termine versäumen oder Vereinbarungen nicht einhalten.

In Japan – der Bundesrepublik insofern ähnlich, weil auch hier eine große Niederlage durch ein Wirtschaftswunder bewältigt wurde – haben diese phobisch geprägten Jugendlichen einen eigenen Namen: Hikikomori. Hikikomori ist zusammengesetzt aus *hiku* = ziehen und *komoro* = zurückweichen.[89]

Seit der wirtschaftliche Boom nachlässt, wird jungen Männern klar, dass sie die Karrieren ihrer Väter nicht wiederholen werden. Die Schere zwischen den Ansprüchen an die Kinder erfolgreicher Eltern und deren realer Möglichkeiten hat sich so weit geöffnet, dass die Kinder – vor allem die ältesten Söhne – sich von der Welt der Eltern komplett abwenden. Nur dort, wo sie niemand kontrollieren kann, wo sie niemand sieht, wo sie sich mit niemandem vergleichen müssen, fühlen sie sich authentisch.

Bei Jugendlichen führen Ängste vor Beschämung schnell in einen Teufelskreis. Die Fragen der Lehrer, der Eltern, der Klassenkameraden, der früheren Freunde werden immer peinlicher, je mehr sich das Vermeidungsverhalten ausprägt. Auch hier scheinen die Mechanismen der phobischen Generation vor allem die männlichen Jugendlichen zu treffen. Sie entwickeln stärkere Schamgefühle und Ängste, wenn sie ihrem eigenen Bild von Männlichkeit nicht entsprechen. Parallel dazu sind sie auch eher mit Computer und Internet vertraut, haben vielleicht schon länger angefangen, Kontakte in *chatrooms* und virtuellen Welten den Mühen realer Beziehungen vorzuziehen. Der Vater hatte in den von mir analysierten Fällen schon lange resigniert oder war nach einer Trennung oder Scheidung weitgehend verloren gegangen.

Die Eltern zeigen in den japanischen Untersuchungen Merkmale der Symbiose mit den Kindern. Sie haben hohe Erwartungen, scheuen sich aber, diese durchzusetzen. Dann würden sie in kränkende Nähe zu den eigenen, autoritären Eltern der traumatisierten Generation geraten. Sie wollen jeden Konflikt in der Familie vermeiden („Nur keinen Streit!"). Die Kinder sagen, dass sie sich als Aushängeschild für die Familie wichtig fühlen, während sich für ihre Ängste und Wünsche niemand interessiert. Die Mütter wirken schuldbewusst und aggressionsgehemmt. Sie zeigen das Vermeidungsverhalten ihrer Kinder in abgeschwächter Form: Sie wechseln lieber den Therapeuten, als eine Maßnahme durchzusetzen, die ihr Kind ablehnt. Während in Deutschland geraten wird, die Betroffenen nicht in der elterlichen Wohnung zu dulden, um eine Behandlungsmotivation zu wecken, sind die Fachleute in Japan duldsamer. Es gilt als sinnvoll, abzuwarten, bis die Hikikomori selbst aus ihrer Klausur heraus wollen.

Die Abfolge von einer verletzten, einer überschätzten und einer entwerteten Generation gilt wohl auch für Japan, das im Zweiten Weltkrieg mit Deutschland verbündet war. Es kämpft heute noch mit den Beschämungen seiner militaristischen Vergangenheit, dem rassistischen Dünkel in den eroberten Gebieten, der Zwangsprostitution, den Schikanen in den Gefangenenlagern. Die Kinder der Soldaten füllten das Wertevakuum durch kapitalistischen Aufbau, technische Innovationskraft und wirtschaftlichen Erfolg. Japan kam auf den Weg zur stärksten Wirtschaftsmacht der Erde. Die Hikikomori stehen für den Zusammenbruch dieses Bewältigungsmusters.[90] Sie spüren die Krise der Expansion des japanischen Systems mit seinem militaristischen Perfektionismus und seinen extremen Zwängen zur Konformität.

Die Eremiten im Kinderzimmer sind ein Hinweis auf eine allgemeine Erscheinung: das Bedürfnis nach Sicherheit, nach Überschaubarkeit. Je unübersichtlicher die Realität wird, desto mehr wachsen auch die Bedürfnisse nach einem Horizont, der so begrenzt oder so kontrollierbar ist, dass die Überraschungen, die dieser entstandene Raum zu bieten hat, einigermaßen gesteuert werden können. Die virtuelle Kontrolle über Unübersichtlichkeit und Unentschiedenheit durch Computer und Handy ist für die phobische Generation eine große Verführung. Es ist heute unter Jugendlichen und jungen Erwachsenen selbstverständlich geworden, Verabredungen bis zur letzten Minute offenzulassen. Das Mobiltelefon erlaubt, Abende ähnlich dem Zapping zu gestalten, eine weniger gute Party durch eine bessere zu ersetzen. Ähnlich helfen die Computerspiele dabei, sich in eine Ersatzwelt zu vertiefen, in der klare Fortschritte in Richtung auf eine bessere Kontrolle möglich sind. Die so gewonnene Angstvermeidung wird zur Sucht.

Diese Entwicklungen sind allen Konsumgesellschaften gemeinsam. Es entstehen Abhängigkeiten von elektronischen Geräten, deren Anbieter behaupten, die Nutzer könnten gleichzeitig unabhängiger und sicherer sein. Dieses ebenso verführerische wie unerfüllbare Versprechen bestimmt die virtuellen Welten, angefangen von den großen Betriebssystemen bis hin zu einem Handy, das Webmails empfängt, Musik spielt, Bilder von Australien nach Deutschland sendet, auf Knopfdruck ein Satellitenbild des eigenen Standorts entwirft und den Weg zur nächsten Pizzeria weist.

Da alle immer verbunden sind, ist niemals jemand allein. Dadurch wird Angstbewältigung kaum eingeübt und so der phobische Teufelskreis angestoßen: Je weniger Unsicherheit ertragen werden muss, desto weniger fühlt sich das ungeübte Ich in der Lage, sich gegen Widrigkeiten zu behaupten. Sigmund Freud hat vom *Prothesengott* gesprochen. Er meinte damit, dass Menschen, die Kanonen, Lokomotiven und Telegraphen bauen können, mehr Macht gewinnen, sich aber auch neuen Herausforderungen stellen müssen.

Die elektronischen Verführungen erinnern an Nabelschnüre Erwachsener, nicht an Prothesen, die ein entwickeltes Ich steuern muss. Von allen Nationen haben die Deutschen das zärtlichste Verhältnis zur ihrer elektronischen Nabelschnur: Neben „Mobile" oder „Cellulare" klingt „Handy" wie ein Kosewort. Die spezifisch deutschen Prägungen werden freilich mehr und mehr durch die europäische Integration abgeschwächt und aufgelöst. Darin liegt eine

Kontinuität, der alle führenden Politiker von Adenauer über Brandt bis Merkel verpflichtet blieben. Sie hat dazu geführt, dass innerhalb der EU ein früheren Generationen undenkbares Maß an politischer Stabilität selbstverständlich geworden ist. Religiöse und nationale Gegensätze werden in dieser Zone gewaltlos ausgetragen, eine Errungenschaft, die in der ersten Hälfte des 20. Jahrhunderts völlig unglaubwürdig geklungen hätte und die sich damals nur Exzentriker vorzustellen wagten. In unserer Einschätzung der Zukunft sollte uns das Wissen um diesen stabilen Frieden ebenso bewusst sein wie die Ängste vor einem brutalen Kampf um lokale Macht, den wir jüngst auf dem Balkan beobachten konnten und dessen Folgeschäden dort noch längst nicht geheilt sind.

Leben in der Konsumgesellschaft

In den Konsumgesellschaften sind – verglichen mit den armen Ländern – *alle* Menschen reich. Wer das Einkommen eines Sozialhilfeempfängers im Jemen oder in Tansania verbrauchen kann, lebt in einer Fülle, die 90 Prozent der Menschen dort unzugänglich ist. Subjektiv jedoch fühlt sich der Arme in Europa meist elend. Er wird nicht verstehen, dass es irgendwo auf der Welt Menschen gibt, denen seine Lage paradiesisch erscheint. Was unsere Ängste und Entwertungsgefühle angeht, kann von einer Globalisierung keine Rede sein.

Der Kinderpsychiater Michael Winterhoff hat beschrieben, wie die phobische Symbiose auch die nach der Jahrtausendwende Geborenen prägt. Angesichts der unübersichtlichen und überfordernden Dynamik in der Gesellschaft suchen nicht nur Eltern, sondern auch Erzieher und Lehrer Halt und Anerkennung nicht mehr untereinander, sondern bei den Kindern.[91] Diese werden zu Projektionsflächen eigener Bedürfnisse und zur Messlatte für ihre Eltern. Winterhoffs Fallskizzen belegen, dass die Suche nach symbiotischer Nähe die Enkel der „Vornameneltern" womöglich noch mehr bestimmt als deren Kinder. Die Bedürfnisse, sich durch Verschmelzung mit Kindern selbst zu stabilisieren, haben sich intensiviert; die Konkurrenz zwischen Müttern, ob das eigene Kind sich zeitgerecht entwickelt und den Übertritt in die richtige Schule schafft, hat zugenommen. Das Kind wird in der gebildeten Schicht Deutschlands ängstlich beobachtet und gefördert.

Es wäre ein Wunder, wenn die durch die Entwertung der traumatisierten Eltern verlorengegangenen Strukturen aus dem Nichts neu geschaffen werden könnten. Allerdings gehört es zum Dilemma von Ansätzen wie dem Winterhoffs, dass er in dem Bestreben, eine gute und richtige pädagogische Haltung zu entwickeln, die Verwirrung noch steigert, in der sich moderne Eltern befinden, laufen doch seine Thesen darauf hinaus, dass Eltern, Erzieher und Lehrer kraft Intuition und Anbindung an verlorene Traditionen ungeschehen machen müssten, was sie entmachtet hat.

Winterhoff gehört einer Zwischengeneration (1955) an. Er verbindet ein Stück thymotischen Reformeifer mit dem Neokonservativismus der phobischen Generation, die ihre Gesellschaftsanalyse auf Wertedebatten beschränkt. Von Kinder-*Tyrannen* zu reden, wie es vor Winterhoff schon Jirina Prekop getan hat, reproduziert im Grunde die beschriebene Störung. Tyrannen sind Gewaltherrscher. Kinder sind immer den Erwachsenen mehr ausgeliefert als umgekehrt. So drückt die Rede von den Tyrannen eben die Überschätzung aus, die sie anprangert. Weder sind Kinder jemals Tyrannen noch haben Eltern die Macht, sie in solche zu verwandeln oder aber sie aus dieser Rolle zu erlösen. In Wahrheit sind

Eltern wie Kinder Opfer von strukturellen Entwicklungen, deren Schattenseiten zunächst verleugnet werden.

Ein einfaches Beispiel, wie disziplinierende Strukturen in winzigen Schritten *verloren gemacht werden*[92], ohne dass sich jemand etwas dabei denkt: Der Geschäftsführer des Supermarkts steigert seinen Umsatz, indem er dort, wo man an der Kasse Schlange steht, die *Quengelware* ins Regal legt – Schokoriegel etwa, Gummibärchen oder Überraschungseier. Diese sollen von den Kindern während der Wartezeiten erbettelt werden. „Hier hast du etwas, damit du endlich Ruhe gibst!"

Der Geschäftsführer empfindet das als harmlosen Kunstgriff. Schnell und bequem ein glückliches Kind oder einen süßen Genuss zu haben, verbindet nach dem Prinzip „Jetzt haben – später zahlen" Mutter und Kind. Auch das scheint harmlos. Aber die Nachgiebigkeit der Mutter, die das Quengeln des Kindes bestätigt und verstärkt, ist ein Schrittchen im Abbau der kostbaren Fähigkeit, Versagungen zu ertragen. Wer nun behauptet, es sei einfach, dieser Falle zu entkommen, reduziert eine komplexe Situation auf eine moralische Alternative und ignoriert die *strukturelle* Überforderung aller Beteiligten. Die Umwelt von Mutter und Kind ist in einer Weise verändert worden, dass sie die *traditionellen und intuitiven* Lösungen erschwert, wie sie Winterhoff in gut gemeinter Rückbesinnung durch Ermahnung und Aufklärung wieder einführen möchte. Moderne Eltern kommen nicht mehr mit den Instrumenten an Disziplinierungen aus, die in traditionellen Gesellschaften problemlos funktionieren. Daher werden sie durch solche Ratschläge nur noch mehr verunsichert. Diese beziehen sich nicht auf ihre veränderte kulturelle Situation. Sie unterschätzen krass die realen Schwierigkeiten der Eltern.

Symbiosefrei erziehende Eltern müssen einfallsreicher sein, als das traditionellen Eltern jemals abverlangt wurde.

Sie müssen mehr und besser führen und steuern können, als das überhaupt jemals von Eltern verlangt wurde, denn die Bedeutung und die Macht der Eltern sind geschwunden; gleichzeitig sollen sie mehr leisten. Woher sollen sie die Kraft dafür nehmen, da sie doch selbst überfordert und verunsichert sind?

Unsere durchschnittliche emotionale Belastbarkeit für das Quengeln geliebter Kinder ist in der Welt der Jäger und Sammler verwurzelt, in der es grundsätzlich *nicht viel von wenig* gibt – keine abgepackten Süßigkeiten, kein (Werbe-)Fernsehen, kein fertiges Spielzeug im Schaufenster, keinen Bilderzauber auf Knopfdruck. Dort sind Kinder meistens hungrig und freuen sich über alles, was sie bekommen können; ihr einziges Vorbild sind die Menschen um sie herum, von denen jeder etwas tut, was den Kindern einleuchtet und sie durch Nachahmung lernen lässt, ihren Beitrag zum Überleben der Gruppe zu leisten.

Heute müssen wir unsere Kinder geschickt an den regressiven Versuchungen einer Welt vorbeilenken, in der es *zu viel von allem* gibt. Das ist jede Mühe wert, aber es sollte auch klar sein, dass es weder einfach ist noch jemals vollständig gelingen kann. Die Rede vom kleinen Tyrannen schiebt ein komplexes Problem der Konsumgesellschaft ihren schwächsten Mitgliedern (den Kindern) in die Schuhe und verlangt von den am meisten überlasteten Mitgliedern (den Eltern), sie sollten es abstellen.

VI. Ausblick:
Auf dem Weg zu einem neuen Verständnis

Es beruhigt Eltern, wenn Kinder ihnen ähnlich sind. Kinder aber, die ihre Eltern sehen und sich selbst suchen, wollen anders sein als diese, anders sein als ihre Geschwister, andere Nischen besetzen. Diese Dialektik zu verdeutlichen und auf die Geschichte der Bundesrepublik zu beziehen war das zentrale Thema dieses Buches.

So können wir den Generationenkonflikt besser verstehen, wenn wir die Einsicht in die jeweils von den Eltern „übersehenen" Aspekte ihrer Kinder vertiefen. Die traumatisierten Eltern ignorierten die Triebbedürfnisse ihrer Kinder, vor allem deren exhibitionistische Dimension. Sie waren nach 1945 vertraut damit, sich mit ihren Erlebnissen zu verstecken und eine funktionierende Fassade aus Traditionen aufzubauen, von denen sie glauben wollten, diese seien nicht durch die NS-Zeit kontaminiert: christliche Religion, humanistische Bildung, moderne Technik, klassische Musik.[93] Die Folgen waren bei den Kindern ausgeprägte Bedürfnisse nach Selbstdarstellung, die einen wichtigen Aspekt der 68er-Zeit ausmachen. Es reichte nicht, ein braver Abiturient zu sein und dann ein guter Lehrer oder Arzt zu werden; es war wichtig, an einem Gedankengebilde teilzuhaben und dieses auch nach außen zu kommunizieren, das die Gesellschaft verändern, eine bessere, freiere Welt schaffen oder aber die Welt der Arbeit und der Anpassung hinter sich lassen sollte, um zu einem selbstbestimmten Leben zu gelangen.

Es ist gleichsam ein dialektisches Gesetz der Adoleszenz, dass ein Kind angepasster, gut funktionierender und fantasieloser Eltern in der Ablösung von diesen Eltern einen anderen Weg einschlägt, die Anpassung verweigert und nach einem möglichst orginellen Platz sucht. Umgekehrt wird ein Kind von Eltern, die politischen und persönlichen Exhibitionismus hochgehalten haben, nach einem möglichst sicheren Beruf streben. – Der Sohn einer Operettensängerin und eines Filmemachers wird Bauingenieur, bleibt bis zur Rente in derselben Firma und unterstützt seine alten Eltern, die nie für eine ausreichende Rente gesorgt haben. In seiner Freizeit malt er Aquarelle.

Diese dialektischen Mechanismen werden durch andere ergänzt und manchmal auch durchkreuzt. Neben dem Arztsohn, der alles werden will, nur kein Mediziner, gibt es Arztfamilien, in denen Söhne wie Töchter Medizin studieren, als sei es das einzige Studium, das Universitäten anbieten. Die Analyse solcher Entwicklungen kann keinen eindeutigen Anlass ermitteln, der solche Entscheidungen zu Gleichklang oder Dissonanz prägt. Es scheint, dass im kindlichen und jugendlichen Erleben beide Positionen vorhanden sind und das Pendel eine Weile zwischen ihnen schwankt. Wohin am Ende die größeren Kräfte ziehen, das hängt davon ab, ob im Augenblick der Entscheidung die Angst vor dem Unbekannten überwiegt – oder die Scheu vor dem allzu Vertrauten.

Ein weiterer Aspekt der Strukturvermittlung zwischen den Generationen ist die ökologische (im Sinn einer Wechselbeziehung zwischen Organismus und Umwelt) Nische für Geschwister. Wo beispielsweise in der Arztfamilie die Rolle des guten Schülers und späteren Medizinstudenten bereits von einem Sohn besetzt ist, entwickelt sich der andere zum rebellischen Künstler. Solche Komplexitäten gehören zur individualisierten Gesellschaft. Einige von ihnen lassen sich psychoanalytisch aufklären, andere nicht. So scheint es eine wichtige Rolle zu spielen, ob beide Elternteile die in der Familie präsenten Berufsbilder idealisieren oder nicht und ob der vorbildgebende Elternteil seinen Beruf hochschätzt oder entwertet.

Die berufliche Entwicklung ist ein Modell, das dank seiner festen Formen und klaren Titel generationenübergreifende Übertragungen oder Antithesen schnell erkennbar macht. Aber sie erfasst nur einen kleinen Ausschnitt der prägenden Einflüsse in der Beziehung zwischen den Generationen. Es ist nachvollziehbar, dass eine Kindheit anders aussieht, in der Söhne und Töchter an einem Klima ängstlicher Anpassung teilhaben, verglichen mit einer, in der das Klima von Selbstüberschätzung und Exhibitionismus geprägt ist. Ängstliche und angepasste Eltern erwarten nicht viel von ihren Kindern und sind bereit, ihnen zur Verfügung zu stellen, was sie haben, einfach aus dem Grund, weil sie es für ihre Pflicht halten und es ihnen ohnedies leichter fällt, Geld zu verdienen als es auszugeben. Solche Eltern sind für die Kinder berechenbar, sie werden zu einem anspruchslosen Fundament und nehmen es oft klaglos hin, dass sie für ihre Zwanghaftigkeit, ihren Mangel an Spontaneität und ihren Geiz entwertet werden.

Exhibitionistische und emotional anspruchsvolle Eltern hingegen bringen ihre eigenen Ansprüche ins Spiel und scheuen sich nicht vor dramatischen regressiven Verhaltensweisen, wenn das Kind nicht so funktioniert, wie sie es sich vorgestellt haben. „Meine Mutter hat die Regale im Kinderzimmer umgeworfen, wenn ich nicht richtig aufgeräumt habe!" – „Mein Vater hat gesagt: Ihr seid schuld, wenn die Mutter so unglücklich ist und ausziehen will, ihr macht ihr soviel Arbeit!" – „An meinem dreißigsten Geburtstag hat mich meine Mutter zu einem Ausflug eingeladen. Dann hat sie am

Straßenrand eine streunende Katze gesehen und sich wichtig machen müssen, bis wir das Vieh in ein Tierheim gebracht hatten. Das war dann mein Geburtstagsausflug!"

Alle diese Zitate stammen von Patienten aus der entwerteten Generation mit ausgeprägten sozialen Ängsten. Wer solche Szenen sammelt und die Regressionen der Eltern aus der überschätzten Generation an den Pranger stellt, übersieht über dem wohlfeilen Fund eines Sündenbocks leicht, dass die Situation der individualisierten Konsumgesellschaft mit ihrem durch die Medien gespeisten Druck zum Guten pädagogisch unlösbar ist. Das Beste, was wir anbieten können, sind Distanz von Perfektionismus und Humor.

Eltern und Kinder machen immer Fehler. So nahe es liegt, die Kette der Generationen willkürlich zu zerschneiden und den Fehler ausschließlich bei den ahistorisch inszenierten Eltern zu suchen (also aus der Sicht der entwerteten Generation bei der überschätzten), so wenig lässt sich dieses Vorgehen begründen. Es setzt ein Übel gerade dadurch fort, dass es durch Spaltung das Gute auf die eigene Seite bringen und das Böse dem Sündenbock zuschieben möchte.

Die Überschätzung der menschlichen „Natur" hat seit der Aufklärung eine ebenso lange wie gebrochene Geschichte. Sie beginnt mit Rousseaus Idealisierung des „edlen Wilden" und der Entwertung gesellschaftlicher Normen und entwickelt sich weiter zu Nietzsches Hochschätzung des Dionysischen, die von C. G. Jung und – skeptischer – von Sigmund Freud aufgegriffen wird. Wenn heute das Studium der Ethnologie trotz der miserablen Aussichten auf eine sichere Anstellung so beliebt geworden ist, sehe ich darin eine Form der Sehnsucht nach einer Übersichtlichkeit, die die Spaltung zwischen „Natur" und „Kultur" überwindet.

In der globalisierten Gesellschaft beginnen wir, uns nicht mehr missionarisch über die „primitiven" Kulturen zu erheben. Wir sind bereit, von ihnen zu lernen, ja, wir sehnen uns sogar danach, so wie sie zu leben. Auf akademischer Ebene hat das seit den 50er-Jahren ein brillanter Nachfolger von Jean Jacques Rousseau, der französische Ethnologe Claude Lévi-Strauss vertreten. Der Akzent sollte auf „von ihnen zu lernen" liegen, nicht auf „sie zu idealisieren". Die Heimat in der Natur ging dem Menschen verloren, als er anfing, Pflanzen und Tiere zu züchten. Die Menschen im goldenen Zeitalter des griechischen Mythos ernteten, was der Wald ihnen spendete, Nüsse, Feigen und Granatäpfel. Die Jäger und Sammler in den Tropen, die es ihnen weitgehend nachtun, „arbeiten" in der Regel zwei Stunden am Tag, um ihren Nahrungsbedarf zu decken. Sie sind manchmal besser ernährt als ihre agrarischen Rivalen, zumindest solange diese ihnen ihre Jagd- und Sammelgründe lassen. Das haben Studien ergeben, die auf dem inzwischen schon legendären Symposion „Man the Hunter" 1968 in Chicago vorgetragen wurden, das der Hippiebewegung wie zufällig den Anstrich gab, schon immer da gewesen zu sein.[94]

In der Konsumgesellschaft spüren die Menschen, dass sie im Grunde weniger gelten, weniger interessant und liebenswert sind als die perfekten Medienbilder. In einer Zeit, in der alle Parteien und sozialen Institutionen nimmermüde versichern, im Mittelpunkt ihrer Arbeit stehe der Mensch, macht uns die Beteuerung dieser Selbstverständlichkeit misstrauisch. Kann der Mensch im Mittelpunkt stehen, wo er in ausdrücklichem Bemühen dorthin gerückt werden muss? Wenn Politiker ehrlich wären, würden sie uns öfter sagen, dass im Mittelpunkt ihrer Bemühungen nicht die Menschen stehen, sondern die Berichte über ihre Bemühungen.

Nicht nur die psychische Grundstimmung der Generationen hat sich verändert, sondern auch die Rolle der Eltern ganz allgemein. Dieser Einfluss scheint mir gegenwärtig am wenigsten beachtet und am meisten unterschätzt. Eltern müssen heute ihre Position als Vermittler von Werten mit vielem anderen teilen, das Einfluss auf ihre Kinder hat: mit den Medien, mit den Altersgenossen, mit technischen Geräten wie dem Computer, mit neuen sozialen Systemen wie dem Chat oder dem Avatar im Web. Ihre Einflussmöglichkeiten sind sehr viel stärker begrenzt als vor dem Bildschirmzeitalter; nur als Sündenbock haben sie unangefochten den ersten Platz behalten.

Da die überschätzte Generation die letzte war, die vor der Allgemeingültigkeit der optischen Massenmedien aufgewachsen ist, wird sie auch die letzte bleiben, deren Elternbedeutung und Elternmacht nicht in der Art ausgedünnt wurde. Wie wir gesehen haben, bieten sich die 68er, die von dieser Entwicklung ebenso mitgerissen und überrollt wurden wie alle anderen, als Sündenböcke für sie an, weil sie von den Medien in einen Sternenmantel größter Aufmerksamkeit gehüllt wurden. Die überschätzte und die entwertete Generation tragen den Keim des jeweiligen Gegenübers in sich: Wer sich lautstark überschätzt und die Welt seiner Interpretation unterwerfen will, fürchtet sich insgeheim vor Entwertung und bekämpft diese mithilfe einer manischen Abwehr. Umgekehrt hofft jeder Entwertete, dass er irgendwann den Lohn für seine Bescheidung und Zurückhaltung ernten wird. Er fühlt sich den Menschen an Reife überlegen, die es nötig haben, sich in den Vordergrund zu drängen.

Parallel zum Heranwachsen der überschätzten Generation wurde die Konsumgesellschaft zur prägenden Macht in den USA, Japan und Europa. Dann kamen Ölkrise und Globalisierung, der Reformoptimismus brach zusammen. Die entwertete Generation wuchs einerseits in einer verwöhnenden Fülle auf, andererseits mit Blick auf eine wachsende Instabilität. Es ist, als ob ein luxuriöser Expresszug noch einmal beschleunigt, sobald das Ende der Gleise in Sicht kommt: Peak of Oil[95], Klimawandel, internationaler Terrorismus.

Die 68er konnten Alternativen diskutieren wie den unglücklichen Universitätsprofessor und den glücklichen Straßenkehrer. Sie wehrten sich damit gegen den Leistungsdruck ihrer verängstigten und fordernden Eltern. Obwohl Soziologen, die ihre Universitätsstelle aufgaben, um in Korsika Schafe zu züchten oder auf Ibiza selbst gebastelten Lederschmuck am Strand zu verkaufen, immer Ausnahmen blieben, zollte man ihnen Respekt vor ihrem Mut und es blieb die Sehnsucht, es ihnen gleich zu tun. Die Überzeugung, es sei möglich, „auszusteigen", gehört in das Repertoire der überschätzen Generation. Sprachlich zeigt diese Wendung, dass man davon ausgeht, einen sicheren Platz im Lebensexpress zu haben und nicht nur eine Bahnsteigkarte. Aber auch unter den Aussteigern finden sich Vertreter der überschätzten und der entwerteten Generation. Ein Beispiel dafür ist das Lehrerehepaar, das Beamtenstatus und Pensionsberechtigung für ein Leben in der Toskana aufgab. Die inzwischen volljährigen Kinder sprechen zwar perfekt Italienisch, aber sie haben weder in Deutschland noch in Italien Chancen auf einen qualifizierten Arbeitsplatz und verdienen ein Zubrot, indem sie auf dem Flohmarkt in Florenz Trödel verkaufen. Als Weinbauern sehen sie keine Zukunft, dazu ist ihr Terrain nicht groß genug und nicht günstig genug gelegen. Dieselben Medien, die in den 70er-Jahren Aussteigertum und Fernweh mit schönen Bildern entspannter junger Menschen in mediterranen Landschaften feierten, berichten heute darüber, welches elende Leben verarmte, nicht einmal krankenversicherte Alt-Hippies in Goa, auf Mallorca oder den griechischen Inseln führen.

Wer kulturwissenschaftliche Fragen beantworten will, muss einen Mittelweg zwischen unzulässigen Vereinfachungen und nebulösen Gemeinplätzen finden. Diesen sucht die Psychoanalyse in der Konzentration auf einzelne Menschen und im Auffinden unbewusster Strukturen hinter den Erscheinungen. Es gibt keine auf wissenschaftlichem Weg gewonnene Einsicht, keine große Lehre eines Propheten oder heiligen Buches, die sich durch ihre eigene Klarheit und Kraft vor Missbrauch schützen kann. Wo die narzisstischen Emotionen stark sind, widersteht nicht die Theorie dem Fanatismus, sondern die Haltung. Obwohl ich selbst Psychoanalytiker bin, würde ich mich lieber mit einem humorvollen Verhaltenstherapeuten als mit einem ironiefreien Psychoanalytiker in eine Arbeitsgruppe setzen, um schwierige Fälle zu besprechen.

Weder bin ich der geworden, den meine Mutter erwartete, noch sind meine Töchter die geworden, die ich erwartete. Aber wir haben immer wieder darüber lachen können, dass es einfach nicht klappt, dass Vorstellungen und Werte einer Generation in der nächsten einwurzeln. Die Missverständnisse zwischen den Generationen können nicht ausgeräumt oder vermieden werden, aber es ist möglich, sie zu überbrücken bzw. die Verletzungen durch enttäuschte Erwartungen zu mildern. Das gelingt umso eher, je weniger eine Generation darauf beharrt, im Recht zu sein. Ebenso wichtig ist aber, dass keine sich zurückzieht, resigniert, kampflos das Feld räumt, wie es die traumatisierte Generation mit ihren defensiven Argumenten tat: „Mach du erst einmal meine Erfahrungen!" – „Das kann nur verstehen, wer es selbst erlebt hat!"

Humor macht nur dort glücklich, wo er ein Echo findet und Menschen zusammen lachen oder lächeln können. Aber wer ihn auf solche Gelegenheiten beschränkt, beraubt sich und andere einer märchenhaften Erfahrung. Wie die schlafende Schönheit kann und muss auch der Humor manchmal durch Dornenhecken hindurch gefunden und geweckt werden. Überforderte Organismen, Jugendliche in der Pubertät, gekränkte Erwachsene, trotzende Kinder, traumatisierte Menschen schlechthin haben nicht den inneren Raum, selbst Humor zu entwickeln. Aber sie sind dankbar, wenn ihr Gegenüber deshalb seinen Humor nicht verliert und sich nicht von den harten Kontrasten ihrer Spaltungen in schwarz und weiß anstecken lässt.

Vorbilder und Maximen, Belehrungen und guter Rat funktionieren manchmal, und dann auch wieder nicht. Die Pinsel, mit denen wir anderen Menschen unsere Vorstellungen aufmalen wollen, sind so grob, dass wir unser Werk nur dann beurteilen können, wenn wir hin und wieder von der Leinwand zurücktreten. Wer aber dort dicker aufträgt, wo etwas zu misslingen scheint, hat am Ende nur Farbe vergeudet.

Nachwort

Dieses Buch fasst Erfahrungen zusammen, die sich aus meinem Doppelberuf als Autor und Psychoanalytiker ergaben. 1941 geboren, habe ich mein Studium 1966 abgeschlossen. Anschließend promovierte ich in losem Kontakt mit der Universität, während ich schon in Italien lebte. Die Jahre zwischen 1966 und 1971 verbrachte ich vorwiegend in der Toskana. Als ich zurückkam und als Gruppen- und Einzeltherapeut zu arbeiten begann, geriet ich mehr in die Rolle des Beobachters als in die des Mit-Bewegten. Aber es wäre eine Illusion, wenn ein Therapeut glauben würde, dass ihn seine Patienten nicht verändern. Das Gegenteil ist der Fall.

Eines meiner ersten Sachbücher beschäftigte sich mit der antiautoritären Bewegung in der Pädagogik. Es trug den Titel *Erziehung ohne Angst* und erschien 1972. Es baute auf einer 1969 veröffentlichten Titelgeschichte in *Selecta* auf. Ich versuchte damals, die Ansätze der Kinderläden und der Thesen von Alexander S. Neill mit der Lewin'schen Unterscheidung zwischen demokratischer und nachlässiger (laissez-faire) Führung zu verbinden. Vor etwa zehn Jahren sind nun die ersten der damals *befreiten* Kinder erwachsen geworden. Es zeigte sich, dass pädagogische Maximen anderes bewirkt haben, als beabsichtigt war.

In meine Praxis kamen jetzt Patienten, deren Eltern der 68er-Generation angehörten. So vertiefte sich mein Eindruck, dass damals neue, in dieser Ausprägung unerwartete Probleme angestoßen worden waren. Die Beobachtungen verdichteten sich zum Psychogramm einer Generation. Das Projekt der *befreiten Triebe* schien gescheitert. Die jetzt erwachsenen Kinder wirkten ängstlicher und angepasster als ihre Eltern, die sich zugetraut hatten, die Welt zu verbessern. Das interessierte mich und führte zur Suche nach Antworten auf die Frage, warum die pädagogischen Absichten der antiautoritären Eltern nicht nur ihr Ziel verfehlt, sondern manchmal das genaue Gegenteil dessen erreicht hatten, was beabsichtigt war.

Die Psychogramme der drei in diesem Buch besprochenen Generationen sind die Frucht vieler Forschungen, die zum Teil an Patienten analytisch vertieft sind, zum Teil eher aus der Fort- und Weiterbildung sozialer Berufe stammen. Die eingestreuten Fallbeispiele spiegeln die Erfahrungen in meiner Praxis, sind aber fiktiv, aus Einzelbeobachtungen zusammengesetzt und *keine Erzählungen über reale Personen.*

In der Arbeit an einem Psychogramm verdankt der Autor sein Material vielen Menschen. Die Pflicht zur Diskretion verbietet es dem Psychotherapeuten, die Namen jener zu nennen, von denen er das meiste erfahren hat. Das schmälert aber seine Dankbarkeit nicht.

Mein Weg in die Psychoanalyse hing mit der Gründung zweier Institutionen zusammen: Der *Gesellschaft für analytische Gruppendynamik (GAG)* und der *Münchner Arbeitsgemeinschaft für Psychoanalyse (MAP)*. In beiden Vereinen war ich Gründungsmitglied und habe in unterschiedlichen Funktionen mitgearbeitet. Ich verdanke allen, die in dieser Aufbauphase mit dabei waren, unersetzliche Erfahrungen über die Probleme eines Prozesses, den Rudi Dutschke optimistisch *den langen Marsch durch die Institutionen* nannte.

Beide Gruppierungen arbeiten noch, die *GAG* vor allem in der Ausbildung von Gruppenleitern, Supervisoren und Familientherapeuten; die *MAP* in der Ausbildung von Psycho-

analytikern, psychologischen Psychotherapeuten und Kinder-
analytikern. Mit vielen ihrer Mitglieder bin ich nach wie vor
freundschaftlich und in wissenschaftlichem Austausch verbunden: Peter Borst, Edmund Frühmann, Bernd Deininger,
Lore Gröninger, Clarissa Herdeis, Michael Horn, Johannes
Kemper, Walter Reiss, Karla Kerschberger, Michael Kindl, Ga-
briele Randak, Sieglinde Tömmel, Beate Unruh, Brigitte Mit-
telsten Scheid, Isabella Deuerlein. Wichtige Impulse kamen
aber auch von Analytikern, von denen ich mich im Unfrieden
getrennt habe, wie Günter Ammon und Siegfried Gröninger.
Harmonischer verliefen die Kontakte mit den Professoren an
der Gesamthochschule Kassel, Heinrich Dauber und Ariane
Garlichs, die mich zu einer Gastprofessur einluden, sowie
zu Heiner Keupp in München.

Annemarie Bauer, Mechtild Grohs-Schultz, Katharina
Gröning und andere haben mit mir an der Entwicklung einer
Psychoanalyse der Institutionen gearbeitet. Mit dieser Gruppe bin ich noch einmal Gründungsmitglied geworden: In
dem Institut für angewandte Psychoanalyse *Imago* wollen
wir die Möglichkeiten der Psychoanalyse in Praxis und Theorie der Kulturwissenschaften weiterentwickeln. Unentbehrlich geworden sind mir auch die Mitglieder der Intervisions-
gruppe, in der ich seit über dreißig Jahren mit Astrid
Gustavson und etwas kürzer mit Gisela Horn zusammen-
arbeite; Manfred Link und Gilda Bickert sind später dazuge-
kommen.

Dorothee Echter hat mich an ihrem Weg von der Adorno-
Hörerin und Gruppendynamikerin zum Top-Management-
Coach teilhaben lassen, Sarah Kirchknopf an ihrer Entwicklung von der Kinderladen-Gründerin zur Geschäftsführerin
des Psychodrama-Instituts Stuttgart. Harald Pühl und Jürgen
vom Scheidt haben mich zu gemeinsamen Buchprojekten inspiriert, Jochen Wagner und Jutta Höcht-Stöhr verdanke ich

die Teilnahme an so vielen höchst anregenden Tagungen zweier evangelischer Akademien, dass wir inzwischen Freunde geworden sind. Karin Walter, der Lektorin vom Verlag Herder, danke ich sehr für eine genaue Lektüre der ersten Fassung und zahlreiche kritische Anregungen.

Besonders wichtig für dieses Buch ist Gudrun Brockhaus. Wir leben die Spanne einer Generation zusammen. Wir sind beide Psychoanalytiker mit ausgeprägtem Interesse für kulturwissenschaftliche Fragen, tauschen uns seit jeher intensiv aus und haben auch lange Übung darin, unsere unterschiedlichen Auffassungen mit Humor zu nehmen und uns in unseren Interessen zu unterstützen. Gudrun Brockhaus arbeitet seit vielen Jahren über die NS-Zeit. Sie hat eine Stiftung gegründet, die Forschungen auf diesem Gebiet fördert. Das meiste, was ich über die NS-Geschichte weiß, verdanke ich ihr.

Ich beklage, dass eine der klügsten und kritischsten Leserinnen von allen, meine Mutter Elisabeth Schmidbauer (1913 bis 1987), meine Mutmaßungen über die traumatisierte Generation nicht mehr zur Kenntnis nehmen kann. Auch Silke von Vietinghoff (1936–2007), meine erste Frau und Gefährtin in der Toscana, konnte nicht mehr kommentieren, was ich über unser Aussteigerleben schrieb. So tröstet es mich, dass andere Leserinnen nachgewachsen sind, die mein Bewusstsein über die unausweichlichen Missverständnisse zwischen den Generationen liebevoll geschärft haben: meine Töchter Ina-Maria (geboren 1967), Lea-Julia (geboren 1971) und Anna-Laura (geboren 1983). Ihnen möchte ich dieses Buch widmen.

Anmerkungen

[1] Karl Mannheim, Das Problem der Generationen, 1928, zitiert nach Ulrike Jureit/Michael Wildt (Hg.), Generationen. Zur Relevanz eines wissenschaftlichen Grundbegriffs, Hamburg 2005, S. 12.

[2] Kaspar Maase, Farbige Bescheidenheit. Anmerkungen zum postheroischen Generationenverständnis, in: Ulrike Jureit/Michael Wildt (Hg.), Generationen. Zur Relevanz eines wissenschaftlichen Grundbegriffs, Hamburg 2005, S. 221.

[3] *Tempora mutantur, et nos mutamur in illis.* Ich kann der Versuchung des lateinischen Zitats nicht widerstehen, es stammt nicht aus der klassischen Zeit, sondern von John Owen (1564 bis 1622), zu finden im 53. Epigramm des ersten Buches „ad tres maecenates".

[4] Michael Winterhoff, Warum unsere Kinder Tyrannen werden oder: Die Abschaffung der Kindheit, Gütersloh 2008.

[5] Vergleiche George Ritzer, The McDonaldization of Society, in Deutsch erschienen unter: Die McDonaldisierung der Gesellschaft, Frankfurt 1997. Während Max Weber noch das Modell der Bürokratie zur Darstellung einer sich schnell verändernden Wirklichkeit verwendet, sieht Ritzer dies heute am ehesten in einem Fastfood-Restaurant als Beispiel gespiegelt.

[6] SÜDDEUTSCHE ZEITUNG 265/2005, S. 4, 17.11.2005.

[7] Teile dieses Abschnitts sind eine überarbeitete Fassung meines Beitrags *Die Gegenwart der Vergangenheit* in dem Sammelwerk von Daniel Cohn-Bendit und Rüdiger Dammann (Hg.), 68 – Die Revolte, Frankfurt 2007, S. 161f.

[8] Gudrun Brockhaus, Schauder und Idylle. Faschismus als Erlebnisangebot, München 1998.

[9] „Zwei Dinge erfüllen das Gemüt mit immer neuer und zunehmender Bewunderung und Ehrfurcht, je öfter und anhaltender sich das Nachdenken damit beschäftigt: der bestirnte Himmel über mir und das moralische Gesetz in mir. Beide verknüpfe ich mit dem Bewußtsein meiner Existenz. Das erste fängt von dem Platze an, den

ich in der äußeren Sinnenwelt einnehme, und erweitert die Verknüpfung, darin ich stehe, ins unabsehlich Große mit Welten über Welten und Systemen von Systemen, überdem noch in grenzenlose Zeiten ihrer periodischen Bewegung, deren Anfang und Fortdauer. Das zweite fängt von meinem unsichtbaren Selbst, meiner Persönlichkeit an und stellt mich in einer Welt dar, die wahre Unendlichkeit hat, aber nur dem Verstande spürbar ist, und mit welcher (dadurch aber auch zugleich mit allen jenen sichtbaren Welten) ich mich nicht wie dort in bloß zufälliger, sondern allgemeiner und notwendiger Verknüpfung erkenne." Zitiert nach Rudolf Eisler, Kant-Lexikon, Berlin 1930, s. v. Himmel.

[10] Albert Speer, Erinnerungen, Berlin 2005 (erstmals 1969 veröffentlicht).

[11] Wer auf solche Szenen achtet, findet sie oft im Umgang der traumatisierten Generation mit ihren Kindern. Eine Analysandin, die Tochter eines Schlesiers, der den Russlandfeldzug und die Kriegsgefangenschaft überlebt hatte, erzählte von den Prügeln, die ihr älterer Bruder immer wieder von ihrem Vater bezog, als er in Latein schlechte Noten schrieb. Ihr Vater, der sich nach dem Krieg zum Prokuristen einer Bank hochgearbeitet hatte, versäumte keine Tischrede und würzte sie immer mit lateinischen und griechischen Zitaten, die seine humanistische Bildung unterstrichen. Wer sie nicht verstand, entlarvte sich als Banause. Hitlers „Versagen" wurde damit erklärt, dass der Führer so ungebildet gewesen sei.

[12] Vergleiche Wolfgang Schmidbauer, Er hat nie darüber geredet. Das Trauma des Krieges und die Folgen für die Familie, Stuttgart 2008. Es handelt sich hier um eine erheblich veränderte Fassung von „Ich wusste nie, was mit Vater ist!" Das Trauma des Krieges, Reinbek 1996.

[13] Ich habe damals eine Erzählung mit dem Titel *Der Pelzkragen* geschrieben, die in dem Buch „Ich wusste nie, was mit Vater ist!" Das Trauma des Krieges, Reinbek 1996, abgedruckt ist.

[14] Hillgrubers Identifikation mit dem Militär an der Ostfront und der deutschen Zivilbevölkerung demonstriert schon der Titel *Zweierlei Untergang*, in dem er „zwei nationale Katastrophen", „den Mord an den Juden im Machtbereich des nationalsozialistischen Deutschland und die unmittelbar folgende Vertreibung der Deutschen aus Ostmitteleuropa und die Zertrümmerung des preußisch-deutschen Reiches 1944/45" (S. 9) in ihren katastrophalen Wirkungen auf die Menschen nicht nur parallelisiert, sondern semantisch gleichsetzt: „Eine jüdische

und eine deutsche Katastrophe" (S. 10). Andreas Hillgruber, Zweierlei Untergang. Die Zerschlagung des Deutschen Reiches und das Ende des europäischen Judentums, Berlin 1986.

[15] Gottfried Fischer/Peter Riedesser, Lehrbuch der Psychotraumatologie, München 1999.

[16] Wolfgang Schmidbauer, „Ich wusste nie, was mit Vater ist!" Das Trauma des Krieges, Reinbek 1996.

[17] Die Dolchstoßlegende war eine von führenden Vertretern der deutschen Obersten Heeresleitung unter den Nationalsozialisten initiierte Verschwörungstheorie, die die Schuld an der militärischen Niederlage des Deutschen Reiches im Ersten Weltkrieg vor allem auf die Sozialdemokratie abwälzen sollte. Sie besagte, das deutsche Heer sei im Weltkrieg „im Felde unbesiegt" geblieben und habe erst durch oppositionelle „vaterlandslose" Zivilisten aus der Heimat einen „Dolchstoß von hinten" erhalten.

[18] Heimat ist ein ebenso genauer wie altmodischer Ausdruck für das primärnarzisstische Bedürfnis nach Sicherheit und Kontrolle über eine vertraute, stabile Umgebung.

[19] Diese Beobachtung stammt wahrscheinlich eher aus einem journalistischen Bedürfnis, darstellende Kontraste zu finden, als aus wissenschaftlichen Untersuchungen, nach denen die Überlebenden in sehr vielen Fällen massive Symptome aufwiesen. Vgl. Matussek, a.a.O.

[20] Ein Lager für heimatlose KZ-Überlebende (Displaced Persons).

[21] Helen Epstein a.a.O., S. 194.

[22] Dan Bar-On hat aus Gesprächsgruppen von israelischen und deutschen Studenten ein Training für interkulturelle Kommunikation entwickelt. „The training is based on 30 years of experience of Prof. Dan Bar-On with his students in the German-Jewish aftermath of the Holocaust and in the Palestinian-Israeli conflict. It also stems from his work with the group ‚To Reflect and Trust' that included participants from the United States, Germany, Israel, Palestine, Northern Ireland and South Africa. This will be a three-year program with bi-annual seminars of five days each at the Körber Foundation in Hamburg. A dialogue within yourself enables you to become open to the dialogue with someone else from a different culture" (Prof. Dan Bar-On).

[23] Als meine jüngste Tochter mit elf Jahren ihre Periode bekam, war die Mutter gerade verreist. Ich war überzeugt, ich müsste dieses Ereignis mit ihr feiern und ging also mit ihr essen. Als einige Jahre später alle drei Töchter während eines Urlaubs mit mir am Tisch saßen, ka-

men wir auf dieses Ereignis zu sprechen, und ich erfuhr, dass ihr das ganze Unternehmen „so was von peinlich" gewesen sei. Das kränkte mich zunächst, machte mir dann aber klar, wie selbstbezogen diese Veranstaltung war, die auf einer Erinnerung an eine junge, schöne und selbstbewusste Athenerin beruhte, die angesichts eines Berichts über die Periodenschmerzen einer Deutschen in der Gruppentherapie von diesem Ritual anlässlich ihrer Menarche erzählt hatte.

[24] Gudrun Brockhaus, Schauder und Idylle. Faschismus als Erlebnisangebot, München 1998.

[25] Michael Schneider, Den Kopf verkehrt aufgesetzt oder Die melancholische Linke, Darmstadt 1981, S.33.

[26] Gudrun Brockhaus, Schauder und Idylle. Faschismus als Erlebnisangebot, München 1998, S.157f.

[27] Christoph Meckel, Suchbild. Über meinen Vater, Düsseldorf 1980, S. 143.

[28] Zitiert nach: Deutschlandradio Kultur, Zeitreisen vom 12.09.2007, „Keine Experimente".

[29] In der sogenannten Spiegel-Affäre 1962 sah sich das Nachrichtenmagazin Der Spiegel aufgrund eines kritischen Artikels der Strafverfolgung wegen angeblichen Landesverrats ausgesetzt.

[30] Ein Beispiel aus dem Archiv des Hamburger Abendblattes zu Rudi Dutschke: „Der Vater habe seinen Sohn stets vor einem Attentat gewarnt: ‚Du wirst eines Tages abgeschossen wie alle Anarchisten.' Rudi habe die Mahnungen nicht ernst genommen." Dutschkes Vater, ein Postbeamter, war von 1939 an Soldat und kam erst 1947 aus russischer Gefangenschaft zu seiner Familie zurück. Rudi Dutschke wuchs die ersten sieben Lebensjahre ohne Vater auf.

[31] Die Reichskristallnacht wird heute politisch korrekt Novemberpogrom genannt, um die Geschichte von einem Ausdruck zu reinigen, den die NS-Propaganda beschönigend prägte. Allerdings ist Pogrom (russisch Unwetter, Verwüstung) nicht weniger beschönigend. Die Gewalt gegen Minderheiten wird fast immer organisiert und erst nachträglich als spontaner Volkszorn gerechtfertigt. Hier eine Beschreibung der NS-Aktionen: „Zuerst kamen die großen Ladengeschäfte dran; mit mitgebrachten Stangen wurden die Schaufenster eingeschlagen, und der am Abend bereits verständigte Pöbel plünderte unter Anführung der SA die Läden aus. Dann ging es in die von Juden bewohnten Häuser. Schon vorher informierte nichtjüdische Hausbewohner öffneten die Türen. Wurde auf das Läuten die Wohnung nicht sofort geöffnet, schlug man

die Wohnungstür ein. Viele der ‚spontanen' Rächer waren mit Revolvern und Dolchen ausgestattet; jede Gruppe hatte die nötigen Einbrecherwerkzeuge wie Äxte, große Hammer und Brechstangen dabei. Einige SA-Leute trugen einen Brotbeutel zur Sicherstellung von Geld, Schmuck, Fotos und sonstigen Wertgegenständen, die auf einen Mitnehmer warteten. Die Wohnungen wurden angeblich nach Waffen durchsucht, weil am Tage vorher ein Waffenverbot für Juden veröffentlicht worden war. Glastüren, Spiegel, Bilder wurden eingeschlagen, Ölbilder mit den Dolchen zerschnitten, Betten, Schuhe, Kleider aufgeschlitzt, es wurde alles kurz und klein geschlagen. Die betroffenen Familien hatten am Morgen des 10. November meistens keine Kaffeetasse, keinen Löffel, kein Messer, nichts mehr. Vorgefundene Geldbeträge wurden konfisziert, Wertpapiere und Sparkassenbücher mitgenommen. Das schlimmste dabei waren die schweren Ausschreitungen gegen die Wohnungsinhaber, wobei anwesende Frauen oft ebenso misshandelt wurden wie die Männer. Eine Anzahl von Männern wurde von den SA-Leuten unter ständigen Misshandlungen und unter dem Gejohle der Menge zum Polizeigefängnis getrieben. (...) Am anderen Morgen wurden gegen 4 Uhr morgens alle (der zuvor inhaftierten) Personen unter 60 Jahren nach Dachau abtransportiert." Aus: Jörg Wollenberg (Hg.): „Niemand war dabei und keiner hat's gewusst." Die deutsche Öffentlichkeit und die Judenverfolgung 1933–1945. Piper, München 1989, S. 22f.

[32] W. Schmidbauer, Die hilflosen Helfer. Über die seelische Problematik der sozialen Berufe. Reinbek 1977. Ders., Das Helfersyndrom, Reinbek 2007.

[33] Daniel Cohn-Bendit, der 1977 in einer Frankfurter Buchhandlung arbeitete, sagte mir auf einem Treffen in München fast anklagend, jeder zweite Kunde habe damals entweder *Häutungen* von Verena Stefan oder *Hilflose Helfer* gekauft.

[34] Rank, Otto, Der Mythos von der Geburt des Helden, Leipzig 1909.

[35] „Auschwitz eignet sich nicht dafür, Drohroutine zu werden, jederzeit einsetzbares Einschüchterungsmittel oder Moralkeule oder auch nur Pflichtübung." Meist wird Walser fälschlich als Urheber der Rede von einer Auschwitzkeule zitiert.

[36] R. Ohrt (Hg.), Der Beginn einer Epoche. Texte der Situationisten, Edition Nautilus, Hamburg 1995.

[37] Und er fügte das Analysieren, d. h. die Psychotherapie, in diese Reihe ein. Vgl. Sigmund Freud, Vorlesungen zur Einführung in die Psychoanalyse, Neue Folge, GesammelteWerke XV.

[38] Zu diesem Aspekt der narzisstischen Störung vgl. W. Schmidbauer, Persönlichkeit und Menschenführung, München 2004.

[39] „Kunst genügt sich selbst, sie bedarf keines Zweckes." Es ist unklar, wer diesen Satz geprägt hat, der die bürgerliche Kunsttheorie des 19. Jahrhunderts zu bestimmen begann und Kirchen bzw. Fürstenhöfe als Auftragsgeber ablöste. Der selbstbewusste Künstler ist Herr über sein eigenes Reich; sein Kontakt zur Gesellschaft droht abzureißen, weil er keine festen Auftraggeber mehr hat, sondern sich an Markt und Moden zu orientieren beginnt. Als Urheber dieses Mottos werden Théophile Gautier und Victor Cousin genannt.

[40] Joachim Kaiser, Literatur- und Musikkritiker der Süddeutschen Zeitung, hat diese Frustration in einem SZ-Text vom 15. März 2008 formuliert.

[41] Als Gruppe 47 werden die Teilnehmer an den deutschsprachigen Schriftstellertreffen bezeichnet, zu denen alljährlich Hans Werner Richter von 1947 bis 1967 einlud. Zuerst war ein erklärtes Ziel die Förderung von Autoren der noch jungen deutschen Nachkriegsliteratur. Ein weiteres Ziel war die Aufklärung und Erziehung zur Demokratie der Menschen in Deutschland nach dem Hitlerregime. Die Gruppe 47 wurde schnell, wohl auch dank ihrer prominenten Mitglieder, fester Bestandteil des bundesdeutschen Literaturbetriebs. Zum Zerfall kam es erst kurz vor der Studentenrevolte 1968, als es zu politischen Meinungsverschiedenheiten innerhalb der Gruppe kam.

[42] Karl Marx/Friedrich Engels – Werke, Band 8, „Der achtzehnte Brumaire des Louis Bonaparte", Dietz Verlag, Berlin/DDR 1972, S. 115.

[43] Ernst Bloch, Erbschaft dieser Zeit, Frankfurt 1962.

[44] Sebastian Gehring, Barbara Mittler, Felix Wemheuer (Hg.), Kulturrevolution als Vorbild. Maoismen im deutschsprachigen Raum, Frankfurt 2008.

[45] Wolfgang Kraushaar, 68 als Mythos, Chiffre und Zäsur, Hamburg 2000, S. 35.

[46] In seiner Rede zur Wiedervereinigung am 3. Oktober 1990 „Sich zu vereinen heißt teilen lernen."

[47] Die Formulierung leitet sich von Mao Tse Tungs „langem Marsch" ab, der die chinesischen Kommunisten in einem langen Guerillakrieg an die Macht führte. In der bundesrepublikanischen Realität war es ein Marsch in die, nicht durch die Institutionen. Die Anwendung auf die Institutionen stammt von Rudi Dutschke. Vgl. Henning Böke, Maoismus. China und die Linke – Bilanz und Perspektiven, Stuttgart

2007. China ist heute das Land mit den größten Gegensätzen zwischen neureichen Eliten und unterdrückten Massen, zusammengehalten durch einen unbändigen Nationalismus.

[48] Bott, Gerhard (Hg.): Erziehung zum Ungehorsam. Kinderläden berichten aus der Praxis der antiautoritären Erziehung, Frankfurt 1970/ [3]1971.

[49] Diese Dynamik wird in W. Schmidbauer, Das Mobbing in der Liebe, Gütersloh 2007, ausführlicher untersucht.

[50] Dr. Johanna Haarer: Die deutsche Mutter und ihr erstes Kind. München 1934; veränderte Auflagen (unter dem Titel: Die Mutter und ihr erstes Kind) bis 1965.

[51] Als Sekundärtugenden wurden Charaktereigenschaften eingestuft, die zum „Gelingen" einer Gesellschaft beitragen, die aber den unmittelbaren Tugenden nachgeordnet werden müssen, da sie für sich alleine ethisch keine Bedeutung haben, solange sie nicht als Umsetzung dieser Primärtugenden gemeint sind. Zu den Sekundärtugenden wurden insbesondere Fleiß, Treue, Gehorsam, Disziplin, Pflichtbewusstsein, Pünktlichkeit, Zuverlässigkeit, Ordnungssinn, Höflichkeit, Sauberkeit u. ä. gezählt, meist aus dem Tugendkatalog der preußischen Tugenden.

[52] In einem anderen Fall berichtete eine 24-Jährige, die noch bei ihren Eltern wohnte, ihre Mutter habe, als ihr Freund zum ersten Mal über Nacht blieb, dem jungen Paar das eheliche Schlafzimmer eingeräumt, selbst im Tochterzimmer geschlafen und den Vater auf der Wohnzimmercouch nächtigen lassen. „Meiner Mutter erzähle ich alles, sie findet es gerade so schlimm wie ich, dass ich den richtigen Mann einfach nicht finden kann!"

[53] Schmidbauer, Ina: Shopping is Creating, Unveröffentl. Diplomarbeit, Hochschule Weißensee, 2000, S. 6.

[54] „Zäh wie Leder, flink wie Windhunde, hart wie Kruppstahl", das von Hitler formulierte pädagogische Motto, passte auch gut zur Stimmung der traumatisierten Eltern. Sie konnten oft nicht mehr zwischen Realität und Propaganda differenzieren.

[55] „Das Peter-Pan-Syndrom" ist der Titel eines 1984 erschienenen Buches des amerikanischen Familientherapeuten Dan Kiley über „Männer, die nie erwachsen werden". Namensgeber ist der Märchenheld Peter Pan, der in „Neverland" lebt. 1904 veröffentlichte der Brite James Matthew Barrie die erste Erzählung über ihn, seitdem gab es zahlreiche weitere, außerdem Bühnenstücke und Filme zu dieser Figur, die

Peter Pan zu einer sehr populären und bei Kindern beliebten Märchenfigur werden ließen. Der Begriff „Peter-Pan-Syndrom" steht für unangemessen kindische Verhaltensmuster bei Männern. Später zählte John J. Ratey das „Peter-Pan-Syndrom" mit zu den Gehirnabweichungen, die er „Schatten-Syndrome" nennt. Kiley beschreibt als Symptome des Peter-Pan-Syndroms vor allem Verantwortungslosigkeit und Angst. Der Betreffende schiebt Aufgaben vor sich her, Spaß und Abneigung gegen Selbstdisziplin sind sein Credo. Er verbirgt Schuldgefühle gegenüber den Eltern und sucht vergeblich tiefere Kontakte, deren Mangel er durch Anpassung an „Kumpelgruppen" kompensiert. Unsicherheit und mangelndes Selbstvertrauen werden verleugnet. Vgl. Dan Kiley, Das Peter-Pan-Syndrom: Männer, die nie erwachsen werden, München 1991. (engl. Originaltitel: The Peter Pan syndrome, 1984); John J. Ratey, Catherine Johnson, Das Schattensyndrom. Neurobiologie und leichte Formen psychischer Störungen, Stuttgart 1999 (englischer Originaltitel: Shadow Syndromes: The Mild Forms of Major Mental Disorders That Sabotage Us, 1998).

[56] Deutschland ist in der neuesten EU-Statistik Europas Schlusslicht bei den Geburtenraten. Mit 8,6 Kindern, die im Jahr 2004 pro tausend Einwohner geboren wurden, liegt es weit hinter den Spitzenreitern Irland (15,2) und Frankreich (12,7) und wird auch noch deutlich von Schweden, Großbritannien und Luxemburg übertroffen (12). Die letzten Plätze teilen sich mit den Deutschen die baltischen Republiken (Lettland 8,8, Litauen 8,9), Finnland, Dänemark und Italien. Solche Unterschiede lassen sich nicht allein durch einen Mangel an Kindergartenplätzen oder durch besseren bzw. schlechteren Mutterschutz erklären.

[57] Wir wurden 1975 geschieden, blieben aber bis zu Silkes Tod 2007 in Kontakt.

[58] Überblick über die Werke von Dr. Johanna Haarer: Die deutsche Mutter und ihr erstes Kind. München, Carl Gerber Verlag 1934 (erreichte in zahlreichen „bereinigten" Versionen und späterem Titel „Die Mutter und ihr erstes Kind" eine Gesamtauflage von mehr als 1,2 Millionen Exemplaren); Säuglingspflege für junge Mädchen. Unterrichtsbuch für Schulen, Esslingen, Burgbücherei 1937 (1964 9. Auflage); Mutterschaft und Familienpflege im neuen Reich. Volksbildungskanzlei München des Landesverbandes für nationale Volkserziehung. Basiert auf einem Vortrag mit dem Titel „Das verwaiste Kind und seine Stellung in der Volksgemeinschaft""1937; Unsere kleinen Kinder, München, Lehmann

Verlag, 6. Auflage 1940 (erschien in weiteren Auflagen bis 1964); Mutter, erzähl von Adolf Hitler. Ein Buch zum Vorlesen, Nacherzählen und Selbstlesen für kleinere und größere Kinder. Mit 57 Strichzeichnungen von Rolf Winkler, München, Lehmann 1939 (zahlreiche Neuauflagen); Frau sein und gesund bleiben, München, Carl Gerber Verlag 1950, 1952; Gesund und schön durchs Leben gehen. Eine ländliche Gesundheitsfibel, München, Bayrischer Landwirtschaftsverlag 1952; Große Kinder – große Sorgen. Kinder in der Reifezeit, Frankfurt, Humboldt Verlag 1954 (zusammen mit Esther von Reichlin); Unsere Schulkinder, München, Verlagsanstalt Gerber 1950, 1955, 1959, 1965; Mein Strickbuch, München, Verlagsanstalt Gerber 1950, 1951; Die Welt des Arztes. Ein medizinisches Buch für Ausländer, München, Hueber Verlag 1957, 1962; Kinder auf dem Bauernhof, Wien, Bayerischer Landwirtschaftsverlag 1957 (Mitarbeit); Deutscher Alltag: Ein Gesprächsbuch für Ausländer, München, Hueber Verlag 1959, 1960, erschien 1962 in Stockholm.

[59] Johanna Haarer, Die deutsche Mutter und ihr erstes Kind, München 1934, S. 149.

[60] „Das Motiv der erlaubten Rache für erlittene Kränkung und Demütigung ist zentral zum Verständnis des Massenerfolgs der NS-Bewegung – ‚Versailles‘ war dabei nur der Name, in dem alle Erfahrungen von Demütigung und beschämender Niederlage zusammengezogen waren", sagt Gudrun Brockhaus. Vgl. a. dies., Schauder und Idylle. Faschismus als Erlebnisangebot, München 1997.

[61] „Wir lassen das widerspenstige Kind die natürlichen Folgen seiner Handlungsweise tragen. ... Ißt es z. B. nicht, so wird ihm dieses fortgenommen und es muß hungrig bleiben." (kK 194) „... das schreiende und widerstrebende Kind ... wird ... gewissermaßen ‚kaltgestellt‘, in einen Raum verbracht ... und so lange nicht beachtet, bis es sein Verhalten ändert." (260) Gibt es ein Messer nicht wieder her, „dann lassen wir es ruhig auf einen kleinen Schnitt ankommen". (kK 195) Haarer bringt mit sichtlichem Stolz mehrere Beispiele für die gelungene Internalisierung und libidinöse Besetzung von Strafe und Schmerz. So hatte sich ihre 21/2 jährige Tochter geschnitten. „Über einer kleinen, blutenden Wunde verzog sie keine Miene, sondern sagte strahlend: ‚Tut der Anna gar nicht weh!‘" (kK 95) „Den Selbständigkeitsdrang des Kindes nützen wir geschickt zu seiner Abhärtung aus. Ist es z. B. einmal gefallen, so wird es nicht aufgehoben und auch nicht unnütz bedauert. Wenn man von Anfang des Laufenlernens so handelt, dann weint das Kind nur nach wirklich schweren Stürzen, bei denen es na-

türlich unserer Hilfe und unserer Teilnahme gewiss ist. Hascht es nach Mitleid, will es nicht aufstehen, so rufen wir seine Selbständigkeit förmlich an: ‚So ein großes Kind steht doch allein auf!'" (kK 190) Ihr Sohn Fritz sagt 2-jährig empört nach ernsthaftem Hinfallen zu sich selber: „Aber der Fritz weint doch nicht!" (kK 190) Zit. n. Gudrun Brockhaus a.a.O., „kK" ist ein Kürzel für Haarer, Johanna: Unsere kleinen Kinder, München 1936

[62] Haarer, Johanna: Unsere kleinen Kinder, München 1936, S.207

[63] Harald Pühl, Angst in Gruppen und Institutionen, Berlin 2005.

[64] Adornos Vorlesungen wurden wiederholt von studentischen Aktivisten gesprengt, am spektakulärsten als Studentinnen mit entblößten Brüsten das Podium besetzten. „Das Gefühl, mit einem Mal als Reaktionär angegriffen zu werden, hat immerhin etwas Überraschendes", schrieb Adorno an Samuel Beckett. Andererseits waren Adorno und Horkheimer Vorwürfen von Rechts ausgesetzt, sie seien die geistigen Urheber der studentischen Gewalt. Als im Januar einige Studenten in das Institut für Sozialforschung eingedrungen waren, um kategorisch eine sofortige Diskussion über die politische Situation durchzusetzen, riefen die Institutsdirektoren – Adorno und Ludwig von Friedeburg – die Polizei und zeigten die Besetzer an. Adorno musste als Zeuge vor dem Frankfurter Landgericht gegen Hans-Jürgen Krahl, einen seiner begabtesten Schüler, aussagen. Am Tag nach der Gerichtsverhandlung fuhr er mit seiner Frau in den üblichen Sommerurlaub in die Schweizer Berge nach Zermatt. Mit Herzbeschwerden wurde er in eine Klinik gebracht und erlag dort am 6. August 1969 einem Herzinfarkt.

[65] Allerdings erinnere ich mich an Streit über regressive Befriedigungen: Ein Mitglied zündete eine Zigarette an, ein anderes begann zu stricken, jemand fühlte sich gestört. Die Gruppe musste eine Regel finden.

[66] Säugetiere warten fast durchweg nicht darauf, dass die Jungen von sich aus aufhören, an der Mutter zu trinken. Vielmehr verweigern sich die Mütter, sobald die Kinder sich selbständig ernähren können.

[67] Dort steht: „Wer seinen Kindern gibt all sein Brot und leidet im Alter selber Not, den schlage man mit der Keule tot ."

[68] Ein prominentes Beispiel für die Dynamik der Halbwaisen ist der spätere Bundeskanzler Gerhard Schröder, der seinen Vater nie kennengelernt hat und sich aus kleinsten Verhältnissen zum Akademiker, erfolgreichen Anwalt und Spitzenpolitiker hochgearbeitet hat, gegenwärtig in vierter Ehe verheiratet ist und immer wieder wegen angeb-

lich stark von Macht- und Geltungsbedürfnissen geprägten Entscheidungen in der öffentlichen Kritik steht.

[69] Thea Bauriedl, Geht das revolutionäre Potential der Psychoanalyse verloren?, In: Psyche 6/1984, Bd. 38, S. 489.

[70] Vgl. Edward Shorter, Moderne Leiden. Zur Geschichte der psychosomatischen Krankheiten, Reinbek 1994.

[71] Über diesen Satz und die Mitverantwortung der Psychosomatiker an dieser Abwehr geht es in W. Schmidbauer, Die Geheimsprache der Krankheit, Reinbek 1998.

[72] Franco Basaglia, Die negierte Institution, 1973, S. 166.

[73] Franco Basaglia, Die negierte Institution, 1973, S. 138.

[74] Eine Gehirnoperation, die erregte, störende Patienten friedlicher macht. Sie wird in dem Film „Einer flog über das Kuckucksnest" gezeigt, der die antipsychiatrische Strömung inszenierte.

[75] Die Rede, der dieses Zitat entnommen ist, wird in dem Film „Die Kinder der 68er" dokumentiert, zuletzt gezeigt in Arte, 17.4.2008.

[76] Joachim Bauer, Warum ich fühle, was du fühlst. Intuitive Kommunikation und das Geheimnis der Spiegelneurone, Hoffmann und Campe, Hamburg 2004.

[77] Tobias Kniebe im SZ-Magazin vom 9.11.2007 in einem Kommentar zum iPhone: „Die Idee etwa, gespeicherte Sprachnachrichten in einer Liste darzustellen und durch Antippen mit der Fingerspitze abzurufen, wurde unwidersprochen und ohne Scham als ‚Revolution' bezeichnet – immer und immer wieder."

[78] Mit einer Beschwörung des Zorns beginnt die westliche Überlieferung: Homers Ilias handelt von seinen Folgen. Peter Sloterdijk hat eine ganze, Heidegger „dekonstruierende" („Sein und Zeit") Philosophie auf den Zorn gegründet. In einem großen Rundumschlag entwertet er alle Denker außer sich selbst – sein Lieblingsfeind ist Sigmund Freud, der den Menschen als „Hampelmann der Liebe" beschrieben habe. Er setzt dem Eros den „Thymos", an die Seite, den Seelenteil, den die Griechen für die zornige Aufwallung verantwortlich machten. In griechischen Traditionen ist Thymos im Gegensatz zu Nous (dem Geist) und Psyche (der Seele) sterblich. Sloterdijk beschreibt „Zorninstitutionen": Die monotheistischen Religionen Judentum, Christentum und Islam in einer Reihe mit den Zorn-Ideologien der Aufklärung, den Zorn-Systemen des 20. Jahrhunderts.
Im Grunde verwendet er „Zorn" im psychologischen Sinne einer Kränkungswut, verleiht ihm dadurch eine ähnliche Universalität wie dieser

257

und kann natürlich, da es sich um eines der allgemeinsten Phänomene in unserem Erleben handelt, auch alles mit diesem Begriff verbinden – bis dieser jede differenzierende Bedeutung verliert: Psychologismus ohne Psychologie. Peter Sloterdijk: Zorn und Zeit. Politisch-psychologischer Versuch, Frankfurt a. M. 2006.

[79] Go 'way from my window,
leave at your own chosen speed.
I'm not the one you want, babe,
i'm not the one you need.
You say you're lookin' for someone
never weak but always strong,
to protect you an' defend you
whether you are right or wrong,
someone to open each and every door,
but it ain't me, babe,
no, no, no, it ain't me, babe,
it ain't me you're lookin' for, babe.

[80] die tageszeitung vom 13.1.2007.

[81] http://www.bettinaroehl.de/Die_68er/die_68er.html. Der Text wurde zuerst in der Februarausgabe 2003 der Zeitschrift „Eigentümlich frei" veröffentlicht.

[82] www.bettinaroehl.de/Die_68er/die_68er.html

[83] Daniel Regli, Die 68er-Falle: Fluchtwege aus dem Desaster der Neuen Linken, Zürich 2005. Zitiert nach FACTUM ONLINE '05.

[84] Christa Meves, Freundesbrief, Uelzen, den 10. 09. 2005, im Internet unter www.vfa-ev.de.

[85] Wolfgang Kraushaar, 68 als Mythos, Chiffre und Zäsur, Hamburg 2000, S. 260.

[86] Wolfgang Kraushaar u. a., Rudi Dutschke, Andreas Baader und die RAF, Hamburg 2005, S. 49.

[87] Wolfgang Kraushaar, Jan Philipp Reemtsma, Karin Wieland: Rudi Dutschke, Andreas Baader und die RAF, Hamburg 2005. Das Zitat ist dem Klappentext entnommen.

[88] B. M. Jenkins, International Terrorism: A New Mode of Conflict, in: David Carlton, Carlo Schaerf (Hg.), International Terrorism and World Security, London 1975, S. 16.

[89] Michael Zeilenziger, Shutting Out the Sun: How Japan Created its Own Lost Generation, New York 2006.

[90] Michael Zeilenziger, Shutting Out the Sun: How Japan Created its

Own Lost Generation. New York 2006, beschreibt Hikikomori als Massenerscheinung im Sinn einer nach innen gewandten Aggression, die unter japanischen jungen Männern grassiert, weil sie mit einem extrem leistungsorientierten System nicht zurechtkommen, das Versager so beschämt, dass sie am liebsten unsichtbar werden. Zeilenzigers Reportage macht deutlich, wie verängstigt die Betroffenen sind, versäumt aber auch nicht, darauf hinzuweisen, dass ihr Verhalten für eine tiefe Erschütterung der japanischen Kultur steht.

[91] Ähnliches gilt für Ärzte, die an Patienten, oder für Pflegende, die an Gepflegte unprofessionelle Liebes- und Anerkennungsbedürfnisse richten bzw. von diesen in ihrer Verantwortung entlastet werden wollen. Vgl. W. Schmidbauer, Das Helfersyndrom, Reinbek 2007.

[92] Ich verwende diesen grammatikalisch schiefen Ausdruck, den ich meiner damals vierjährigen Jüngsten verdanke, („Ich habe meine Mütze verloren gemacht!"), weil er mir treffender scheint als jeder andere.

[93] Ich formuliere das so umständlich, weil die gründliche Analyse der NS-Zeit das Zusammenzwingen widersprüchlicher Inhalte als Charakteristikum ergibt: „Schauder und Idylle", wie es Gudrun Brockhaus in ihrem gleichnamigen Werk sagt – Ordnung und Revolution, Kadavergehorsam und heroischer Individualismus, Christentum und Neuheidentum, Technikfixierung und Romantik, Naturwissenschaft und Rassenmythos.

[94] In zwei Büchern habe ich die Konsequenzen dieser Einsichten für die Psychologie zusammengetragen: Schmidbauer, W., Jäger und Sammler. Als sich die Evolution zum Menschen entschied, Planegg 1972 (mit einem Kapitel über die Schlussfolgerungen für die Kindererziehung), und in Schmidbauer,W.) Weniger ist manchmal mehr, Reinbek 1985, 1992.

[95] Im Jahr 2006 hat nach zuverlässigen Schätzungen die mögliche Ausbeutung fossiler Rohstoffe ihren Höhepunkt überschritten. Die Hälfte der vorhandenen Vorräte ist verbraucht.